大教育书系

徐杰——著

匠心与生长

我的18节名著导读课

长江出版传媒 | 长江文艺出版社

图书在版编目（CIP）数据

匠心与生长：我的 18 节名著导读课 / 徐杰著. --
武汉：长江文艺出版社，　2024.4
　（大教育书系）
ISBN 978-7-5702-2671-9

Ⅰ.①匠… Ⅱ.①徐… Ⅲ.①阅读课－教学设计－中
小学 Ⅳ.①G633.332

中国国家版本馆 CIP 数据核字(2024)第 055087 号

匠心与生长：我的 18 节名著导读课
JIANGXIN YU SHENGZHANG：WO DE 18 JIE MINGZHU DAODU KE

| 责任编辑：施柳柳 | 责任校对：毛季慧 |
| 封面设计：天行云翼·宋晓亮 | 责任印制：邱　莉　杨　帆 |

出版：长江出版传媒　长江文艺出版社
地址：武汉市雄楚大街 268 号　　　邮编：430070
发行：长江文艺出版社
http://www.cjlap.com
印刷：武汉新鸿业印务有限公司

开本：710 毫米×970 毫米　　　1/16　印张：21.5
版次：2024 年 4 月第 1 版　　　2024 年 4 月第 1 次印刷
字数：293 千字

定价：56.00 元

目　录

四　重读型导读：学学牛吃草　301

序

基于生长的匠心追求

2009 年，在南通的二甲中学，徐杰老师执教了曹文轩的《草房子》的导读课。一节课，带着学生读一本书，令人耳目一新。徐老师说，这是他的第一节整本书导读课。评课的时候，我说，这是非常有意义的教学尝试，对未来语文教学的改革很具有引领性的价值。现在看来，我的评价没有言过其实。

十几年来，徐老师一直坚持整本书阅读课的研究与实践。尤为难能可贵的是，他在调到教研室之后，仍然坚持上课。在很多一线语文老师还不清楚何谓整本书导读的时候，徐老师已经在这个领域有了多个成功的教学案例，积累了许多宝贵的经验。

前不久，徐老师跟我说，他的专著《匠心与生长——徐杰老师的 18 节名著导读课》即将出版，想请我作序。翻阅书稿，仿佛一次次走进徐杰老师的课堂；欣赏这一节节别具匠心的整本书导读课，极大地丰富了我对整本书阅读和名著导读课的认识，欣然应允了他的要求。

徐老师的整本书阅读和名著导读教学，每一节课的活动设计都有很多精彩的创意和设计，这使得他的名著导读课既"好看"，也"耐看"。

比如，《城南旧事》导读，徐老师能带着学生听读猜想，一起和小英子想办法，来拆散爸爸和兰姨娘的暧昧，为小英子的一次次心理补白，激发了学生对这本书的阅读欲望;《水浒传》导读,徐老师居然让学生在水浒英雄中重新为扈三娘选择如意郎君,学生在饶有趣味的讨论活动中,拉近了与《水浒传》的距离;《朝花夕拾》导读,徐老师独辟蹊径,用"鲁迅的恨"这条主线,串起散文集中看似零散的人和事,同时又通过对"恨"的分类和升华,巧妙引领,让学生对《朝花夕拾》有了更为深刻的认识。

在徐老师的 18 节名著导读课中,充满阅读智慧和教学智慧的活动,随处可见,可以说,他每节课的教学,都别具匠心。很多老师或许会问:这样的设计是从哪儿来的?我相信,匠心独具的导读设计,绝不是妙手偶得的结果。我们可以猜想,在长达十几年的时间里,徐老师是如何沉潜在一部部名著的文本世界之中,去发现名著本身的一个个妙处,进而发现教学的一个个"妙招"。我们是不是可以说,所谓的"匠心",就是一年又一年、一遍又一遍对一本本名著反复品读进而形成的那份近乎天然的敏感?

匠心,让我们看到徐杰老师对整本书阅读、对名著研读的一份热爱、一份痴心;其实,透过这些别具匠心的活动设计,我们应该发现,"生长"才是徐杰老师整本书阅读和名著导读课的灵魂所在和根本追求。多年来,徐杰老师和我们团队一起研究和实践语文共生教学。而共生教学最根本的追求就是生生共生共长,师生共生共长;共生课堂的基本特征之一就是带着学习的种子进课堂,让课堂成为一棵枝繁叶茂的树。这 18 节名著导读课,每一节课都可以看到一颗或几颗极具生长力的"种子"。

《水浒传》导读课以"酒局"为"种子",引出武松的喝酒、鲁达的喝酒、林冲的喝酒、宋江的喝酒……对这几个典型的酒局进行阅读分享,串起了人物、情节、主题和细节的诸多内容。《西游记》导读课以唐僧师徒之间的"矛盾"为"种子",这颗"种子"生长出丰富的阅读成果和阅读资源:第十三至第三十回,唐僧和悟空发生了哪些矛盾?在这些矛盾冲突中,悟空有怎样的变化?师徒冲突的高潮和结局。《朝花夕拾》导读课以"鲁迅恨过的人"为"种子"，一步一步引导和推动这颗"种子"向上生长：鲁迅小时候恨过的人，鲁迅长大后恨过的人，真恨的人，假恨的人，最后以鲁迅的"大恨"和"小恨"作结。

读这 18 节导读课，如果我们关注这些"种子"的来龙去脉，可能会发现，它们似乎是没有规律可循的，因为这些"种子"都极富活力和个性，是与具体某节课的导读内容相适切的，而且这些"种子"只能生长在这节课上，没有办法移植到另外一节导读课上去，这大约又是匠心所致了。

徐老师深知，一节好的整本书阅读课和名著导读课，仅仅有一颗好的"种子"是不够的，所以他很用心地在课堂上培育这颗"种子"的生长力，在与学生"你来我往"的课堂对话过程中，名著被读通了、读厚了，课堂也长出了繁茂的绿叶，开出了五色的花，结出了读书的果子。在《骆驼祥子》导读实录中有这样一个片段：

生：我觉得是在老马很累，饿急了，在茶馆里晕倒了。祥子出去把自己仅有的钱买了十个羊肉包子给老马充饥。

师：你看，这个女生书读得多细致入微啊！是的，祥子在这本书当中唯一一次痛痛快快地、真心实意地为别人花钱，就是这个地方。（板书：花钱）现在就很奇怪了，作者花那么多的笔墨写祥子的省钱、抠门，这里忽然又写祥子很慷慨地花掉钱，为别人买包子吃，你觉得矛盾不矛盾呢？

生：我觉得其实不矛盾。作者前面写省钱，情况是不一样的。当时是老马已经饿得晕倒了，非常危险，这个时候写祥子慷慨地为他花钱，其实就是为了对比，更加衬托出祥子的心地善良。

师：这是其中的一种答案。也就是说，在那个时候，祥子的心里面还是有着善良、可爱的一面的。有没有人补充？

生：我觉得是反映当时底层社会的人民，他们即使自己很痛苦，也互相关心、同情着他人。

师：你的意思是要给祥子评一个"北京好人"？在这里不是的，祥子还没有那么高的境界。好，请你来。

生：我觉得不矛盾，因为人总是会有慷慨的时候，也会有抠门的时候。这样写就可以让祥子这个人物更立体。在他救老马的时候，他从老马的身上看到了他今后要经历的影子，所以他很可怜老马。

师：这位同学其实说到了两层意思。第一层，一个非常抠门的人偶尔也会有慷慨的时候，他说是立体，徐老师认为这是人物的真实，真实的人性。第二层，我很欣赏他说"他在老马身上看到了他今后要经历的影子"这句话。你们有没有读到啊？是的，他在老马的身上看到了自己的未来，这个时候给老马买包子吃，其实更多的是在同情未来的自己啊！

我们可以看到，徐老师既尊重学生的原初阅读体验，又能有效地引导，适时地追问，巧妙地提升，课堂一直呈现着动态生长的状态。这样"看得见成长"的导读，不但提升了学生的阅读品质，而且拓展了名著阅读的空间和课堂的空间。

我能感觉到，在徐老师的名著导读课上，他近乎执拗地在避免"直接讲说"，而是时刻关注着学生的阅读分享，并努力捕捉这些阅读分享中的有效信息，通过高效的课堂评价，从而达到师生之间、生生之间、师生与名著（章节）之间的共生共长。

在"匠心"和"生长"之间，"匠心"是手段，是"技"；"生长"是目的，是根本，是"道"。基于"技"的"匠心"，是"技法"，最多是"艺术"；基于"生长"的"匠心"才是教学，才是教育，才是智慧，才是真正有意义的。

徐杰老师是我们"共生教学"团队中的骨干，他把"共生教学"的理念运用到整本书阅读和名著导读课中，使得他的导读课好看、耐看，有厚度，有张力。我很喜欢，也很佩服。我们深信，"共生教学"在整本书阅读和名著阅读教学中最能体现它的价值，期待徐老师给我们奉献出更多的有匠心、有生长的名著导读课。也期待着更多的老师和徐老师一起运用"共生教学"的理念进行整本书的阅读教学，带着孩子们好好读书，让孩子们爱读书、会读书、享受读书。

且为序。

黄厚江

2023.8.18

一

陌生化导读：未成曲调先有情

1.《城南旧事》导读实录

背景：2016 年 4 月，全国教育名家论坛活动，应邀执教名著导读课。

班级：郑州大学附属学校初一（1）班。

课型：陌生化导读。

师：今天，我们要一起来读一本书，这本书的名字是《城南旧事》。（板书）这是这本书出版后记中的一段。

出示 PPT：

> 夏天过去，秋天过去，冬天又来了，骆驼队又来了，但是童年却一去不还。冬阳底下学骆驼咀嚼的傻事，我也不会再做了。
>
> 可是，我是多么想念童年住在北京城南的那些景色和人物啊！我对自己说，把它们写下来吧，让实际的童年过去，心灵的童年永存下来。
>
> 就这样，我写了一本《城南旧事》。
>
> ——林海音

请大家自由朗读这段文字，然后说一说在这段文字中，你发现了哪些东西。

（生自由朗读）

师：你读到了哪些信息？

生：我读到了这本书的作者是林海音，这本书名叫《城南旧事》，这本书写的是林海音想念童年时住在北京城南的那些景物和人物。

师：请坐。她说到了三个信息：作者、书名、书中的主要内容。还有补充吗？

生：我读出了作者写这本书的目的是"让实际的童年过去，心灵的童年永存下来"。

师：你读得很认真，请坐。"实际的童年"是林海音的童年生活，"心灵的童年"是这部小说主人公小英子的童年生活。那么，你觉得小英子是不是林海音呢？

生：是。

师：不完全是。这部小说是以林海音的童年生活为原型进行艺术加工创作完成的，它的体裁是小说。（板书：小说）既然是小说，那么，书中的小英子就不能等同于林海音。知道了吗？

生：知道了。

师：好，我们在出版后记中读到了很多东西。这段话中有这么一个句子——"我是多么想念童年住在北京城南的那些景色和人物啊"，现在我们就来看看这本书中有哪些人物。

出示PPT：

爸爸，妈妈，妹妹

秀贞：一个未婚怀孕，后遭遗弃且失去孩子的"疯子"

妞儿：弃婴，碰巧被一个破落家庭收养，小英子的邻居

德先叔：进步学生，暂住在小英子家

小偷：收破烂养家，为了弟弟上学不得不行窃

兰姨娘：邻居的小妾，离开张家后被林家收留

宋妈：林家多年的女佣

1.《惠安馆传奇》

2.《我们看海去》

3.《兰姨娘》

4.《驴打滚儿》

5.《爸爸的花儿落了》

师：小说中的人物有爸爸、妈妈、妹妹，还有一些其他人。秀贞，是一个未婚怀孕，后来遭到遗弃、失去孩子的疯子。妞儿，是一个弃婴，碰巧被一个破落的家庭收养。她是小英子的邻居。德先叔，是进步学生，暂时借住在小英子家。小偷，是靠拾破烂养家的，为了弟弟上学而不得不行窃。兰姨娘，邻居张哥的一个小妾，她离开张家后，被林家收留。宋妈，是林家多年的女佣。在这本小说中，有五个章节，分别是《惠安馆传奇》《我们看海去》《兰姨娘》《驴打滚儿》《爸爸的花儿落了》。现在，我要请同学们猜一猜，这些人可能出现在哪个章节中。猜到的同学可以举手。

生：兰姨娘，出现在《兰姨娘》里面。

师：这是最容易的。

生：《驴打滚儿》是关于宋妈的。

师：你怎么知道的？

生：猜的。

师：猜得很准，请坐。我要补充一下，"驴打滚儿"本是北京著名的小吃，但在这本书中还真的写到了一头驴。一个没有出息的男人，经常骑着毛驴来看自己的老婆。这个男人不干活，专门喝酒赌钱，靠老婆做用人养家，每隔一段时间，就到东家来，找老婆要她的工资。你们猜，这是写的谁？

生：宋妈的老公。

师：猜得很对。

生：第五个《爸爸的花儿落了》里面的人物应该是爸爸。

师：对，里面不仅写到了爸爸，还写到了妈妈和妹妹，写到了"我"。还有人来猜一猜吗？

生：第一个《惠安馆传奇》写的应该是秀贞，还有宋妈以及小英子。

师：小英子在每一章都有，请坐。你说《惠安馆传奇》和秀贞有关，是怎么猜到的？

生：我之前看过这本书。

师：看过了就不能算是猜到的。其实，秀贞的爹是惠安馆的看门老头。那么，《惠安馆传奇》除了写秀贞，你们觉得哪个人也有可能会出现？你说说看。

生：妞儿。

师：为什么？

生：我也是猜的。

师：请坐。有没有谁来说说理由？

生：我觉得应该是德先叔。

师：为什么？

生：他是学生，应该和"馆"有什么关系。

师：有一点意思。你有没有注意到这里的信息，可能和谁有关？

生：跟妞儿有关。

师：对，妞儿是一个弃婴，后来又刚好被小英子的邻居捡回来。现在，还剩下哪些人没有被提到？

生：德先叔和小偷。

师："我们看海去"，是小英子和一个人的约定，这个人是谁呢？可能是德先叔，也有可能是小偷，现在无法判断。老师提示一下，你觉得兰姨娘可能会和哪个人之间发生故事？

生：应该是德先叔，因为他暂住在小英子家。

师：对。一个是暂住在小英子家，一个是被小英子家收留，这两个青年男女会不会发生故事呢？

生：会。

师：这里有一段话，描写了小英子知道爸爸同意兰姨娘住在"我们"家时的心理。谁来读一读?

出示 PPT:

> 我心里想着:兰姨娘在家里住下多么好!她可以常常带我到城南游艺园去,大戏场里是雪艳琴的《梅玉配》,文明戏场里是张笑影的《锯碗丁》,大鼓书场里是梳辫子的女人唱大鼓,还要吃小有天的冬菜包子。我一边跑出去,一边高兴地想,眼里满都是那锣鼓喧天的欢乐场面。

(一生读)

师:请坐。你感受到了小英子怎样的心理?

生:开心、高兴。

师:好的,高兴。(板书)你是从哪里看出来的?

生:"我心里想着:兰姨娘在家里住下多么好!""一边高兴地想,眼里满都是那锣鼓喧天的欢乐场面。"

师:好。除此之外,我们还要关注一下标点。"兰姨娘在家里住下多么好",这里用了什么标点符号?

生:感叹号。

师:感叹号直接表现了小英子的高兴心理。"眼里满都是那锣鼓喧天的欢乐场面",是不是真的出现了锣鼓喧天的场面?

生:不是。

师:这是想象。这样的想象,也表现出了小英子内心的高兴。兰姨娘年轻美丽,性格活泼,所以小英子非常开心。但是这种开心没有持续太久,就发生了一件事。

出示 PPT:

> 忽然,在喷云吐雾里,兰姨娘的手,被爸一把捉住了,爸说:
> "你这是朱砂手,可有福气呢!"
> 兰姨娘用另一只手把爸的手甩打了一下,抽回手去,笑瞪着爸爸,

说：

"别胡闹！没看见孩子？"

爸也许真的忘记我在屋里了，他侧抬起头，冲我不自然地一笑，爸的那副嘴脸！

师：小英子发现了爸爸和兰姨娘的暧昧，你们觉得这时小英子是怎样的心理？

生：气愤。

师：说得很好。小英子既气愤爸爸做了对不起妈妈的事情，又气愤兰姨娘伤害了妈妈，伤害了"我们"一家人。还有吗？

生：除了气愤，还有对爸爸的失望。作为爸爸，他应该全心全意对待妈妈的。

师：好的，有道理。你有补充吗？

生：我认为爸爸收留兰姨娘的时候，对她有别的想法。

师：我要打断一下。我不是让你来评价爸爸的，小孩子不要随便评价大人。我现在问的是，作为不到十岁的小孩子，看到这一幕，除了失望、气愤，还有什么心情？

生：我认为还有一些惊慌失措，不知道该怎么办。因为这有可能导致一个家庭的破裂，作者很无奈。

师：不是作者，是小英子。

生：我认为是后悔，因为她开始时想要兰姨娘留在家里，现在却发生了这一幕，肯定很后悔。

师：好的，后悔。

生：这时小英子会讨厌爸爸。因为原来爸爸在小英子心中是高大的，但是眼前这一幕，破坏了爸爸的高大形象。

师：有点意思。你从哪一句话读出了讨厌的味道？

生："爸也许真的忘记我在屋里了，他侧抬起头，冲我不自然地一笑，爸的那副嘴脸！"

师：如果只选一句呢？

生："爸的那副嘴脸"。

师：请你把讨厌的味道读出来。

生：（读）爸的那副嘴脸！

师：很好。同学们读出了讨厌、惊慌失措、气愤、害怕、失望。在原文中，作者只写了四个字：又恨，又怕。（板书）小英子立刻要把这些告诉妈妈，她到处去找，终于在厨房找到了她。此时，妈妈正怀着孕。她挺着大肚子在艰难地做饭。她一看到妈妈在满头大汗地干活，又不忍心告诉她了。妈妈看到她来了，问："你怎么来了？"她说："我，我……我饿了。"妈妈很急，用勺子敲了一下锅，说："你就整天知道吃吃吃，还没有到开饭的时候呢，滚一边去。"小英子感到很委屈："我是为你好，你却要打我。"于是她就哭了。哭着哭着，泪眼蒙眬中，她看到窗外有一个人影闪过，是德先叔回来了。小英子立刻高兴起来了。你觉得小英子见到德先叔为什么会这么高兴？

生：德先叔对她很好。

师：德先叔对她很好，能够安慰她。

生：她可以找德先叔倾诉这件事情。

师：家丑不可外扬。

生：德先叔有学问，可以给她讲故事。

师：你们虽然大了小英子几岁，但是没有小英子聪明。

生：她会问德先叔，找出解决的办法，来劝解。

师：老师来告诉大家。小英子很聪明，她想，我为什么不把德先叔推到兰姨娘那边去呢？于是，小英子跑到德先叔的房间，对他说："兰姨娘说家里住的那个大学生，戴着眼镜，一看就是大有学问的人。"其实兰姨娘私下里跟小英子说的是"那只四眼狗"。然后小英子转过头跑到兰姨娘那儿，对兰姨娘说德先叔夸赞她，说她像他的一个女同学。第二天，德先叔就拿了一本书给小英子，让小英子拿过去给兰姨娘看。故事就这样开始了。

出示PPT：

> 第三天，我给他们传递了一回纸条；第四天我们三个人去看了一场电影。我看不懂，但是兰姨娘看了当时就哭得唏唏的，德先叔递给她手绢擦。第五天我们走得更远，到了三贝子花园。

> 从三贝子花园回来，我（　　），我要告诉妈妈：我在三贝子花园畅观楼里照哈哈镜时，怎样一回头看见兰姨娘和德先叔手拉手，那副肉麻相！

师：这对青年男女在小英子的撮合下相爱了。请问，从三贝子花园回来，"我"是怎样的心情？

生：开心，因为"我"的计划成功了。

师：好的。

生：激动，后面有一句"那副肉麻相"。

师：小英子并不是真的鄙视他们的肉麻相，而是激动于他们的肉麻相。他们"肉麻"了，"我"家就安全了。还有吗？

生：轻松。原来非常着急，现在她心里的石头落下来了。

师：是的，从三贝子花园回来，"我"一身轻松，走起路来都要飘了。还有可能是什么心情？大家请注意，"我"要告诉妈妈时的心情是怎样的？

生：自豪。自己把德先叔和兰姨娘撮合到了一起，让家庭有了安全感。

师：好。还有吗？

生：急切的心情。

师：小英子想立刻告诉妈妈，自己办成了这样的一件大事。于是，她找到了妈妈。

出示 PPT：

我从四眼狗讲到哈哈镜，妈听我说得出了神……

"都是你一个人捣的鬼！"她好像责备我，可是她笑得那么好看。

"妈，"我有好大的委屈，"你那天还要叫爸揍我呢！"

"这样也好，"妈低头呆想什么，微笑着自言自语，然后她又像想起了什么，抬头对我说：

"你那天说要买什么来着？"

"一副滚铁环，一双皮鞋，现在我还要加上订一整年的《儿童世界》。"

我（　　）地说。

师：这时，"我"会怎样地说？

生：很激动，很开心。

师：激动、开心。

生：开心。

师：这个说过了。

生：骄傲。因为她办了好几件事，让德先叔和兰姨娘在一起了，还获得了好几个玩具。

师：你觉得她一箭双雕，办成了两件事情，请坐。

生：我觉得是"生气地说"，因为妈妈那天还找爸爸打她，今天却又问她要买什么。

师：我没有听明白你的意思。

生：妈妈那天让爸爸揍她。

师：我们把最后一段读一下。

（生齐声朗读"一副滚铁环，一双皮鞋，现在我还要加上订一整年的《儿童世界》"。）

师："我"应该怎样地说？

生："迫不及待地"说，因为这是小英子梦寐以求的东西。妈妈现在问她，她就特别着急，想马上告诉妈妈。

师：她想趁妈妈高兴的时候，要奖赏。嗯，说得非常好。不过，老师想用"慢条斯理地"说。你们觉得老师说得有道理吗？

生：有。

师：说"迫不及待"，有道理，说"慢条斯理"，也有道理。你同意哪一个？

生：还是"迫不及待"好一些。小英子说她要一双皮鞋、一副滚铁环等，这些是想了好久的，所以才会"迫不及待"地说出来。

师：她要趁这个机会赶快实现愿望。

生：我觉得两个都有道理。说"迫不及待"，是因为这是她梦寐以求的东西，想早点拿到手。说"慢条斯理"，是因为妈妈说"要买什么"，就肯定会给小英子买的，东西肯定会到她手里，她胸有成竹。

师：你太厉害了，请坐。用"慢条斯理"，首先是因为她胸有成竹，妈妈肯定会买；其次是她还要再想一想，再"敲诈"妈妈一把。刚才这个女生说"迫不及待"，也非常厉害。原著里面用的就是"迫不及待"。所以，我们读书的时候，要读出自己的感觉和想法。（板书）

德先叔和兰姨娘相爱了，最难受的人是爸爸。有一天晚上，小英子在爸爸的房门口玩，听到了爸爸妈妈的一段对话。爸爸说："我对于德先这种偷偷摸摸的行为不赞成。"妈妈问要不要送送他们，爸爸说："随便你吧！"你从爸爸妈妈的对话中，听出了爸爸怎样的情绪呢？

生：听出了爸爸对兰姨娘的不舍。

师：爸爸没有说不舍得兰姨娘，你是怎么读出来的呢？

生：因为他说"随便"。

师：你可以直接说，爸爸对兰姨娘还是有感觉的。

生：爸爸说德先叔"偷偷摸摸的"，还对妈妈很不耐烦，说"随便你吧"，从这里我看出爸爸对兰姨娘的不舍。

师：你从爸爸对德先叔的态度上感受到了他对兰姨娘的态度。很好，我们读书的时候，要读出话外音。你有补充吗？

生：爸爸对妈妈很反感。爸爸说不喜欢德先叔的时候，妈妈听了从鼻子里笑了一声，然后问要不要送送他们，爸爸就说"随便你吧"，对妈妈表现出了厌烦。

师：好的。爸爸对妈妈反感、不满，其实也是因为他对兰姨娘有感觉。

生：第一句"我对于德先这种偷偷摸摸的行为不赞成"，表现了爸爸对德先叔的嫉妒。

师：说得很有意思。好，这个问题我们就讨论到这里。

出示PPT：

现在中秋了，肥硕的大石榴都咧开嘴向爸笑。但是今天爸并不高兴，他站在花前发呆。我看爸瘦瘦高高，穿着白纺绸裤褂的身子，晃晃荡荡的，显得格外的寂寞。他从来没有这样过。

师：你们猜猜看，爸爸为什么会这样？

生：应该是兰姨娘要走了。

师：不错。爸爸从来没有这样寂寞，这次是因为兰姨娘要走了。

出示PPT：

宋妈正在开饭，她一趟趟地往饭厅里运盘运碗，今天的菜很丰富，是给德先叔和兰姨娘送行。

我从窗子正看到爸的白色的背影，不由得停下了笔，不知怎么，心里觉得（　　　）。

师："我"心里觉得怎么了？

生：她觉得有一点伤害了爸爸。

师：是的，"我"觉得伤害了爸爸。你从文段的哪个词感觉到"我"对不起爸爸了？

生：我觉得是"格外"这个词。

师：除了这个词，还有哪个词？

生："从来没有"。

师：对了。我们还可以从"晃晃荡荡"四个字中看出来。这个词说明爸爸很瘦。古人说："为伊消得人憔悴。"不管爸爸是为谁瘦，小英子都舍不得。所以此刻，小英子心里很愧疚。（板书）

出示PPT：

> 我想哭，也想笑，不知什么滋味，看兰姨娘德先叔同进了马车，隔着窗子还跟我们招手。
>
> 那马车越走越远越快了，扬起一阵滚滚尘土，就什么也看不清了。

师："想哭，也想笑"，你是怎么理解的？我想问一问大家，"哭"和"笑"两个词放在一起合适不合适？说一说理由。

生：我觉得合适。她"哭"，是因为她对爸爸感到愧疚；她"笑"，是因为德先叔和兰姨娘走了，她的家又和从前一样美满了。

师：好。其他同学请补充。

生：她想"哭"，是因为她觉得自己做错了什么，对不起爸爸。她想"笑"，是因为兰姨娘走了，家就安全了。

师：你补充了"哭"的理由。

生：我觉得"哭"和"笑"是指她内心的矛盾。她想"哭"，是因为她的做法伤害了爸爸。她想"笑"，是因为兰姨娘走了，家又恢复了原来的样子。

师：你对"矛盾"这个词解释得很好。不过老师想问的是，产生矛盾心理的原因是什么？尤其是"笑"的原因。

生："笑"是因为兰姨娘找到了自己的归宿，和德先叔在一起了。这个"笑"也是对他们的祝福。

师：对了，这才是懂事的小英子。这里的"哭"，有愧疚，有不舍；这里的"笑"，有欣慰，有祝福。（板书）同学们，这个故事讲到这里就要结束了。你们来做一回编剧。如果我们要把这个故事拍成小电影，除了可以拍一辆马车渐渐远去扬起尘土的场景，还可以拍什么？

生：我觉得应该给两家各来一个特写：兰姨娘和德先叔的表情、"我们"一家的表情。

生：你用了一个很专业的词语，叫"特写"。除了要对兰姨娘和德先叔进行特写，还要给另一个人特写，这个人可以是谁呢？

生：小英子。

师：好的，小英子。我们可以把她想哭又想笑的复杂感情表现出来。还可以给谁来个特写镜头？

生：爸爸。

师：你设计一下。

生：拍爸爸的背影，瘦瘦高高的，他望着兰姨娘和德先叔离去的马车。

师：你要给爸爸孤独的背影来个特写，真好，请坐。你呢？

生：拍爸爸和德先叔的对比。

师：你的意思是，到最后一刻，爸爸也没有放下。这个有点违背了小英子的本意。

生：这个镜头可以给明月。明月有两个意思，一个象征着团圆。德先叔带着兰姨娘走了，小英子一家就可以团圆了。另一个，明月凄冷的月光也象征着离别，象征了兰姨娘和德先叔离他们越来越远了。

师：回老家选择在夜里出发，不太符合现实。但是，老师很欣赏你的想法。明月，很有意境。同学们，你们觉得这个故事好玩吗？

生：好玩。

师：《城南旧事》中的每一个故事都写得很好，今天我们读的仅仅是其中的一个故事。现在，我们来朗读一下板书。

（生朗读）

师：这些词体现了人物情感的变化。读这本小说，我们一定要关注小英子细腻、复杂的情感变化。"自传体、儿童视角、真切细腻的内心感受"，是林海音《城南旧事》的三个显著特色。

出示PPT：

自传体

儿童视角

真切细腻的内心感受

师：这节课我们就上到这里，下课！

○ 评　课

一节好课：已然熟悉，依然陌生
——徐杰老师《城南旧事》导读实录评点

连云港新海初级中学　胡　杰

徐杰老师说：陌生化导读，听、读、猜、想，是常规手法。

徐杰老师说：一节课，最怕在同一平面滑行。

徐杰老师说：语文课，不能听不到琅琅读书声。

徐杰老师说：语文老师要学会设计课堂活动，千万不能老师碎碎问、学生碎碎答。

徐杰老师说：要在课堂上从容地行走，要带着学生，在文本中走几个来回。

徐杰老师说：课堂切忌太满，化繁为简，举重若轻，那才是语文老师的真本领。

……

徐杰老师不乏"金句"，他的"金句"，是他教学经验的凝练和升华。

他的课堂就像他所说的那样，雍容、大气，娓娓道来中渐入佳境，曲径通幽后厚重丰盈。徐杰老师的课堂几乎没有异峰突起，一切都那么顺理成章，讲台下的学生和听众席里的老师，便一同跟随着徐杰老师，分花拂柳，"吟啸且徐行"。

《城南旧事》是一本好书。徐杰老师《城南旧事》的陌生化导读课，是一节好课。

陌生化导读，"猜读"是推进教学的重要手段之一。徐杰老师设置的"猜读"是多元且开放的，猜对了成就满满，猜错了也兴致盎然。徐杰老师的"猜读"，以文本为依托，而不是凭空的猜想。徐杰老师的"猜读"，不是问题的堆砌，而是设计了丰富的活动。徐杰老师的"猜读"，富有层次，环环相扣、层层推进，但始终围绕着阅读的重心。

一、在猜读前明确

上课伊始，徐杰老师就抛出了一个问题：文中的"小英子"是不是作者林海音呢？在听取了学生的回答之后，徐杰老师明确："小英子"不等同于林海音，因为《城南旧事》的体裁是小说。

文体不明，则乱象丛生。授课者在解读文本的内容时不仅要看到文本的思想内容，更重要的是关注文体样式；我们不但要看到文字表面承载的信息，更要看到文字背后隐匿的言语形式；只有依文体而教，才能抓住特征，深入文本，准确解读。不同的文体必须体现出不同的阅读和教学方法。明确了文体后，接下来对文章人物的简介、情节的分析、心理的揣摩才显得顺理成章。

细节决定成败，徐杰老师的课堂，每一个环节的设置都独具匠心。一个看起来小小的问题，其实隐藏着大大的玄机。

二、在猜读时感悟

在"看章节，猜人物"活动中，徐杰老师先出示人物简介，再出示小说的五个章节，让学生根据不同的章节名称，去猜测哪些人物最可能出现在其中。秀贞、妞儿、德先叔、兰姨娘……人物一个个归位，问题一步步深入，情节一步步梳理，文章的脉络也一点点明晰。

可是，徐杰老师不仅仅想让学生了解故事的梗概，他还想带着学生走得更远。《城南旧事》这本书里，隐藏着淡淡的、沉沉的相思，笼罩着淡淡的哀愁，荡漾着丝丝的温暖，显然，徐杰老师希望学生能感受到这些美好。所以，紧接着，徐杰老师就抓住"兰姨娘"和"德先叔"这两个人物，进入文本，品味文字，揣摩人物心理，感悟人物情感。

在徐杰老师的循循善诱之下，一段段文字被反复地玩味和赏读，一次次的心理变化也被梳理得格外清晰：高兴、后悔、轻松、自豪、急切、愧疚、不舍、欣慰、祝福……这些标志着英子心理变化的词语纷纷或被学生发现，或被老师总结，这时的课堂，因师生的互动和生成，达到了和谐统一的境界。在这一次次的朗读中，在这一句句的追问下，在这一点点的猜想里，故事的全貌被还原，英子的形象被凸显，小说的魅力也被尽情展现。

除了陌生化导读，在如何品鉴小说方面，徐杰老师也给我们做了很好的示范：不仅要关注情节，更要关注作品本身的艺术魅力，要让学生形成一定的鉴赏思维，掌握一定的鉴赏方法。

只留在感性层面的认识，徐杰老师觉得不够，在赏读完整个故事之后，他说："同学们，这个故事讲到这里就要结束了。你们来做一回编剧。如果我们要把这个故事拍成小电影，除了可以拍一辆马车渐渐远去扬起尘土的场景，还可以拍什么"这个问题，就不仅仅是感性层面的探究，而且上升到理性认知的空间了。这个问题立足文本，又超越了文本，真的是神来之笔。做一回编剧，就是考查学生角色选择的能力、文字架构的能力、空间想象的能力和文本解读的能力。有之前的引领做底子，学生的回答异彩纷呈：有的要拍爸爸孤独、瘦瘦高高的背影，有的要拍爸爸和德先叔两个人的对比，有的要给天上的明月拍一个特写……我想，此刻，学生的眼睛，一定是亮亮的；学生的心，一定是软软的。

三、在猜读后存疑

徐杰老师说："《城南旧事》中的每一个故事都写得很好，今天我们读的仅仅是其中的一个故事。"这就是陌生化导读的要义：不仅为了让学生去深入了解作品，还要真正激发学生的阅读兴趣。上完这一课，学生应该充盈着求知的渴望，也充满了探索的勇气。他们对文中的人物已然熟悉，对故事的情节却依然陌生。是啊，已然熟悉，依然陌生。正是因为"所谓伊人，在水一方"，所以才会有"溯洄从之""溯游从之"啊！我相信，下课后，学生一定会迫不及待地捧起书本，走进《城南旧事》，走近林海音，走向阅读的更深、更远处。

这个结束语，体现着徐杰老师的狡黠。他的课也是这样，聪慧圆润、轻松通融、自在多变。

已然熟悉，依然陌生，这就是陌生化导读的魅力，这也是徐杰老师的魅力：我们以为已经很了解他了，我们以为他已经向学生、向所有人展示了他的全部，我们以为他已经攀登到了顶峰，却不想，他依然努力向前，踽踽独行。

请允许我，向徐杰老师，向所有的奋斗者，致敬。

2.《开往远方的列车》导读实录

背景：2021 年 5 月，江阴市礼延实验学校教学研讨活动，执教示范课。

班级：江阴市礼延实验学校初一（4）班。

课型：陌生化导读。

师：今天我们学习的是绘本，书名叫《开往远方的列车》。

这个故事的背景是这样的（出示 PPT）：

19 世纪 60 年代，美国爆发了内战。战争造成 75 万名士兵死亡，无数家庭遭受灾难，母亲成了寡妇，孩子成了孤儿。战后，大约有 10 万名无家可归的孩子，从纽约由火车送往美国中西部的小镇和农庄。政府希望将这些孩子安置在能够收养他们的家庭中。

师：那些被收养的孩子，有些过得比较好，有些过得很不好；有些尝到了家的味道，尝到了爱；有些堕入了更加可怕的困境中。今天我们要讲的就是在纽约的一家孤儿院"圣克里之家"的 14 个孩子，他们乘上了通往美国中西部的约弗汗的列车，去寻找收养他们的家庭。

这些孩子在他们的大姐姐——保育员卢小姐的带领下登上了这趟列车。那么，是不是所有的孩子都能找到家、找到爱呢？我们今天就一起来学习这个故事。

师：这是故事的主人公玛莉安，就是最右边戴着帽子的这个女生（出示图片）。故事是以她的口吻讲述的。玛莉安的旁边是她最要好的朋友萝拉，她们的对面就是保育员卢小姐。萝拉是一个很美丽、很漂亮的小女生，她不肯跟玛莉安分开。她跟玛莉安说：如果有人要收养我，我不跟你分开，我就说我跟你是亲姐妹。如果谁要收养我，也得收养你，我们不分开。但是这话被卢小姐听到了，卢小姐表示这不可能。当时，美国的收养家庭都非常贫困，他们也不想要两个孩子，所以一般只能收养一个孩子。所以卢小姐说：你们根本也不像姐妹，如果你们不分开，就有可能没有人收养你们了。玛莉安一边把手按在萝拉的手上安慰她，一边又自我安慰，她把手伸向口袋，那里有一根羽毛。她摸着那根羽毛，说：没关系，即使没有人收养我也没关系。她一定在远方等我。

听老师说了这么多话，你们有什么疑问吗？

生：为什么玛莉安要自我安慰，而不向卢小姐求情？

师：好的。你有什么疑问？

生：为什么她的口袋里有根羽毛？

师：嗯，为什么玛莉安的口袋里有根羽毛呢？

生：为什么玛莉安会有这个愿望？

师：什么愿望？

（生未说话）

师：不着急，等一等再说。

生：跟她的好朋友不分开。

师：那不是玛莉安的愿望，是萝拉的愿望。请坐。

师：你有没有什么想法？

生：为什么玛莉安不愿意跟她分开呢？

师：不是玛莉安，大家要弄清楚：那个穿蓝衣服的小女生叫萝拉。我来板书一下，外国人的名字不好记。（板书：萝拉）主人公叫玛莉安。（板书：玛莉安）

师：其他的孤儿都是去寻找收养的家庭，可是玛莉安却说：即使没有人收养我也没关系。她一定在远方等我。这句话大家刚才有没有听见过呢？"她"是谁呀？

生：老师还没请我们回答。

师：好，我一会儿请你们啊。大家听故事一定要认真哦。下面，我们继续来看这个故事。

师：到了第一站，一群孩子被领到了市政厅，然后很多居民就到这里来挑选孩子了。你认为怎样的孩子可能被第一个挑走？是不是萝拉？

（无人回答）

师：不知道没关系，这很正常。

师：这边的同学来猜一猜这些居民想收养怎样的孩子。

生：可以干活，漂亮，可以赚钱，生活可以自理的人，不用大人太过于关心和关照。

师：这个男生很厉害，估计你在现场是不会收养萝拉的吧？

师：他说得很对，人们首先要找的是会干活的男生。所以有些居民隔着棉袄去捏小男生的臂膀，肌肉厚实的就先被挑走了。还有那个长得比较粗壮的，坐在后排的叫玛薇的女生也被挑走了。

师：现在，有一对面容和善的夫妇来到了玛莉安和萝拉的面前。大家看到了吗？他们是看中了玛莉安，还是看中了萝拉呢？

生：（齐）萝拉。

师：这次你们猜对了。这位女士一眼就看中了萝拉，她说：我真喜欢这个小女生，我们就要她吧。

出示PPT：

> 萝拉紧紧拉着我的手，小声说："（　　）。"
>
> "哎呀！"那个女人看着卢小姐，"我们没办法两个都要，我们只想要一个小女孩儿。"

师：但是萝拉紧紧地拉着玛莉安的手，"小声说——"她会说什么呢？有没有人知道？我们可以根据后面这句话来猜一猜。（读）"'哎呀！'那个女人看着卢小姐，'我们没办法两个都要，我们只想要一个小女孩儿。'"萝拉拉着"我"的手是怎么说的？

生："我不，我要和玛莉安在一起。"

师："我要和玛莉安在一起"，意思就是"我不跟你去"。她是拒绝了吗？

生：（齐）不是。

师：拒绝就错了呀。

生："能把我和玛莉安一起收养吗？"

师：好，你提出了请求。但我觉得这是不够的。你来说。

生：她会说："我和玛莉安是亲姐妹，我们不想分开。"

师：这位男生说得很好。他既表达了愿望，又说出了理由。同学们听明白了没有？"我们不愿分开，我们是亲姐妹。"

出示PPT：

> "那当然。她们不是姐妹，只是朋友，"卢小姐很快地说，"萝拉，快站起来！玛莉安，你帮帮她。"
>
> 我必须很用力才能把萝拉的手指掰开。
>
> 那个女人弯下腰："你知道马车上有什么东西在等你吗？小狗哟，送给你的。"
>
> 萝拉哭着说："（　　　）。"
>
> 卢小姐和那对夫妇签了同意书，他们就把萝拉带走了。

师：（读）"那当然。她们不是姐妹，只是朋友，"卢小姐很快地说，"萝拉，快站起来！玛莉安，你帮帮她。"我必须很用力才能把萝拉的手指掰开。那个女人弯下腰："你知道马车上有什么东西在等你吗？小狗哟，送给你的。"

这对夫妇真好，对吧。他们还给小女生准备了礼物——一只小狗。"萝拉哭着说——"我想听听如果你是萝拉,你会哭着说什么。

生:"我不愿和玛莉安分开,我要跟她一起走。可是,我又想要那只小狗。"

师:真是一个诚实的孩子。你又会怎么说?

生:我会说:"我不想和玛莉安分开,我们是姐妹,为什么你要把我带走呢?"

师:哎哟,你还要追问她为什么要把你带走呢,人家喜欢你呗。(生笑)

师:萝拉能不能哭着说很多话呀?

生:(齐)不能。

师:如果只能说很简单的话,但是又要把内心的愿望表达出来,萝拉会怎么说?

生:我不要和玛莉安分开。

师:哦,请坐。如果说"我不要和玛莉安分开",那么和上面的话关联就不大。我们一起来读读上面这个句子,好不好?来,预备起——"那个女人……"

生:(齐读)那个女人弯下腰:"你知道马车上有什么东西在等你吗?小狗哟,送给你的。"

师:萝拉哭着说——

生:你可以收养另外一个。

师:她拒绝了吗?请坐。刚才让大家读上一句的意图,你们领会了没有?那个女人说"小狗哟,送给你的",所以,萝拉哭着说——

生:我不要小狗,我只要玛莉安。

师:这就对了。听话要听别人怎么说,然后想想自己要怎么说。卢小姐和那对夫妇签了同意书,他们就把萝拉带走了。

师:如果只能用一两个字把下面句子中"……"处的内容补上,你会怎样补?

出示PPT：

　　萝拉……，我……

生：萝拉哭了，"我"也十分舍不得她。

师：这个孩子很聪明，他前面说的"萝拉哭了"，和原著一模一样，但第二句话说得有些啰唆了。

生："我"也哭了。

师：很厉害！玛莉安是萝拉在孤儿院里相依为命的小姐妹、知己，但是她们现在不得不分开了，所以萝拉哭了，"我"也哭了。但是"我"在心里对自己说：这次没挑选上我也不是坏事，我必须去西部找她。她也一定会在远方等我。现在大家知道这个"她"是谁了吧？

生：她母亲。

师：猜对了，是玛莉安的妈妈。她的妈妈以前一直在一个养鸡场工作，但她实在是生活不下去了，于是到西部去打工了，她就把玛莉安送到了孤儿院——"圣克里之家"。故事里是这样说的：（读）她把我留在"圣克里之家"那天，蹲在台阶上对我说，她会回来接我。她当时在吉尔森鸡肉工厂工作，头发上沾了一根白色羽毛。我拿下那根羽毛，轻轻贴在脸颊上。她说："我先去西部开创新的生活，再回来接你。""什么时候？妈妈，你什么时候来接我？"泪水从我的脸颊滑落，粘住了羽毛。她说："圣诞节以前。"我已经等了好几个圣诞节。现在，我也要去西部了。

师：别的孩子是孤儿，去寻找收养的家庭。但在玛莉安的心里，她还有着一份渴望，她的妈妈在西部等她。我想问问同学们，她会遇到自己的妈妈吗？猜一猜，觉得能遇到的请举手。（很少人举手）你们还真是心狠啊。哦，还有两三个男生举手，你们都是善良的孩子。说不会遇到的请举手。

（学生几乎全举了手，轻笑。）

师：哇，你们怎么可以这样呢？为什么不可以遇到妈妈呢？大家说说理由。

生：因为这样的话，小说的摇摆会让故事有魅力。

师：看来他不喜欢大团圆、皆大欢喜，而喜欢悲剧。有没有其他的理由呢？来，这位男生。

生：按照大多数美国小说，还有绘本的故事结局来看，一般都不会团圆，一个悲伤的结局反而会是一个最好的结局。而且在前期有一个铺垫，就是玛莉安和萝拉是有一段……怎么说呢，就是说最后玛莉安可能会和萝拉在一起，而不是和妈妈在一起。

师：你想得太离奇了。萝拉已经被领走了，玛莉安怎么还可能跟她在一起呢？大家有没有注意到，这个故事里面有一句话："圣诞节以前"。

生：如果她母亲还在的话，她肯定会在圣诞节之前遵守诺言来找玛莉安，但是过了很多个圣诞节，她还是没有来找玛莉安，说明她母亲可能已经不在人世了。

师：她这个说法有没有道理？

生：（齐）有。

师：有道理。但不一定是已经不在人世了，妈妈有可能过得很不好，没有能力来抚养女儿，所以她没办法再来找女儿。如果有能力，她一定会回来找玛莉安的。好，我们继续往下看。

师：（读）火车继续往西部飞驰，夜里面执着地发出"咔咔咔咔"的声音。我睡不着，想妈妈。

下面是玛莉安的一段内心独白，她会怎样说呢？请一位同学来读一读。

生：（读）等等我，妈妈！我来了！在"圣克里之家"，每天晚上我都希望自己的思念能穿过黑暗，飞到远方的妈妈身边。妈妈，你不必来接我，我就要去找你了。但是，她又在哪里呢？

师：好，他读的是"她又在哪里呢"。再找个女生来读一下。

生:（读）等等我，妈妈！我来了！在"圣克里之家"，每天晚上我都希望自己的思念能穿过黑暗，飞到远方的妈妈身边。妈妈，你不必来接我，我就要去找你了。但是，你又在哪里呢？

师：好，请坐。这位同学读的是"你又在哪里呢"。大家说，是读"你"好，还是读"她"好？

生：（齐）读"你"好。

师：给我一个理由。

生：这段话用第一人称来写比较好。

师：为什么用第一人称比较好？

生：更亲切。

师：这段话是对谁说的？

生：（齐）妈妈。

师：对妈妈说的，所以直接用"你"，显得更亲切、更真挚、更热烈。所以，当我们要抒发很热烈的情感时，用"你"比较好。"你"是第几人称啊？

生：（齐）第二人称。

师：好，是第二人称。我们把最后一句话再读一下。"妈妈……"，预备起。

生：（齐读）妈妈，你不必来接我，我就要去找你了。但是，你又在哪里呢？

师：我对你们的朗读不大满意。这两句话能用一样的语气和一样的语速来读吗？

生：（齐）不能。

师：愿不愿意重新读一读？

生：（齐）愿意。

师：好，预备起。

生：（齐读）妈妈，你不必来接我，我就要去找你了。但是，你又在哪里呢?

师:这样就对了。前面是盼望的语气,后面是担忧的语气。好,我们继续往下看。火车继续往前奔驰,又有一些孩子被陆陆续续地领走了。这时候有一个小女生长得像小男孩,她遇到了一对夫妇。我们来看一看,她有没有被领走呢?

出示PPT:

有对面容和善的男女走到人群面前。

苏珊一看见他们就不再抱怨,她( )。

她大声恳求:"妈妈!爸爸!"

女人( )说:"詹姆斯!她在叫我们呢!"

男人( ),他说:"我们要她!"

苏珊问:"我可以养小狗吗?"

男人( )说:"没问题,小甜心!"

师:(读)有对面容和善的男女走到人群面前。苏珊一看见他们就不再抱怨,她大声恳求:"妈妈!爸爸!"女人说:"詹姆斯!她在叫我们呢!"男人说:"我们要她!"苏珊问:"我可以养小狗吗?"男人说:"没问题,小甜心!"

师:这个小女生为什么立即就被收养了啦?

生:因为她对领养的夫妇态度很积极。

师:怎样积极的态度?

生:非常主动、热情。

师:怎样主动和热情?

生:不知道。

师:他不知道怎样的主动和热情,你们知道吗?

生:(齐)知道。

生:她直接对那个男人和女人叫爸爸、妈妈。

师：是啊。

师：你会不会遇到一个人直接叫爸爸、妈妈？

生：（摇头）不会。

师：这一叫，热情就表现出来了。她用"爸爸、妈妈"的称呼来唤醒了男人和女人心底的爱。但老师觉得这段话说得还不够生动和丰富。大家能不能把省略号里面的内容给补一下。

师：苏珊一看见他们就不再抱怨，她……

生：（脱口而出）激动。

师：我不希望听到"激动""高兴"这一类词。你要把"激动"和"高兴"通过其他的形式表现出来。比如第一个省略号，我们可以这样填：她张开双臂，大声恳求："妈妈！爸爸！""张开双臂"这个动作有没有把"激动"表现出来？

（生点头）

师：好，现在你们来填吧。

生：她快速地冲到了他们面前，大声恳求："妈妈！爸爸！"

师：好，他用的是一个动作。这个"冲"字用得很好，用一个动作表达了苏珊内心的欢喜。（板书：动作）谢谢他。

师：女人（　　）说："詹姆斯！她在叫我们呢！"

生：女人非常高兴地说："詹姆斯！她在叫我们呢！"

师：刚才已经说过了，不要用"非常高兴""非常激动"这类词，而要用其他的办法让我感觉到"高兴"和"激动"，听明白了吗？

生：（齐）明白。

师：请你说。

生：我觉得应该是"女人拍拍男人的肩膀说"。

师：好了一点。但"拍拍肩膀"还不足以表达出高兴的情绪。

生：女人向男人挥挥手说："詹姆斯！她在叫我们呢！"

师：有一点道理。

生：女人握紧男人的手说："詹姆斯！她在叫我们呢！"

师：这个男生情商比较高。（生笑）女人紧紧地握着男人的手说："詹姆斯！她在叫我们呢！"请你来。

生：女人瞪大了眼睛说："詹姆斯！她在叫我们呢！"

师：哦，这个女人有点不大相信自己的眼睛。她有点兴奋，瞪大了眼睛说："那孩子喊我妈妈呢！"那么，瞪大眼睛的同时还可能有什么？

生：（随口）张大了嘴巴。

师：还有呢？

生：（随口）竖起眉毛。

师：这个就不对了。竖起眉毛表示什么情绪？

生：（齐）生气。

师：还可能有什么？笑啊。"女人睁大眼睛，笑容浮上脸颊说"，甚至脸上可能有绯红了，这时可以写一写她的神态。（板书：神态）

师：女人睁大了眼睛，笑容浮上脸颊，紧紧抓着男人的手说："詹姆斯！她在叫我们呢！"男人（　　　），他说："我们要她！"男人会怎么说？这位女生来回答。

生：男人犹豫了一会儿说。

师：男人要不要犹豫？

生：（齐）不要。

师：你们是怎么看出来他不犹豫的？

生：（齐）感叹号。

师：感叹号。你们太厉害了。感叹号能和"犹豫"连用吗？

生：（齐）不能。

师：对，不犹豫，毫不犹豫。表示"毫不犹豫"应该怎么说？

生：男人走到苏珊面前说："我们要她！"

师：苏珊已经在男人面前了。

生：男人果断地说："我们要她！"

师：语气是可以的。

生：男人拍手说："我们要她！"

师：都拍手啦。（生笑）拍手表示坚决，是可以的。如果男人既要表达坚决、立刻、毫不犹豫，又要表示对苏珊的喜欢，他会怎么样？

生：男人抱起苏珊说："我们要她！"

师：在"抱起"前面还可以加一个修饰语。

生：（齐）一把。

师：嗯，很好。男人一把抱起苏珊，说："我们要她！"大家想得很不错。

师：苏珊问："我可以养小狗吗？"男人会怎么说"没问题，小甜心"这句话？我们的男生情商都特别高，来。

生：男人轻轻摸了一下她的鼻子说："没问题，小甜心！"

师：太好了。

生：男人亲了一下苏珊说："没问题，小甜心！"

师：（补充）男人亲吻了一下她的额头。

生：我想在他的答案中添上：男人亲了一下苏珊的脸颊。

师：很好，请坐。亲亲她，刮刮她的小鼻子，这是一个爸爸对女儿的爱。徐老师也有一个女儿，在她小的时候，我会捏捏她的小耳朵来表示我对她的喜爱。我们班的女生，你爸爸喜欢你的时候会怎么做呢？

生：摸我的脸。

师：你可以把这个动作加上去啊，"男人摸摸苏珊的脸"。世间的爸爸爱女儿的方式都是一样的。所以，我们写人物对话的时候，如果直接说"张三说""李四说""王五说"，这样好吗？

生：（齐）不好。

师：要怎么做呢？

生：（齐）加提示语。

师：对，可以加动作，可以加神态，也可以加语气。（板书：语气）这样的"说"就非常生动了。"徐老师拍了拍他的肩说"，说明徐老师比较温和；"徐老师打他一拳说"，就不一样了吧？好，我们继续看故事。（图片切换至相应情节）

师：苏珊被领走了，孩子们一个个都被领走了，最后剩下三个孩子。另外的两个小女生也被一对夫妇领走了。这是唯一一个愿意领养两个孩子的家庭。那个男人对女人开玩笑地说："买一送一，真划算。"当然，"我"知道他们说的并不是买，但是"我"仍然觉得有两个孩子都被领走了是件很好的事情。这个时候有一对夫妇站在"我"的面前，卢小姐非常热情地向他们推荐了"我"。卢小姐是这么说的："玛莉安很会带小孩。""她的语气有几分恳求的意味，手中紧握着最后一份同意书——那份属于我的同意书。男人粗声粗气地说：'我太太会照顾我们的小宝宝。''我们只是过来看看，'女人说，'不过……'她从袋子里拿出一个苹果给我，'拿着吧，孩子。''谢谢你。'我低头看着苹果，泪水模糊了我的视线。"

现在大家知道了，孤儿院 14 个孩子有 13 个已经被领走了，玛莉安有没有人要？

生：（齐）没有。

师：所以玛莉安心里难受不难受？

生：（齐）难受。

师：是难受的，那种没人要的感觉深深地刺痛了她。

师：只剩下最后一站了，最后一站叫远方站。仿佛那个站名本来就不应该存在，仿佛它就是在很遥远的地方。卢小姐一边帮"我"梳头，一边安慰

"我"说：没关系，要是真没有人要，你就陪着我再回去。我路上将会多一个人做伴。但是"我"心里知道，"圣克里之家"的床位已经安排给了更有需要的孩子，那里已经没有"我"的位置了。也就是说，如果回去，"我"只能成为露宿街头的孤儿。最后一站远方站到了，站台上只有一对老年夫妇在等着"我们"。卢小姐问"我"："玛莉安，准备好了吗？""我"小声说："还没有……"大家看这对老年夫妇。玛莉安对这对老年夫妇的第一印象怎么样？中间有一段很有意思的对话。我来读一读。（读）"我不是你们想要的小孩儿，对不对？"我说，"你们想要男孩儿。"那个火车头有红色的轮子和蓝色的烟囱。白太太说："不骗你，我们本来的确想要男孩儿。"白先生在一旁插嘴："不过，我们也喜欢女孩儿。"

这对夫妇给你的感觉是怎样的？

生：应该是和蔼的。

生：十分善良。

师：我们来看看他们的推测对不对。

出示PPT：

"只剩……"女人把话咽回去。我知道她要说："只剩下她吗？"但是她没说出来，只是专注地看着我，表情很温柔。我一直觉得，妈妈会那样看我。

不知道为什么，这个女人好像了解我，她知道那种没人要的感受，即使我心里还在等妈妈来接我。她了解我的痛苦。

"我叫狄莉，"她对卢小姐说，"这是我先生白洛克。"

她把手中的玩具火车头递给我："这是我们送给你的礼物。"

师：（读）"只剩……"女人把话咽回去。我知道她要说："只剩下她吗？"但是她没说出来，只是专注地看着我，表情很温柔。我一直觉得，妈妈会那样看我。

师:(读)不知道为什么,这个女人好像了解我,她知道那种没人要的感受,即使我心里还在等妈妈来接我。她了解我的痛苦。"我叫狄莉,"她对卢小姐说,"这是我先生白洛克。"她把手中的玩具火车头递给我:"这是我们送给你的礼物。"

大家的猜测是对的,这是一对和蔼、和善的夫妇。那么他们有没有互相选中呢?刚才我读的时候,你们感觉到了吗?玛莉安是不是他们想要的小孩?

生:(齐)不是。

师:对。下面一段话很有意思,请大家听好了。

师:(读)白太太眯着眼睛看我:"我知道,我们也不是你想要的。我和洛克结婚的时候,已经很老了。以前我总觉得自己会找到更帅的丈夫呢。"她轻轻拍着白先生的手,他们微笑着看着彼此,看得出来他们很喜欢对方。"有时候,你最后得到的会比你原先想要的更好。"白太太说。

师:这对夫妇除了温柔、慈爱,还带给了"我"什么感受?

生:应该是善解人意的。

师:这个词用得好,我喜欢。还有没有不同的感受?这是一个怎样的老太太?

生:关心孩子、呵护孩子的老太太。

师:如果玛莉安跟着他们是不会受苦的。

生:比较尊重他人。

师:尊重孩子,请坐。有没有其他要补充的了?好,请你说。

生:白太太可以设身处地地为他人着想。

师:对,善解人意就是要设身处地地为他人着想,就是要换位思考。那么,这个老太太年轻的时候一直想找更帅的丈夫,后来有没有找到更帅的丈夫啊?

生:(齐)没有。

师:白洛克长什么样子啊?驼背。但是他们深爱着对方。她找到了最满意的丈夫，对不对？

生：（齐）对。

师：她深有感触地说："有时候，你最后得到的会比你原先想要的更好。"这是一个很有智慧的老太太。她把生活看得那么透彻。这句话有没有对玛莉安起到安慰的作用？

生：（齐）有。

师：对。玛莉安是最后一个被领养的孩子，但我们有理由相信她遇到了一户好人家。接下来我要请同学们来补完这个故事。（更换图片）

师：玛莉安手里拿的是什么？

生：（齐）羽毛。

师：对。"我从口袋里掏出来那根羽毛……"请你用三到五句话把这个故事说完整，两分钟。需要五分钟的话，也可以。现在开始编故事的结尾，你也可以和同桌一起来编。（两分钟后）好，哪位同学愿意用最简单的语言把故事的结尾告诉我们。请你来。

生：我把羽毛递给那位老太太，说："夫人，这根羽毛以前是我最珍视的人给我的，我现在把它送给您，您是一位善解人意的老太太。您愿意收留我吗？"

师：好的，这是一个很懂道理的玛莉安。还有没有同学来编一编啦？好，你还没有说过话呢。

生：我掏出羽毛递给那个老太太，她也微笑着接过去，塞在口袋里，然后我叫了她一声"妈妈"。

师：这个孩子编得要比刚才那个好一点。说"夫人"有点见外了，为什么就不能改成"妈妈"呢？来，请这位男生来说一说。

生：我把羽毛拿出口袋，小心地捧在手里，又想起了妈妈。夫人看我好像很珍惜那羽毛，对我说："我们回家把它好好保管起来吧。"

师：他说得太含蓄了。你再来说一下。

生：我把羽毛递给了她。她悄悄地拿在手里仔细地观察了一会儿，牵着我的手，坐上她的马车，走了。

师：老太太不征求"我"的意见了，牵着"我"的手就走了。我们来看看原文作者是怎么写这个结尾的。

师：（读）我有一种期望落空的感觉。我妈妈不在远方，她根本不在这里或别的地方等我。"我……"我把手伸进口袋，拿出那根羽毛。我从妈妈的头发上取下它的时候，它还很白，现在已经变黄了。我用手指抚平它。"这是我送给你们的礼物。""哦，谢谢你。"白太太把那个羽毛插在自己的帽带上。它插在那里的样子很特别，好像它属于那里，好像它终于找到自己的地方。白太太接过同意书。她看看那些文件，再看看我："你愿意跟我们回家吗？"我小声说……

生：（大部分）愿意。（有一生答"好"）

师：你们都说"愿意"，他却说"好"，我特别欣赏他。这个时候是不是话说得越多越好啊？

生：（齐）不是。

师：原文作者就只说了一个字：好。你将来能够成为一个作家。作者用细节把结尾告诉了我们。故事说完了，我想问问大家，在今天我们一起学习这个故事的过程中，你对哪一句话特别有感觉？或者哪一句话给你留下的印象最深刻？

生："我知道她在远方等我。"也就是"我"思念"我"的母亲。

师：这个时候母亲还很重要吗？

生："等等我，妈妈！""妈妈，你不必来接我，我就要去找你了。但是，你又在哪里呢？"

师：她觉得等妈妈的话很重要。

生：我对玛莉安和萝拉离别时说的话印象比较深。

师：哪一句话？

生："萝拉紧紧拉着我的手。"

师：他对握手有感觉。你对哪句话有感觉？

生：白太太把羽毛放在她帽带上的时候，后面加了一句：好像它终于找到自己的地方。

师：好。这是故事的含蓄之美。羽毛找对了地方，"我"也找到了满意的家。还有哪些话让你印象深刻？

生：你最后得到的会比你原先想要的更好。

师：好，我们是知己。我在读这个故事的时候，对这句话也特别有感觉。

出示PPT：

有时候，你最后得到的会比你原先想要的更好。

师：徐老师家里有兄弟姊妹五个，我是老幺，最小。小时候家里很穷，我穿的一直都是哥哥姐姐们剩下的旧衣服，把它们改改弄弄再穿，心里一直很难受。有一年，我们家卖了一头猪，终于有了一点钱。爸爸妈妈就对哥哥姐姐说，你们平时都穿新衣服，今年家里有点钱了，老小也该买件新衣服了。他们就给我买了一件滑雪衫。那件滑雪衫相当于现在很高档的羽绒服。我终于得到了一件新衣服，我忽然觉得前几年穿的旧衣服都值了。为什么呢？因为……

师、生：（一起慢慢读）有时候，你最后得到的会比你原先想要的更好。

师：所以，当我们有一次考得不好了要不要紧？有没有关系？不要紧，没关系。你最后在中考时，也许会考得更好。所以，在生活中，当我们失去的时候，心情失落的时候，我们就可以想想这句话。来，我们再一起把这句话读一遍。预备起——

生：（齐读）有时候，你最后得到的会比你原先想要的更好。

师：好，下课。

○ 评　课

学习是如何发生的
——徐杰老师《开往远方的列车》导读实录评点

广东实验中学金湾学校附属初中　穆艳芳

这是一节陌生化的绘本读写课。

说"陌生"，首先是老师和学生之间初次相见，情感陌生；其次是学生对绘本《开往远方的列车》内容完全陌生，没有预习，没有演练，课堂上所发生的一切都需要执教老师临场调度、随机应变；最后是学生对即将开启的学习之旅的目标、方向都不明确，因而更增加了课堂的不确定性。但或许正因如此，本节课才能展现出学习发生的原生态的课堂模样，让学生与老师仿佛一起乘着特殊的语言列车，开往未知却又引人无限遐想的语言学习之远方。

这是一节让学习真实发生的课。

如何消除故事背景、文本、师生情感的陌生感，引领学生完成读写结合的学习之旅，需要执教老师拥有精妙的教学设计方案及高超的课堂驾驭能力。从这点上来说，徐杰老师当之无愧为大师级人物。但学生学习真实发生的历程缓慢而复杂，如何确定学习是否真实发生，需借助对课堂上学生细致入微的观察。王荣生教授倡导观课者应"目中有人"，观课时要面朝学生，眼光时时留驻在学生身上，关注学生学习情况的变化及课堂的生态与演化。所以，我们先来看课堂上学生的学习状况。

上课伊始，徐杰老师通过大屏幕展示绘本的封面插图，同时介绍故事发生的背景，接着以故事主人公玛莉安的口吻来讲故事。台下的学生边抬头观察屏幕画面，边专注地听老师将故事娓娓道来。第一人称的讲述方式似乎很快拉近了学生与文本的距离，也拉近了学生和老师之间的情感距离。学生身体微侧，目光追随着徐老师，台上是玛莉安的故事在缓缓流淌，台下是一张张沉静的脸。

我们可以通过学生面部表情的细微变化，推测学生是否进入老师用声音所创设的故事情境。《开往远方的列车》故事性强，学生很容易被吸引，但究竟有无进入故事情节，暂时无法检验。

语言文字和纯真心灵相互激荡所迸发的情感瞬间最是动人，却难以捕捉。文字是否和学生心灵相荡成涟漪？从徐老师的"语言列车"第一次停靠所引发的学生反应得以明确。

身强力壮的孤儿第一批被收养，弱小的、不讨人喜欢的被留下，继续等待下一批被选择或被留下的命运。玛莉安静静坐着，没关系，"我"对自己说。"我"的手指慢慢滑进口袋，摸着那根柔软的羽毛。她一定在远方等"我"。

故事讲到这里，徐老师转向学生："听老师说了这么多话，你们有什么疑问吗？"课堂里安静了几秒钟，学生若有所思，很快提出了疑问。"为什么她的口袋里有根羽毛？""'她'是谁呀？"这两处伏笔自然地浮现出来。

徐老师是讲故事的高手，也是课堂教学的高手。情节上的伏笔悄然闪现，徐老师看似随意一问，就将学生的心深深地引向故事情境。这是讲故事的魅力，也是课堂教学走向深入的巧妙一笔。

故事在继续，学生们也紧紧追随着徐老师的故事节奏。接着，徐老师的"语言列车"第二次停靠：一对面容和善的夫妇来到萝拉和玛莉安面前。徐老师请同学们猜猜他们想收养谁，并说出为什么。学生没有注意插图及文本内容，回答游离出故事之外。在老师提示注意观察插图人物表情及细节之后，学生纠正了自己的答案。随后补写两处人物语言对话，学生有了依据语境补写内容的意识后，很快能够联系上下文推测人物对话内容，并用准确的语言表达出来。

如何检验学生是否进入故事，是否获取了语言表达的能力，关键要看学生是否对文本信息理解到位，语言表达是否有逻辑。所谓表达有逻辑，是指要在符合生活常识的基础上，进入文本创设的情境世界，依据上下文的关键信息，使语言表达无论是在内容还是形式上，抑或情感方面都能够贴合文本。这才是真正进入了故事深层结构，具备了阅读能力。王荣生教授说，最优秀的语文教师，心中有知识，口中无术语。徐老师课堂中化无形的知识为有形的读写训练活动，为这句话做了最好的诠释。

学生在知晓"她"就是"我"的妈妈以及"羽毛"的由来后，现场明显比之前更加沉静，情感似乎在此刻有了进一步的酝酿与沉淀。如何将这种深层的情感抒发出来，只有借助直呼倾诉与深情告白。先是一位女生朗读，读出了人称代词"她""你"的巧妙转换，接着更多的学生读，并在徐老师的引导下读出了"但是"前后语气的希望与茫然的突转对比。学生入情入境的深情告白，心灵与文字相互撞击发出的美妙声音，回荡在大厅内，牵引着每一位观课者的心。

声音是最直接的情感传递方式。我们的先民在很长一段时间里没有文字，但他们从远古走来，驼铃一般唱着诗经和歌谣，那是一个族群的柔软和诗意；《肖申克的救赎》里，安迪调大广播音量，让《晚风轻轻吹过树林》响彻监狱的每个角落，那是一个人灵魂的自由与丰盈。有时，文字抵达不了的地方，声音可以抵达。再微弱的声音，也可以通往这个世界的隐秘之林，让隐于尘烟的重现，让逸于生活的不再遁逃。细微的风起，摆动的涟漪，晨雾中的露滴，都因附着于声音而变得更具情致和美感。徐老师在读写中穿插了朗读及指导，不仅丰富了课堂学习形式，更利用朗读将学生的情感传达和沉淀下来。

"语言列车"第三次停靠。此时的读写活动是在人物"说"之前加上修饰语，让说话人的情意被看见。徐老师示例在一处添加动作，让学生至少选一处进行创作。但部分学生展示出的成果如添加"激动""高兴"等效果不佳。于是徐老师再次提示看插图并利用其他学生的答案相互提示。这个时候学生似乎明白了什么，于是补充的修饰语如"拍拍肩膀""睁大眼睛，笑容浮上脸颊""一把抱起""轻轻摸了一下她的鼻子"等逐渐丰富起来。

亲子间如何有爱互动，很多学生似乎缺乏类似生活经验，徐老师便举例子，如"刮刮她的小鼻子，捏捏她的小耳朵"。我发现一个有趣的现象，这两个例子，除动词外，徐老师都用到了形容词"小"，听起来亲昵、可爱，甚至可以让人想象出满是幸福依偎的情态模样，而在原著中的"小甜心"亦是满满的撒娇、宠溺的甜蜜感。记得毕飞宇老师在《小说课》中分析《促织》一文时曾提到"小虫"的"小"所寄托的人物情感的转变和故事的深层结构，此刻才惊觉语言文字应用之妙——我曾无数次执着于手中的笔、执念于写作的锦囊妙计——但或许有些时候，那些满载情感的质朴字眼，就可将情感传达得精确动人、浑然天成，只是我们太不屑于发现。

徐老师的高妙之处就在于，他的语言就是绝妙的写作密码，他的声音就是抵达心灵的方向；其可贵之处在于，高妙却不喧嚣，大象化于无形。这或许才是"随风潜入夜，润物细无声"的课堂教学吧。在"语言列车"的徐徐前行中，文字变得柔软，声音渐趋平和，学生的心也在此刻沉淀了所有的浮光与杂质，如夜空中的皓月一般，澄澈，清明。

学习的发生是一个曲折反复的过程，如果老师给的学习支架易于学生攀登，且在攀登过程中及时予以反馈、矫正，那么学习成效将是深入而显著的。千姿百态的"说"这一环节让我们看到了在阅读中教写作、通过写作反哺阅读的可操作性。

最后一个环节，徐老师问："你对哪一句话特别有感觉？或者哪一句话给你留下的印象最深刻？"学生畅所欲言，他们的眼神中流露着温情与笃定，脸上是因获取了文字的滋养和精神的熏陶后显现的满足与平静。下课了，学生缓缓起身鼓掌，很多学生依然出神地盯着屏幕——有时候，你最后得到的会比你原先想要的更好。

这就是这堂课上学生所发生的一切。它让我们惊奇地看到，学生是如何从文本陌生、情感陌生的学习起始状态，抵达了情感与语言的双向沟通，完成了读与写的完美融合。这个过程中，我想徐杰老师的读写结合指导课至少有两点引发了我们关注与思考。

一是教学内容的恰切选择。无论阅读教学还是写作教学，比起对教学内容的斟酌，我们往往更注重教学方法的探索。王荣生教授认为，在构思教学方案时，我们至少要考虑三点内容，即文本的特性、学生面对文本时可能的状况、学生最终的收获。徐老师选择故事性非常强的绘本进行教学，本身就贴合学生富有好奇心的内在驱动力。同时，对于"写作"这个老大难的问题，徐老师并非片面、孤立地呈现一个作文题目或者直接讲授写作方法，而是在故事情境中巧妙地嵌入写作内容，在引发学生原有情感与理智的基础上激发想象，推测当时当地人物的情态、动作等，进而选择凝练、简洁、传神的语言进行表达。可以说，这是非常体贴学生畏难心理的教学内容选择。

二是将逻辑思维带入读写训练。曾有人说，写作是带着情感的理性思考。在具体指导中，徐老师聚焦于"依据上下文语境推测人物对话语言"。"依据上下文"需要理性分析文本关键信息，"推测"则需要同时结合关键信息与人物情感，进而组织与对话情境相融相洽的语言。此时理智与情感的双向介入使师生共同完成了言语互动，且课堂中的言语互动非常清晰地呈现了"读"与"写"之间的关系。徐杰老师也曾对二者关系做过理性分析："读"是"写"的前提和基础。不将文章读懂、读透，便贸然动笔，势必写不出、写不好；对于阅读目标不分解、不分层，势必会增加写作活动的困难与挑战；课堂活动不遵循由浅入深的阅读规律，势必会造成"写"的无序和无效。"写"是"读"的促进与提升。"写"的内容要从"读"中来，但"写"的过程又是一个对"读"到的信息不断进行加工重组的过程。从这个意义上说，"写"能够反作用于"读"。这种反作用，体现在对原文进行回读与深入思考上，从而使阅读体验有新的发现与收获。

总之，这是一节看得到学生真实生长的绘本读写课，也是一节令观课老师逐渐走出读写迷雾的课。

当你踏上这列特别的语言火车，一路欣赏着隐藏在语言丛林中的绝妙密码，沉浸在徐老师匠心设计的情感深度交互与文字精确传达的列车停靠与前行中，你会不由自主地和故事中的主人公玛莉安一样，在白太太专注、温柔的目光里，小心翼翼地从口袋里掏出那根羽毛，轻轻地抚平它，把它送到白太太面前，看它被白太太精心地插在帽带上，看它静静地颤动着，安详地躺在似乎本应该属于它的地方。这时你的心也静静地颤动着，就好像这颗心也找到了属于读写结合应该有的方向与模样，就好像这颗心的种子知道了该如何在课堂的大地上与学生一起生长。

3.《爷爷变成了幽灵》导读实录

背景：2019 年 4 月，全国首届"成长课堂"名师优课展示活动，执教
　　　示范课。

班级：广东省实验中学初一（3）班。

课型：陌生化导读。

师:（指 PPT）同学们，今天我们要读的这个故事叫什么?

生:（齐）《爷爷变成了幽灵》。

师：幽灵，听起来很恐怖，但是，这个故事却很温暖。故事是这样的。

出示 PPT：

> 有一个小男孩，名叫艾斯本。
>
> 他最喜欢的人就是爷爷霍尔格。
>
> 可是，他再也没有爷爷了。
>
> 爷爷死了。他突然倒在了大街上，因为心脏病发作。
>
> 艾斯本伤心极了，趴在桌上，哭个不停。
>
> 艾斯本问妈妈："爷爷去哪了？"妈妈说："爷爷去天堂了。"他又问爸爸："爷爷去哪了？"爸爸说："爷爷会变成泥土。"可是，在艾斯本看来，爷爷既不会去天堂，也不会变成泥土。爷爷去哪了呢?
>
> 有一天晚上，艾斯本睡着了。醒过来一看，爷爷正坐在他的橱柜上面，瞪大了眼睛看着黑暗。艾斯本问："爷爷？你在干什么？你不是死了吗？"爷爷说："我也以为我死了。"艾斯本说："噢，我知道了，你变成

了幽灵！"爷爷说："不可能。"艾斯本有一本介绍幽灵的书，书上说，只要幽灵愿意，就可以自由地穿过墙壁。

　　爷爷不相信自己变成了幽灵。于是，艾斯本让爷爷试一试。爷爷试了一下，发现自己真的从墙壁穿了过去，又穿了过来。

师：（出示PPT）我想问问同学们，这两幅图，哪一幅图应该在前面？

生：第二幅图。

师：为什么？

生：因为爷爷是先穿过去再穿回来。

师：也就是说，艾斯本这个时候在墙的外面，爷爷是先穿过去又穿回来了。很好，同学们读图的能力很强。大家再看看，爷爷穿过去到了谁的房间？

生：爸爸妈妈的。

师：对，到了爸爸妈妈的房间。他们当时在睡觉。

师：那么，图上除了爷爷的身影有去和来的变化外，还有没有其他的变化呢？

生：有。

师：变化在哪里？

生：爸爸之前是仰着睡，后来变成了侧睡，而且他的手分开了。

师：请坐，同学们的眼光真敏锐。爸爸的睡姿发生了变化，因为爸爸做了一个梦。我们再往下看。

出示PPT：

　　"爷爷变成幽灵了，他整个晚上都跟我在一起。"艾斯本说。

　　"我也梦见爷爷了，"爸爸说，"我梦见他穿过墙壁，走进了我们的卧室。"

　　"爷爷确实能穿过墙壁，因为他是一个幽灵！"

师：最后这句话是谁说的？

生：艾斯本。

师：对，是艾斯本说的，但是后面有一句话老师记不清楚了，你们能帮我在省略号的地方补一补吗？

出示PPT：

（　　）爷爷确实能穿过墙壁，因为他是一个幽灵！

师：好，请你来。

生：我也梦见他穿过墙壁，走进了我的卧室。

师：这样说对不对？

生：不对。

师：不对，艾斯本可没有做梦。请后排的女生来回答。

生：我看见爷爷了。

师："我看见爷爷了"，她说得好不好？

生：好。

师：好。有没有更合适的，请你来。

生：我觉得他应该会说："那是我让爷爷这样做的。"

师：艾斯本会告诉爸爸："是我叫爷爷到你那边去的。"她结合了前面的内容，请坐。好，后面的女生来回答。

生：我觉得他可能会说："这是真的。"

师：请坐。老师提醒一下，咱们在补这句话的时候，可以联系一下前文。（指PPT上的一句话）"'我也梦见爷爷了'爸爸说。"

生：不，这不是梦，爷爷确实能穿过墙壁。

师：太厉害了，原文作者就是这样说的，你将来能当作家。前面爸爸说"我也梦见爷爷了"，艾斯本肯定会对爸爸说"这不是梦，因为我见到了爷爷"，对不对？所以，补写人物语言时，我们要关注上下文之间的契合。好，我们继续往下看。

出示PPT：

> "哦，宝贝儿，"爸爸和妈妈轻轻地抚摸着他的头，担心地说，"你今天别去幼儿园了，就待在家里吧。"

师：为什么爸爸妈妈叫艾斯本别去幼儿园了？

生：因为爸爸妈妈觉得他疯了，他们相信这个世界上是没有幽灵的，而他们的儿子居然说有幽灵，觉得他应该是精神出了问题。

师：你这个推测很有道理。爸爸妈妈觉得这孩子脑子有问题，说胡话了，就别去幼儿园了。艾斯本虽然不知道爸爸妈妈为什么不让他去幼儿园，但是他又想：我白天可以在家睡觉，夜里能跟爷爷相聚，挺好的。于是他就没有去幼儿园。到了夜里，爷爷又来了。爷爷拿着艾斯本给他的那本书。那是本什么书呢？

生：（齐）关于幽灵的书。

师：对，关于幽灵的书。爷爷从墙壁里穿过来又穿过去，拿着那本书在研究。你们猜猜，爷爷在研究什么呢？

生：他在研究，他自己到底是不是幽灵。

师：他肯定是幽灵了，前面写他穿过墙壁已经证明了这一点。请坐。

生：我觉得，他可能在研究为什么幽灵可以穿过墙壁。

师：好的，这是一个推测，爷爷成了一个学者。他还可能在研究什么？

生：他可能在推测幽灵能干什么。

师：大家再看看书，书上说幽灵能干什么？

生：他可能在想，书上说的是不是真的。

生：他可能在想，他是怎么变成幽灵的。

师：好，答案越来越接近了。爷爷觉得自己原来不应该再回到人间的，人死了以后应该要去天堂。他去不了天堂，所以想要在书里找答案：我为什么会成为幽灵呢？他找啊找啊，后来发现书上有这样一句话："如果一个人在世的时候忘了做一件事，他死后就会变成幽灵。"（出示PPT）这时艾斯本问爷爷："忘记了什么事呢？"爷爷说："我要是知道就好了！"艾斯本说："那就把它找出来！"

艾斯本和爷爷决定先到爷爷的家里去找。他们趁着夜色，翻出了窗户（当然爷爷不用翻窗户，直接穿过墙就出去了），来到了爷爷家。爷爷家的钥匙依然放在门边的花盆下面。因为爷爷刚去世，家里还保持着原样，他们开门就进去了。爷爷站在客厅里，面对着客厅墙上的照片，陷入了沉思。

艾斯本问爷爷："你想起来了吗？"爷爷说：我看到这些照片，想起了很多事：我很小的时候，哥哥就把他最喜爱的自行车送给了我；我长大后，跟你奶奶约会时得到了第一个吻；后来我们有了你爸爸，有一天他尿了我一身；我们还养了一只猫，但是买的那辆车上却始终有一股狗的味道。（出示PPT）这四幅图，你们看到了吗？

生：看到了。

师：它们是按什么顺序排列的呢？

生：时间顺序。

师：对，爷爷在回忆自己从童年到青年，再到中年的人生历程。这时，艾斯本问爷爷："那你忘记的是不是这几件事情呢？"爷爷说"好像不是"。第二天早上吃早饭的时候，艾斯本趴在桌上睡着了，因为他一晚上都陪着爷爷在找他忘记的那件事，累坏了。爸爸妈妈在旁边很心疼地看着他。这时，睡着的艾斯本还在喃喃自语。

出示PPT：

"这样下去，爷爷只能一直当幽灵了……"他不停地打着哈欠。

师：徐老师觉得，"艾斯本打着哈欠说"是不带情感的，这只能说明他当时很困。如果你们来讲这个故事，会怎么说？

出示PPT：

"这样下去，爷爷只能一直当幽灵了……"他（　　）说。

生：我觉得艾斯本应该是"一脸忧愁地说"。

师：好，"一脸忧愁地说"，这是神态。还可以怎么说？

生：我觉得他可以是"红着眼睛说"，因为爷爷去不了天国，他应该很伤心。

师：非常好。"红着眼睛"，一是说明晚上没睡好，二是说明他心里难受、担忧。

生：我觉得还可以是"担心地说"。

师：好的，那我们能不能通过其他描写来表现他的"担心"？

生：可以通过对他的外貌和神态来表现，他可以"皱着眉头，很担心地说"。

师：说得很好。我们继续读故事。

到了第三天夜里，艾斯本想，我还要再继续陪着爷爷去找他忘记的事情。于是，他们就在镇上找过来找过去。艾斯本问爷爷："你现在想起来是什么事了吗？"爷爷说：我想起来，我和你奶奶两个人坐飞机，去摩洛哥看一眼单峰骆驼；我还想起来，我跟好朋友有一次喝醉了，一出来就把头伸到了一个大的水桶里。艾斯本就问爷爷：这些是不是你忘记的事情呢？爷爷摇了摇头。

过了一天，艾斯本又在等爷爷，但是爷爷没来。他等啊等，等了很久，爷爷还是没有来。他就出去找爷爷，没有找到。等到艾斯本回到自己房间的时候，发现爷爷正坐在他的房间的橱柜上等他。

出示PPT：

"那件事就在我们的眼皮底下，"爷爷说，"是和你有关的一件事。"

爷爷让艾斯本好好想想。于是，艾斯本就开始了回忆。

出示PPT：

艾斯本想了想说："我想起来好多事。你带我去游乐场，我坐过山车时差点吐了。我们在你的花园里挖了一个大坑种树。我踢球踢坏了你的郁金香，你冲我大吼大叫。我们在车展上看到了三辆漂亮的赛车。我们在看一场无聊的电影时打着呼噜睡着了。"

师：请问，在这些事中，有没有一件事情是爷爷忘记的？

生：没有。

师：嗯，没有。那是一件什么事呢？爷爷让艾斯本再想想看。于是，艾斯本的头脑里出现了四幅画面。我想请同学们来说一说，艾斯本会怎么说呢。

生：艾斯本说："我想起来我们有一次在那里堆沙堡，堆得都和我差不多高了。还有一次，我们一起等奶奶给我们做饭，我们等得肚子都快饿瘪了，可她还是没有做好。还有一次，我们出去钓鱼，我的鱼竿朝着你那边钓，你的鱼竿朝着我这边钓，非常开心。还有一次，你在沙发上挠我的胳肢窝，我笑得可开心了。"

师：这位同学可真厉害，请坐。大家有没有发现，他在讲故事的时候，注意了人称代词的使用。他用了哪些人称代词？

生："我""你"。

师：还有"我们"，对不对？很好。因为刚才爷爷说"是和你有关的一件事"，所以，他就用了这三个人称代词。原文说的是："你帮我堆沙堡。奶奶烧猪肝时，我们在旁边扮鬼脸，我们在她听不到的地方讲粗话。我们去钓鱼，可是一条也没钓上来。你使劲儿挠我痒痒，我差点没被一根棒棒糖给憋死……"

（出示PPT）

师：这位男生刚才讲的，几乎跟原作者差不多，除了一个地方。原作者说："我们去钓鱼，可是一条也没钓上来。"这位同学讲的是："我们出去钓鱼，我的鱼竿朝着你那边钓，你的鱼竿朝着我这边钓，非常开心。"大家现在比较一下，谁讲得好？

生：刘宇。

师：刘同学讲得好。好在哪里？

生：因为他讲出了"我"跟爷爷两个人钓鱼时的动作，还有心情。

师：对，有动作，有心情，有钓鱼的场景。咱们班同学很厉害，比原作者讲得还好。那么，这里有没有爷爷忘掉的事情呢？

生：没有。

师：你们都认为没有。好，我们再继续看。大家还记得爷爷当时拿着书研究的时候，看到书上的哪一句话了吗？

生：如果一个人在世的时候忘了做一件事，他死后就会变成幽灵。

师：是的，这句话有两重含义。

出示PPT：

> A：如果一个人在世的时候忘了要做的一件事，他死后就会变成幽灵。
>
> B：如果一个人在世的时候，忘了做过的一件事，他死后就会变成幽灵。

师：你们觉得是哪个意思，是A还是B？

生：（齐）A。

师：原来爷爷和艾斯本找来找去的，不是爷爷忘了做过的一件事，而是没有来得及做一件事，他就去世了。他心愿未了，于是变成了幽灵。那你们现在想想，爷爷究竟忘记做什么事呢？好，这位男生。

生：应该是他死前忘记跟艾斯本说"再见"。

师：好，这是一种答案。后面的同学请回答。

生：我觉得应该是他忘记了去亲吻他所爱的人。

师：他忘了去亲吻一下他爱的人，就是吻别。咱们班同学真的是很厉害，爷爷的确是忘记了这件事。我们来看。

出示 PPT：

　　"我忘记对你说再见了，我的小艾斯本。"

师：爷爷为什么会忘记说"再见"呢？爷爷是怎么死的？

生：心脏病突然复发了。

师：是的，爷爷是因为心脏病突然发作在大街上猝死的。这时候，"爷爷和艾斯本都哭了"。请问，这里的"哭"，你是怎么理解的？这是怎样的"哭"呢？

生：我觉得有可能是爷爷觉得他和艾斯本再也见不到了，是比较惋惜的哭。

师：好的，这是你的理解。爷爷觉得自己想起了这件事，做完了这件事，他就要变成天使了，就再也见不到艾斯本了，所以有点惋惜，有点留恋。

生：我觉得，可能是感动的哭。因为爷爷在死之前想要对艾斯本说"再见"。就是因为这个，他们两个人都感动得哭了。

师：为什么感动？

生：死之前仍然想要对自己最亲近的人说"再见"，我觉得这是一件很令人感动的事情。

师：你是说爷爷终于想起自己忘了说"再见"，而说"再见"是能够令他感到温暖的，所以他感动了。好，再找一个不举手的同学来回答。

生：我想的跟那个同学差不多，就是爷爷在死之前仍挂念着自己最爱的小艾斯本。

师：嗯，是挂念、舍不得。有没有不同的意见？

生：我觉得，可能是因为艾斯本和爷爷回忆了生前的许多事情，所以他们感动得哭了。

师：你对"感动"的理解，比那位女同学理解得要好。你认为爷爷和艾斯本回忆了一些非常温情的、美好的事情，这些回忆令人感动，对吗？大家同意吗?

生: 同意。

师: 是的, 死亡, 有的时候并不可怕。一个人在死亡的时候没有什么美好的事情可回忆, 才是最可怕的。来, 其他同学继续发言。

生: 因为爷爷终于想起了他生前忘记做的一件事情, 他终于可以去天堂了, 所以激动得哭了。

师: 可以把"激动"改为"欣慰"。他们祖孙俩一直在找答案, 现在找到了, 孙子帮助爷爷了却了心愿, 所以爷爷很欣慰。所以, 大家看, "哭"中有感动, 有留恋, 有欣慰。那么, 哪种情感最符合当时的情境呢? 大家都觉得是"感动", 很好。他们在为过去共同拥有过的美好回忆而感动。正是因为有了这样的感动, 所以爷爷接下来要跟艾斯本——

生: 告别。

师: 是的, 要说"再见"了。爷爷跟艾斯本会怎样说"再见"呢? 请看, 这里有一幅图。(出示 PPT)如果原文作者这样写——爷爷对艾斯本说: "再见了, 艾斯本。"艾斯本说: "再见了, 爷爷。"故事就结束了, 好不好?

生: 不好。

师: 请拿起笔, 我们来写一写, 爷爷会怎样跟艾斯本说"再见"。老师要先提醒一下大家, 不要只顾埋头写, 写之前要干什么?

生: 先看图。

师: 对, 不看图不行。(生写, 师巡视)再写一分钟。好, 哪些同学愿意来读一读呢?

生: 爷爷说: "再见了, 我亲爱的小艾斯本, 也许这次以后我们再也不能见面了, 但我一定会记住我爱你。"爷爷脸上露出了十分慈爱的笑, 笑得是那样温柔, 那样满足。月光轻盈地飘了进来, 爷爷的周围浮现出了一层光晕。爷爷就这样化为一片金光, 散入了朦胧的夜色中。艾斯本的手上突然有一滴小小的水珠，他分不清那是他的泪，还是爷爷的泪。

师：太好了，不仅写爷爷跟他说了"再见"，还有很细腻的细节描写和环境烘托。还有人愿意读一读吗？

生：爷爷慈祥地注视着他最爱的艾斯本。"亲爱的，我不在了，你千万别伤心，你还有爸爸妈妈呢。亲爱的，你要开开心心的。亲爱的，再见了。"爷爷放低了声调，眼中闪着晶莹的泪光。艾斯本紧紧地抓住了爷爷的手不肯放下："爷爷，您别走，没有您……"艾斯本说不下去了，泪水浸透了他的脸颊。

师：好，请坐，他写得怎么样？（生鼓掌）大家的掌声是对他的鼓励。哪位同学来说一说，他写得不够好的地方在哪里。

生：写作的要求本来是写爷爷跟艾斯本说"再见"，可是他似乎连结局都还没有写完，让人感觉不明不白的，故事就结束了。

师：你的意思是"没有写爷爷离开"。

生：对。

师：但这不是最主要的问题。哪位同学再来说说看？

生：前面说了爷爷是幽灵，一个人变成幽灵是因为他生前忘记做一件事情了，现在他们回忆起来了。刚才他写"艾斯本紧紧地抓住了爷爷的手不肯放下"，这里我觉得写得太痛苦了。

师：这位同学说得很有道理，请坐。

"艾斯本紧紧地抓住了爷爷的手不肯放下"，这是一般人的离别。而当时，爷爷已经完成了心愿，艾斯本也理解了爷爷。他和爷爷在一起寻找和回忆的过程中，那颗伤痛的心已经被一些温暖的东西滋润了。所以刚才那位同学把艾斯本和爷爷的分别写得那么痛苦，就有点不大合适了。好，继续。

生：爷爷想拉起艾斯本的小手，却不知为何拉不到。爷爷轻轻地低下头，盯着艾斯本的眼睛。艾斯本抬头迎上爷爷的目光，四目相对，眼里流露出的都是满满的深情。良久，他们都未开口，因为他们知道，说了"再见"就会再也不见。"哦，我亲爱的艾斯本，"终于，爷爷脸上带着慈祥的笑，打破了寂静，"是时候说'再见'了。""是啊，是啊……"艾斯本也开了口。他说着说着，不知不觉，两只眼睛都流下了晶莹的泪。月光洒在他们的脸上……

师：写得挺好。好在哪里呢？两个人都舍不得先开口说"再见"，这个细节处理得特别好。因为说了"再见"，爷爷就要去天国了。所以，他把说"再见"的时间拉长了，这是非常符合故事中爷爷和艾斯本的心情的。不得不说"再见"，又舍不得说"再见"，最终还是说了"再见"。这位女同学心思很细腻，文采也很好。再找位男生来说。

生：爷爷抹了抹艾斯本流出的眼泪，笑着说："我的小艾斯本，谢谢你啊。"艾斯本不解地问："为什么呢，爷爷，为什么你要谢谢我？明明是我该谢谢你，谢谢你让我见你最后一面，谢谢你跟我说'再见'。"爷爷想摸摸艾斯本的头，可是没摸到。他说："谢谢你让我知道我忘记做了什么，谢谢你让我不再是个幽灵。"爷爷慈祥地说："再见了，我的小艾斯本，请记住，我永远爱你。"爷爷的周围浮现了一层光晕，艾斯本静静地看着爷爷慢慢消失在自己的视野里。

师：好，请坐。爷爷最后一句话说："请记住，我永远爱你。"说得真好。爱，可以抚平一个人心中的伤痛。请这位同学也来读一读。

生：爷爷轻轻俯下身，在艾斯本的额头上吻了一下，微笑着轻声说："再见了，我的小艾斯本。"艾斯本望着爷爷，眼中满是不舍，但是他也微笑着对爷爷说："再见了，我亲爱的爷爷。"爷爷和艾斯本想抱在一起，但是他们发现根本抱不到。艾斯本看着爷爷化作一道白雾，随风飘去。

师：她写到了爷爷说话时候的眼神，很好。

著名的儿童文学作家徐榕是这样来写"再见"的。

出示PPT：

　　于是，爷爷让艾斯本靠近自己。他捏住艾斯本的手，温和的目光好像要将艾斯本裹住："再见了，艾斯本。""再见，爷爷，请代问奶奶好。"

他们非常郑重地做完这件事，然后，爷爷开心地走了。

师：我想问问同学们，你们认为这个故事有没有结束？好，你们都认为没结束，只有两个男生说"结束了"。为什么这个故事没有结束呢？你们觉得还缺了什么内容？

生：我觉得，爷爷应该不可能这么简单就走了，后面应该还有其他事情发生。

师：后面可能发生的事情太多了。要是说下去，永远都说不完。请坐。

生：前面提到了爸爸妈妈，我觉得第二天早上的事情可能要写。

师：你的意思是，第二天早上艾斯本要告诉爸爸妈妈，爷爷终于完成了心愿。这个事情可以说，也可以不说。最关键的事情到底是什么？大家再想一想。

生：很多的文学作品，其实都有一个意犹未尽的结尾。我觉得这本绘本，它可能也是属于这种。但如果要说少了什么内容的话，可能是艾斯本的表现。

师：好，他有两句话我听了特别欣赏。第一，很多文学作品有意犹未尽的结尾，这说明这位同学书读得很多；第二，他发现少了艾斯本的表现。大家同意吗？想一想，爷爷走了，艾斯本会有什么表现呢？我们一起来给这个故事加一个比较圆满的结尾。

生：我觉得艾斯本应该会像开头一样，趴在桌子上开心地笑了。

师：他能开心地笑吗？这不大合适。但是你想表达的意思老师懂了，艾斯本应该是不再伤心了。大家再想想，故事的前后要讲究呼应。

生：艾斯本可能会到他以前和爷爷玩过的那些地方去，然后想爷爷会不会在那里等着他。比如说，他会坐在沙发上，等着爷爷来挠他的胳肢窝，或者说一个人坐在那里，在奶奶炒菜的地方扮鬼脸。

师：你的意思是，虽然爷爷已经去了天国，但艾斯本还会再去回忆和爷爷有关的事情。有这种可能。但是该回忆的都已经回忆了，一个人不可能永远都生活在回忆中走不出来。

生：我觉得可能是，他第二天早上去跟他的爸爸妈妈说："爷爷已经不是幽灵了，他在我的帮助下已经回到天堂了。"

师：好的，这个心愿完成了。

生：我觉得，因为当时是晚上，艾斯本他要睡觉，所以他躺在床上，轻轻地说了一声"爷爷再见"，就闭上眼睛睡觉了。

师：你的意思是闭上眼睛，立刻就睡着了。好多天来他第一次睡了一个很好的觉，有道理。徐老师认为，大家遗忘了一个小细节。前文是这样说的：刚开始，爸爸妈妈让艾斯本不要去上幼儿园了。到了第二天，艾斯本趴在桌子上又起不来，爸爸妈妈又让他在家歇一天。现在，你觉得故事的结尾应该怎么写，写些什么呢？

生：（齐）艾斯本上幼儿园。

师：对，这样才能前后呼应起来。所以故事的结尾是这样的——

出示 PPT：

> 最后，爷爷穿过墙壁走了，走进花园，走到了马路上。
>
> 艾斯本站在窗口挥着手。
>
> 他目送着爷爷消失在了黑暗中，不见了。
>
> "好了。"他舒了口气，爬到了床上。
>
> "我想明天我可以去幼儿园了。"

师：这样结尾好不好？

生：好。

师：是的，因为有了温馨美好的回忆，有了温馨美好的告别，所以死亡并不可怕，幽灵也并不可怕。今天这节课咱们就上到这儿。好，下课。

生：起立。老师辛苦了，谢谢老师。

师：好，谢谢同学们。

○ 评　课

一堂具有浓郁叙事风格的陌生化导读课
——徐杰老师执教《爷爷变成了幽灵》导读实录评点

江阴市顾山中学　郁　皎

我曾两次在现场聆听徐杰老师执教绘本课《爷爷变成了幽灵》。每一次，我都被深深吸引。这是一节百听不厌的陌生化导读课，因为其浓郁的叙事风格，像极了一个生动美妙的故事。

绘本是图画和文字的结合体。众所周知，文字具有叙事功能，图画亦具有叙事功能，而课堂本身也在叙事。这堂由多重叙事功能叠加起来的绘本课，注定是生动活泼的，充满艺术感染力的。

一、叙事结构完整

这堂课是一个精彩的故事。

所谓课堂教学的"故事"，就是指在课堂中所发生的事件，也就是围绕课堂教学目标而设计的所有教学活动。下面是这堂课的教学活动。

1. 判断两幅图的排列顺序。"这两幅图，哪一幅图应该在前面？""图上除了爷爷的身影有去和来的变化外，还有没有其他的变化呢？"在课堂伊始，让学生辨识图画排列顺序的先后和观察图上细节的变化，显示出了执教者高超的教学智慧。它"诱使"学生迅速地进入绘本的情境，进入由图画和文字共同写就的情节。

这样的叙事起点，巧妙机智，趣味盎然。

2. 补写原文中艾斯本说的话，推测爷爷读关于幽灵的书的缘由，改写人物说话时的神态，使之具有饱满的感情，让学生对着四幅图描述艾斯本和爷爷日常生活的温馨画面。这几个连续性的活动可谓层层推进，疏密有致，让学生在一波又一波的猜想与推测中，与绘本实现了亲密的接触。课堂上，学生们表达的欲望被唤醒，他们展开了想象的翅膀，渐渐走进了作品人物的内心，触摸到了绘本作者最原始、最真实的创作意图。

这样的叙事过程，节奏分明，引人入胜。

3. 体会"哭"中丰富的情感。"这时候，'爷爷和艾斯本都哭了'。请问，这里的'哭'，你是怎么理解的？这是怎样的'哭'呢？"这一发问，直接抵达作品人物的灵魂深处。绘本是"画出来的书"，是一类以绘画为主，并附有少量文字的图书。它的文字信息量可能不大，但其中蕴含的丰富内涵需要执教者引导学生去认真品味。正因为有了前期大量的叙事铺垫，所以学生的回答是缤纷多彩的。他们在故事里慢慢地走，细细地品，最终品出了"哭"中的诸多滋味：感动、留恋、欣慰……

这样的叙事高潮，纡徐有味，深刻精彩。

4. 用文字描写爷爷跟艾斯本说"再见"的情形。前面的"补写"和"改写"环节，虽然都是"写"，但写的角度小、内容少，而这次的"写"，则由写一句话上升到写一段话。它对学生的要求很高，需要调动他们全部的想象力和文字表达能力，对作品的结构、主旨等进行全方位地深入理解后才能完成。在这个环节，学生的呈现有的十分精彩，有的小有瑕疵，但无论怎样，他们都在一次次"再见"画面的描写中，得到了灵魂的洗涤和感情的升华。这便是文学作品的艺术魅力所在了。此时，爷孙俩之间深情告别的画面，像舞台上徐徐闭合的幕布，沉淀了剧情中所有的激动、欢乐与痛苦。整堂课结尾部分"写"的活动，真正打通了学生和作品的"最后一公里"。

这样的叙事结局，生长自然，平静美好。

5.猜想故事的结尾。"我想问问同学们，你们认为这个故事有没有结束？"艾斯本与爷爷已经深情作别，绘本中的故事似乎已经结束。然而，这一问，又激起学生的思维水花。等到谜底揭晓，我们才发现执教者的意图：原来他是要学生关注绘本前面的小细节，培养阅读时勾连前后情节的好习惯；原来他是要让学生去体会艾斯本完成心愿后内心的轻松与平和之感；原来他是要学生去真正理解故事的主旨——因为有了温馨美好的回忆，有了温馨美好的告别，所以死亡并不可怕，幽灵也并不可怕。

这样的叙事尾声，尺水兴波，余韵袅袅。

一节绘本课，有着引人入胜的开端、循序渐进的发展、经久难忘的高潮、自然平静的结局、余韵悠长的尾声，充分显示出叙事结构的完整性。其叙事节奏的张弛有度，叙事详略的浓淡有致，叙事逻辑的清晰有序，展现了执教者驾驭课堂的艺术魅力。

二、叙事主体突出

所谓叙事，就是不断地实践，不断地行为。但无论是哪种行为，都要讲究主体。这堂充满叙事风格的陌生化导读课的讲述主体，便是学生。他们在教师的主导下，活动自如，表达积极，呈现出了一种高度活跃的课堂画面。

1.说得尽兴。在每一个活动环节，他们都在尽兴地说，尽兴地表达。在"补写原文中艾斯本说的话"这个环节，学生众说纷纭："我也梦见他穿过墙壁，走进了我的卧室。""我看见爷爷了。""那是我让爷爷这样做的。""这是真的。""不，这不是梦，爷爷确实能穿过墙壁。"老师不断地补充、纠错和提醒，学生居然说出了和原文基本一致的内容。不断地说话，让学生拥有了天才般的智慧与灵感。在"改写人物说话时的神态"这个活动中，学生说了三个回合；在"体会'哭'中丰富的情感"这个活动中，学生说了四个回合……如此种种，不禁让我们由衷赞叹，学生就是课堂上最闪亮的星星。

2. 猜得丰富。在这堂课上，反复出现的活动就是"猜想"。因为这是一节陌生化状态下的导读课，"猜"最能激发学生的参与热情。一猜：猜两幅图的排列顺序；二猜：猜爷爷在研究什么；三猜：猜爷爷究竟忘记了做什么事；四猜：猜故事最后还缺了什么内容。本堂课可谓从"猜"开始，到"猜"结束。这些丰富的"猜想"活动，让学生的想象拥有了驰骋的空间。有些问题，他们猜对了；有些问题，他们猜错了。但这些都不重要，因为他们在或欣喜激动或遗憾怅惘的情感体验中，已经得到了阅读的快乐，从而生发出了对课堂的无限热爱。他们的思考也许曾经凌乱，曾经混沌，曾经凝滞，但最终必然都是明晰的、晓畅的、融通的。

3. 写得充分。这堂课上，出现了三次不同形式的"写"，充分体现了学生作为课堂叙述者的主体地位。前面的补写和改写，是小试牛刀，是前期铺垫，最后让学生用文字描写爷爷跟艾斯本说"再见"的情形，是片段练习，充分展示了学生的语文综合能力。我们可以看到，有五位学生进行了交流和展示。有男生，也有女生；有写得精彩得到掌声的，也有写得不够合理建议修改的；有展示后教师点评的，也有展示后默认优秀的。总而言之，充分的写作时间，充分的交流过程，让学生的主体身份无比突出、无比鲜明。

课堂上，教师只是一个叙事配角，起到引导、陪衬、补充的作用。他有时在创设叙事的情境与氛围，有时在暗中助推叙事的进程。仅此而已。

三、叙事意图分明

意图，是人心中萌生的一种想要达到的图景，是希望达到某种目的的一种设想、打算，一种意识化了的欲望，是人的一切行为的动机和动力。

毋庸置疑，课堂叙事的意图源自教师。细细探究本堂课的叙事意图，我们会发现很多有价值的活动设计技巧。

（一）用猜想设置悬念

在课堂上设置悬念，可以让学生更多地去关注故事的发展和人物的命运，满足他们的期待心理和审美情趣，点燃他们思考、探究和表达的勇气。它能让整堂课生机勃勃，处于一种持续高燃的"活"的状态中。同时，四次"猜"的活动，也培养了学生的诸多能力，如读图能力、逻辑推理能力、想象力、语言表达能力等，不一而足。而帮助学生建构丰富的精神世界，培养他们多元的能力，本来就是阅读绘本的终极意义。

（二）用提醒激活思维

"咱们在补这句话的时候，可以联系一下前文。""补写人物语言时，我们要关注上下文之间的契合。""好，答案越来越接近了。""好的，那我们能不能通过其他描写来表现他的'担心'？""可以把'激动'改为'欣慰'。""老师要先提醒一下大家，不要只顾埋头写，写之前要干什么？""徐老师认为，大家遗忘了一个小细节。前文是这样说的……"一堂课，教师适时地提醒，既有温度，又颇含深意。这是对学生低阶思维的有意拔高，也是对他们思考方向有偏差时的有力拨正，更是对他们阅读方法的有益指导。学生深度思维的发育和成长，极需要教师温馨的提醒。

（三）用比较深化理解

课堂上的比较，有利于体现个体与个体之间思维的"异质"，激发学生思想的碰撞。在此基础上出现的矛盾、冲突，将会促使人去追溯事情的真相，寻求到事物的本质。

1. 学生和学生之间的比较。

围绕同一个问题，学生的回答明显是有高低优劣之分的。如：

生：我看见爷爷了。

师："我看见爷爷了"，她说得好不好？

生：好。

师：好。有没有更合适的，请你来。

生生之间的比较，无疑深化了学生对这个问题的思考和理解，让他们寻找到了几近完美的答案："不，这不是梦，爷爷确实能穿过墙壁。"比较，可以让学生在别人的回答中反思和成长，一步一步靠近真相。这大概就是教学的本质。

2. 学生和作者之间的比较。

请看下面一段实录：

原文说的是："你帮我堆沙堡。奶奶烧猪肝时，我们在旁边扮鬼脸，我们在她听不到的地方讲粗话。我们去钓鱼，可是一条也没钓上来。你使劲儿挠我痒痒，我差点没被一根棒棒糖给憋死……"（出示PPT）

这位男生刚才讲的，几乎跟原作者差不多，除了一个地方。原作者说："我们去钓鱼，可是一条也没钓上来。"这位同学讲的是："我们出去钓鱼，我的鱼竿朝着你那边钓，你的鱼竿朝着我这边钓，非常开心。"大家现在比较一下，谁讲得好？

把学生的答案和原作者的文字比较，一是揭开了悬在心头的谜底，二是让学生享受到了挑战成功的喜悦，三是让他们看到了自己思维的缺陷。这是积极心理动力场建设的一种有效策略，对于学生思维能力的日臻成熟起到了不可小觑的作用。

3. 用资料拓展的方式比较。

本堂课上教师还引入了作家徐榕的一段文字，也起到了比较的作用。

著名的儿童文学作家徐榕，他是这样来写"再见"的。

出示PPT：

于是，爷爷让艾斯本靠近自己。他捏住艾斯本的手，温和的目光好像要将艾斯本裹住："再见了，艾斯本。""再见，爷爷，请代问奶奶好。"他们非常郑重地做完这件事，然后，爷爷开心地走了。

虽然此刻教师没有明说，但比较的意味不言而喻。当然，这样的比较不是为了分出高下，而是拓展思考的另一种可能，促进了学生对绘本的深刻理解。

洛朗·理查森说：叙事是人们将各种经验组织成现实意义的事件的基本方式。在这堂课上，徐杰老师建立了一套完备的叙事系统，将绘本的陌生化导读演绎得风生水起。在这个饱满、生动的故事里，你尽可穿花拂叶，渐入佳境。

○ 教学反思

绘本阅读中要努力实现图与文之间的"共生共长"
——《爷爷变成了幽灵》导读课教学反思

徐 杰

《爷爷变成了幽灵》是一个非常温暖的故事。

艾斯本最喜欢爷爷了，可是爷爷突发心脏病去世了。爸爸妈妈告诉艾斯本"爷爷变成了天使""爷爷会变成泥土"，可是艾斯本根本无法想象爷爷变成天使和泥土的样子，因为爷爷是他最喜欢的人。

有一天晚上，爷爷变成幽灵回来了，是因为爷爷生前忘记了做一件事，才变成了一个只会不停游荡、不停叹息的幽灵。爷爷忘记了一件事，什么事呢？爷爷回忆了自己从小时候到成年后的往事。艾斯本也想起和爷爷一起做的好多事，他们都沉浸在愉快的回忆之中……不过这里面依然没有爷爷忘记的那件事。最后，"'我想起来了，我想起来我忘记什么事了。'爷爷说着，不再笑了，'我忘记对你说再见了，我的小艾斯本。'"于是爷爷跟小艾斯本郑重道别，然后开心地走了，艾斯本也从悲痛中走出来，上床睡觉了。

我在执教《爷爷变成了幽灵》导读课的时候，践行黄厚江老师的"共生教学"理论，特别关注这个绘本故事中图画与文字之间的"共生共长"。

一、读图，读出图画里隐含的文字信息

艾斯本回忆"你和我有关的事"，有四幅图，我把它们投影出来，要求学生读图，以艾斯本的口吻，用"你、我、我们"这样的人称，说说图画的内容。学生所描述的文字，比绘本原有的文字更生动，更形象，也更具体。比如，第四幅图是"你挠我痒痒"，学生补充了很多充满生活情趣的细节，如"你在看报纸，我故意捣蛋，你一把捉住了我，挠我的胳肢窝，我笑得透不过气来……"

绘本故事的文字是极为简练的，在阅读绘本过程中，要根据图画内容，设计课堂活动，从而"生成"更多的文字信息，丰富绘本原有的文字内容。

这是训练学生读图的能力，也是在训练想象力和表达力。

二、读文，读出文字里隐含的画面感

绘本的文字，是很有"画面感"的，有些文字直接对应图画，有些文字里隐含着多幅图画，不只有配图的"这一幅"。

比如，对于"我们在看一场无聊的电影时打着呼噜睡着了"这段文字，

我让学生来设计画面并描述画面。学生的描述非常有创意，有的设计艾斯本捧着爆米花，依偎在爷爷怀里；有的设计爷爷搂着艾斯本，张大嘴巴在打呼噜；有的设计艾斯本与爷爷打呼噜，有口水流下来……

读文，脑海里浮现出一幅又一幅图画，这些"生成"的图画，与绘本书上的图画相互作用，缀连成完整的画面故事。

三、在绘本图文的土壤里，"长"出新的图文来

艾斯本和爷爷回忆了很多事，但都不是爷爷忘了的那件事，我请学生回忆自己与爷爷一起生活的某个"画面"，用几句话描述这个"画面"，用上"你、我、我们"。

天下的爷爷爱孙子孙女的方式是相通的，学生的描述是基于这个绘本故事，但是又描绘出了他们自己的生活，这里就把绘本的"图文"与学生生活的"图文"打通了，二者相互作用，相互成全。学生随后分享了各自的"作品"，他们的讲述有温度，也有才情。

四、图与文可以相互修正，更趋完美

这个绘本故事有一个瑕疵，那就是爷爷跟艾斯本道别的那一张。图画设计得很好，有一种浓浓的特别的氛围，但是文字部分未能把这种氛围传递出来，说得通俗点，就是"图文不配"。

我读这个绘本，读到这里的时候，总觉得是一个"鲠"，于是就请一个同事—— 一位英语名师帮我找到了英文原版，然后我便知道了，"图文不配"，源于翻译的问题。

我曾经努力尝试，按照我对图画的理解来翻译，但一直不满意。后来发现，

著名的儿童文学作家徐榕对这个绘本的这幅图也有一个翻译，我觉得这个翻译文字真的很好，我把他和原译者翻译的文字摘录如下，大家可以对比一下。

彭懿（译者）：爷爷对艾斯本说，你要乖一点（但也不用太乖）。他们还说好了要时不时地想着对方（不过，不用一直想着）。

当艾斯本说要把爷爷的照片挂到墙上去时，爷爷开心极了，对着艾斯本的耳朵就吹了一口气，吹得他的脚尖都痒起来了。

"也许，我又要见到你奶奶了，"他说，"我会代你向她问好。"

徐榕：于是，爷爷让艾斯本靠近自己。他捏住艾斯本的手，温和的目光好像要将艾斯本裹住："再见了，艾斯本。""再见，爷爷，请代问奶奶好。"他们非常郑重地做完这件事，然后，爷爷开心地走了。

我在导读课上，把这两段译文都拿来，让学生自己读，然后判断哪段话与图更契合，并说明理由；还可以自己设计一段文字，来配这幅图。

当然，有时候，这样的"修正"，也可以发生在图片上。

总而言之，绘本阅读过程中，图与文，不是简单地叠加，做加法，而是相互作用，共生共长，是做乘法。

二

推进式导读：走一步，再走一步

4.《西游记》导读实录 1

背景：2015 年 10 月，咸安工作室导师示范课。

班级：咸安区实验学校初一（5）班。

课型：推进式导读。

师：上课!

生：老师好!

师：同学们好! 请坐!

生：谢谢老师!

师：这就不用谢了，我叫你们"请坐"是应该的呀。你们坐着上课，徐老师站着上课，我等会儿累了就坐下来，好吧?

生：好!

师：今天我们上《西游记》导读。看屏幕，大家先把每一回的回目自由地读一读。

生：好!

（生读）

师：你们挺喜欢齐读的，是吧? 不过，在齐读时，有些同学不好好读，老师也听不出来。接下来如有读书，大家各读各的，好不好?

生：好!

屏幕显示：

第一回　灵根育孕源流出，心性修持大道生

第二回　悟彻菩提真妙理，断魔归本合元神

第三回　四海千山皆拱伏，九幽十类尽除名

第四回　官封弼马心何足，名注齐天意未宁

第五回　乱蟠桃大圣偷丹，反天宫诸神捉怪

师：（指屏幕）这些回目有什么共同的规律呀？你们发现了吗？每一个回目——

生：每一个回目都是两个七字句。

师：其他同学是不是也发现了？

生：断句一样。

师：都是很完整的句式。我们把这种标题称为章回体小说的"回目"。（板书：回目）每一个回目都采用了整齐的句式。大家想想，《西游记》一共有多少回？

生：100 回。（师板书：100 回）

师：我们现在已经读到了第三十回，已经读了将近三分之一。不错，坚持读下去。现在徐老师有个想法，我们能不能把这些回目的内容再减少一点儿呢？

屏幕显示：

勇钻 _____，自封 _____。

拜师 _____，勤学长生术。

大闹幽冥界，消名 _____。

不满 _____，强要齐天名。

搅乱 _____，吃尽圣金丹。

生：勇钻水帘洞，自封齐天大圣。

师：前句五个字，后句六个字，好不好？

生：改为"自封美猴王"。

生：拜师学艺。

师："拜师学艺"？又不对。前面四个字，后面五个字。我们刚才说的，回目的句式要怎么样啊？字数相同，句式整齐。（板书）

生：拜师菩提祖。

师：很好。第三个。

生：消名生死簿。

师：好的。大闹幽冥界，消名生死簿。请坐！下面一个。

生：不满弼马温。

师：不满弼马温，强要齐天名。

生：（齐）搅乱蟠桃会，吃尽圣金丹。

师：现在我们自由地把补充完整的句子读一读。

（生齐读，师摆手阻止。）

师：我要大家自由读，不要齐读。

（生自由读）

师：好！它们是不是也算回目呢？当然算。改小标题也是读书的一种好方法。

"勇钻水帘洞"，现在我们就来看一看猴王是怎么出世的。请一位同学把这段话读一读。

屏幕显示：

> 那猴在山中，却会行走跳跃，食草木，饮涧泉，采山花，觅树果；与狼虫为伴，虎豹为群，獐鹿为友，猕猴为亲；夜宿石崖之下，朝游峰洞之中，真是"山中无甲子，寒尽不知年"。

（一生读）

师：读得挺好，请坐！（掌声）如果要把这段话读得更好一点儿，要注意哪些地方？

生：感情……停顿。

师：你们觉得哪些地方要处理好停顿？

（生七嘴八舌）

师：你们如果能发现这段话的规律，就知道了。有没有发现规律？先看下标点。

生：有规律。"食草木"，"食"是动词，"草木"是名词，所以在动词后面要停顿一下。

师：食／草木，这样停顿吗？你今天有没有吃／饭呢？（生笑）注意，"食草木"之间不要停顿。但是他发现了这个句子是动词加名词的构成形式，这一点很好。下面哪几个句子跟它是一样的？

生：饮涧泉，采山花，觅树果。

师：这几个短语形成了很好的排比关系，所以读的时候要读快一点儿还是慢一点儿呢？

生：快一点儿。

师：排比句要读快一点儿。下面看"与狼虫为伴"，段落有没有跟它相似的内容？

生：有。"虎豹为群，獐鹿为友，猕猴为亲。"

师：要读快一点儿还是慢一点儿？

生：快一点儿。

师：凡是排比的句式都要读快一点儿。前一个排比句与后一个排比句之间要稍微停顿一下。

师："夜宿石崖之下，朝游峰洞之中"，这两句是什么关系？

生：对偶。

师："真是"后面的句子加了引号，这叫什么呀？

生：引用。

师：引用的语句，你们认为是按一般的语速读，还是读得稍微慢一点儿呢？

生：慢一点儿。

师：为什么要读慢而不读快呢？

生：有诗意。

师：对，有诗意，有享受的味道。诗意的东西，享受的感觉，要读慢。（范读）

（一生朗读，师肯定。之后学生自由读。）

师：猴子的生活怎么样？能不能用几个词语修饰一下？

生：逍遥快活。

师：好！你带了个好头，用的是四字短语。下面老师要求大家都用四字短语来回答。

生：自由自在。

生：丰富多彩。

师："丰富多彩"，有意思。"彩"字要不要加三撇？

生：要。

师：还有吗？你来说。

（一生答不出来）

师：（启发）逍遥自在。

生：无忧无虑。

师：好词！

生：随心所欲。

师：太好了，想干吗干吗，这样的日子我也想过呀！

生：优哉游哉。

师：（惊叹）非常有意思。"优哉游哉"，你们听过这个词吗？

生：听过。

师：还有补充吗？

生：无拘无束。

师："无拘无束"，也很好呀！现在我们想想，刚才一共说了几个四字短语？七八个？写下来，写在猴子的生活段落旁边。能回忆起来吗？我要考一考你们是否认真听了。没有认真听的话就会有遗漏。

（生记笔记）

师：写了七个词语的请举手。

生：逍遥快活、自由自在、无忧无虑、优哉游哉、逍遥自在……

师：不会写的字，问问周围同学。"优哉游哉"是你说的吧？你把它写在黑板上。（生板书：优哉游哉）

师：我认为，快活的生活也是平静的生活，但是平静的生活总有被一颗石子打出涟漪的时候。打破猴子优哉游哉生活的那颗石子是什么呢？

生：唐僧。

师：注意，我问的是哪一颗石子打破了猴子生活的平静。

生：勇跳山涧。

师：是山涧吗？应该是勇钻水帘洞。对，打破猴子平静生活的，只能是水帘洞。要注意情节别跳得太快了。我们来看。

屏幕显示：

> 众猴拍手称扬道："好水，好水！原来此处远通山脚之下，直接大海之波。"又道："哪一个有本事的，钻进去寻个源头出来，不伤身体者，我等即拜他为王。"连呼三声，忽见丛杂中跳出一个石猴，应声高叫道："我进去，我进去！"

师：哪位同学来读读？有男生愿意读吗？

（一生读）

师：读得怎么样？好，请坐。大家说说我最欣赏的是他读的哪一处？

生：（齐）"我进去，我进去！"

师：这两处"我进去"，他读得特别好。如果我改成"不伤身体者……话未说完……"，也就是将"连呼三声"改为"话未说完"，好不好？

生：不好。

师：为什么不好？话还没说完，"啪"，跳出一个石猴："我进去！"多好呀！而原文是"连呼三声"，"呼"的是哪三声呀？"哪一个有本事的，钻进去寻个源头出来，不伤身体者，我等即拜他为王。"过一会儿，再说一遍，过一会儿，又说一遍，然后跳出一个石猴。你们觉得哪个好？

生："连呼三声"。因为它写出石猴犹豫了一下。

师：哦，这位同学认为石猴犹豫了一下。

生：我也感觉石猴犹豫了一下。因为他以前过的是无忧无虑的生活，成为王之后，就要照顾他的子民。

师：你觉得他犹豫的是，做了王要照顾别人，工作量加重了。

生：他怕伤了身体，就不能过那种无忧无虑的生活了。

师：对！这个地方很危险，万一伤了身体，万一因此牺牲了，很划不来，对吧？有犹豫。但犹豫了以后，他为什么又要跳出来呢？

生：他想当猴王。

师：哦，他想当猴王。想当猴王，又犹豫，你们能不能把石猴的这种心理活动写出来呀？看谁写得传神，能够真实地表现石猴内心的复杂变化。

（生动笔写）

师：谁先来分享？大家听好。

生：他……

师：用"他"还是用"我"？

生："我"，用第一人称。

师：当然是用第一人称。写人物心理，要用猴子的口吻写。

生：我害怕去尝试，跳进水帘洞，但是不知道的还以为他想当上美猴王呢！

师：又出现"他"了，整个都写偏了，没有写出他的心理活动来。你是以第三者的角度来叙述他的心理活动的。

生：我想，我到底应不应该去呢？去的话会不会受到伤害？如果当不了我梦寐以求的猴王……算了，还是去跃跃欲试一下吧！

师：把"跃跃欲试"改成"还是去试一下吧，万一运气好呢"！

生：石猴想：如果我失败了……但如果成功了，就可以当上猴王，并且此瀑布也不是一般的瀑布，决定了，去！

师：前面有迟疑，后面"决定了，去"，很好。

生：当了猴王，那多……多好玩啊！但如果我没跳过去，不仅当不了猴王，还可能会受伤。可要是当上了猴王……算了，算了，还是搏一搏吧！

师：嗯，我比较欣赏她写的。她写的不是一回转折，而是两个，非常好。这样就把猴子的复杂心理表现得特别好。

生：第一次说的时候，他心里想："到底去不去呢？可我好想当猴王啊！"第二次……

师：（提醒）不要说第二次，直接往下讲。

生：（继续）可是太危险了，如果牺牲了怎么办？这也太不值得了！算了，还是试一试吧！为了当猴王，只好拼了。

师：为了当猴王，目的明确。好，刚才几位同学说的都是石猴内心的变化。现在老师教大家一个好办法，可以把一个人内心的复杂变化写出来——我们可以用关联词。（板书：如果……然而……但是……）关联词一用，句式的转换就出来了。

师：这只猴子现在如愿以偿地当上了猴王，他发现了一个可以居住的好地方。但是，这只猴子做了猴王以后，又觉得怎么样？

生：（齐）寿命太短了！

生：他要去找长生不老的法子，于是就去了哪里？

生：去了菩提祖师那里。

师：对，找菩提祖师学艺了。菩提祖师的徒弟可都是了不起的人。

屏幕显示：

> 祖师道："我教你个'术'字门中之道，如何？"
>
> 悟空道："似这般可得长生么？"
>
> 祖师道："不能！不能！"
>
> 悟空道："不学！不学！"

师：菩提祖师发现这只猴子是特别聪明的。有个细节你们还记得吗？猴子特别聪明体现在哪里？

生：菩提祖师问孙悟空想学什么，孙悟空说学长生术，结果菩提祖师打了孙悟空三下，然后孙悟空半夜三更来到菩提祖师房前。

师：对，菩提祖师打了猴子三下。师兄弟们都不知道怎么回事，只有猴子知道"三下"代表"三更"。看来你们读书很关注细节，非常好。现在谁来把屏幕上的这一段文字读一读。请后排那位男同学。

（生读）

师：读错了好多字。是不是看不见？看不见就到前面来读嘛！我找第一排的同学来读给他听。

（生读）

师：基本上正确，有个字又读错了。

生：术。

师："'术'字门中"要连读。什么叫"'术'字门中"呢？这是道家修炼成仙的一种方式。不要把句子读破。还有读得不大好的地方——"不能！不能！""不学！不学！"

（生读）

师：哎，有点儿意思啦！这四个词语，她处理得特别好的是节奏。"不学！不学！"显得很急躁，很干脆。那么，"不能！不能！"这个句子怎么读比较好？

（生慢读）

师：很好。菩提祖师是比较有修养的，所以他会很沉稳地说："不能！不能！"要是让徐老师来写，我还要加一句话："菩提祖师捋了捋他的禅须，摇摇头说：'不能！不能！'"是不是更好一点儿？

生：是。

师：老师加了什么呀？

生：动作、神态。

师：这样加了以后，说话的祖师是不是形象显得丰满啦？你们能不能也在其他的"道"字前面加些内容？悟空会怎么"道"呢？拿起笔来写一写，把说话人的形象更好地表现出来。

（生写作，给另外三个"道"字前加元素。）

师：刚才徐老师看到一个同学写"悟空急躁道"，"急躁"能不能看得见？我们要把说话人的形象给写出来呀！徐老师的"捋了捋胡须"这个动作就很鲜明，突出祖师是个成仙得道的高人。

生：祖师顺了顺长长的白须，思考片刻，道："……"

悟空抓抓头，问道："……"

悟空跳起来，直摆两只毛茸茸的手，道："……"

师：嗯，有点儿意思。我最欣赏的是"悟空跳起来，直摆两只毛茸茸的手"，这就把猴子的急躁表现得很好。

生：祖师摸了摸悟空的头道："……"

悟空鞠了一躬，道："……"

悟空抓抓头，跺跺脚，道："……"

师：嗯，"抓抓头，跺跺脚"，猴子的表现特别鲜明。很好，请坐。我现在跟大家探讨一下，"似这般可得长生么"，说这句话时，悟空是什么样的心情？是开心吗？

生：期待。

师：对，我认为此刻他非常期待。那这前面该怎么写？

生：悟空转过头，瞪大了眼睛。

师：悟空转过头，瞪大了眼睛，以期待的目光看着祖师："似这般可得长生么？"写"瞪大眼睛"，是可以的。还可以怎么写？他可以做什么样的动作？

生：悟空把他的毛脸几乎贴到祖师的脸上去了，动着嘴在祖师的边上徘徊，道："……"

师：请坐。前面半句特别好。"悟空把他的毛脸几乎贴到祖师的脸上去了"，这个表述特别形象。

悟空道："不学！不学！"刚才那两位女生说得很好，一个是摆手的，一个是跺脚的。这个猴头有时候会撒泼，他会怎么做？

生：抓耳挠腮，乱蹦乱跳。

师：哦，用了一个"跳"字。"悟空一屁股坐在地上，两只脚乱蹬"，也可以吧？悟空有时候会这样的。你不信往后面读，《西游记》里就有这样的描写。

生：……不走了，不走了……

师：对，这叫撒泼。这个同学已经读到后面了。"我就不走了！"悟空打滚。这里可以借用过来。

所以，我们写一个人说话，不仅要写他说出来的话，还要把他说话的方式写好，从而更鲜明地表现这个人的性格。你们做得都挺好的。那么，祖师教给他什么好本事了？

生：筋斗云，七十二变。

师："七十二变"就表示已经能够怎么样了？

生：长生不老。

师：是的，猴子如愿以偿了。请看屏幕。

屏幕显示：

> 试着用"他已经……可谓如愿以偿，但是他还想要……"这样的句式说说石猴的不满足。

师：我先开个头，你们往后接，好不好？他已经过上了优哉游哉的生活，可谓如愿以偿，但是他还想要做美猴王。

生：他已经当上了美猴王，可谓如愿以偿，但是他还想要长生不老。

生：他已经长生不老，可谓如愿以偿，但是他还想要一把称手的兵器。

生：他已经得到了一把称手的兵器，可谓如愿以偿，但是他还想要……披挂。

师：对，对，还要很好的披挂。很好，继续往下说。

生：他已经得到了很好的装备，可谓如愿以偿，但是他还想要当官。

师："当官"，说得还不够明确。

生：到天上去当官。

生：他已经当上了弼马温，可谓如愿以偿，但是他还想当齐天大圣。

师："弼马温"是干吗的？

生：养马的。

师：对，"弼马温"是养马的。猴子嫌官小，还想当"齐天大圣"。结果真的当上了"齐天大圣"，他满足了吗？

生：没有。

师：想要干吗呀？

生：想当玉帝。

师：哦，想要取代玉帝。所以后来招来了如来佛祖，把他压在五指山下。我现在想问问，对猴子的这种"不满足"，你们怎么看？好还是不好？

（生有的说"好"，有的说"不好"。）

师：想清楚再说。说"不好"的人请举手。请放下。说"好"的人请举手。一半对一半，我各找一个人来讲讲理由。

生：不好，说"好"的话就引不出下文了。

师：我问的是这种不知满足的心态，是好还是不好，不是问小说的写法。

生：我认为是好的，因为人有了强烈的欲望，才能够往上升。

师：哦，有了不满足的欲望，才能够往上升。

生：我觉得不好，因为太贪心了。

师：太贪心了就不好啦？我觉得有时候人贪心一点挺好的呀。比如，我这次考试得了 75 分，就觉得我还有潜力，想贪心一点，下次争取得个 78 分。

生：我觉得好。因为人人都有求生欲，不想当将军的士兵不是好士兵嘛。

师：不是"求生欲"。这句话我听懂了，人都有向上的欲望，不想当将军的士兵不是好士兵。我想再听听女生的想法。

师：你愿意做一个知足常乐的人还是做一个永不知足的人？

生：知足常乐的人。

师：哦，我一看你就是个知足的人。请坐。这两种生活态度能不能找到一个很好的契合点呢？来，请你说。

生：在有的方面贪心，在有的方面满足。

师：哦，她有选择。有的时候"贪心"，有的时候不能"贪心"。请坐。我很欣赏她的想法。但是，这"有的时候……有的时候"怎么判断呢？抓阄？抓到"贪心"的时候就"贪心"，抓到"不贪心"的时候就"不贪心"？（生笑）有没有一个判断的标准？

生：该贪心的时候，就是提升自己。

师：提升自己的时候，要不知足，贪心。什么时候不能贪心呢？

生：对自己有害时。

师：请坐。对能提升自己精神境界的，提升自己专业水平的，要不知足；但是，对于物质的追求，对于名和利的追求，我们要适可而止，不能贪心不足。徐老师希望你们也能这样。对名和利、物质享受，我们要适可而止；对能提升自己、丰富自己精神世界的，我们要永不满足。这个石猴，他因为对名和利贪心不足，所以最后招来了灾祸。

石猴被压在五行山下，佛祖说，500 年后会有人来度他。500 年后，唐僧果然来救他了，这就叫"伏笔"。

屏幕显示：

作为长篇小说的开篇，前五回有许多内容是后面情节发展的"伏笔"，请你找一找"伏笔"，看谁找得多。

师：比如说，孙悟空的师父菩提祖师教了他筋斗云，后面好多回中写他用上了筋斗云。唐僧已经被妖怪洗好放在蒸笼里，马上要蒸着吃了。在这千钧一发的时候，孙悟空要搬救兵。如果慢慢走，等他回来，唐僧就会被吃得只剩几根骨头了。这时候怎么办？筋斗云呀！筋斗云一翻十万八千里，马上就能找个人来救命了。这就是"前有伏笔，后有照应"。你们想想，还有没有其他伏笔和照应？

生：七十二变。唐僧经常被抓走，孙悟空就变成小蜜蜂之类的小虫子，钻进去和他说话。

生：他大闹天宫的时候，被抓起来，送到太上老君的那个炼丹炉，炼出了火眼金睛，能辨别出来哪些是妖怪。

师：对，三打白骨精就是因为他看得出来美女是妖怪所变，唐僧他们看不出来。很好。

生：孙悟空偷吃了太上老君的金丹，后来谁也砍不死他，他练就了金刚不坏之身。

生：金箍棒。

师：对，降妖伏魔他肯定要用到金箍棒。那叫"如意金箍棒"，可大可小。

生：他拔一根毫毛，一吹，就能变成小妖的模样。

师：对，这就是七十二变嘛。

生：观音菩萨送给他三根救命毫毛。

师：这可不是前五回的，要记住。还有一个很重要的伏笔。

生：消除生死簿，长生不老。

师：他涂改生死簿，不仅涂掉了自己的名字，还把猴子猴孙的也涂掉了。所以他后来被唐僧赶回花果山时，他的子孙还在。是吧？还有一个更好玩的。孙悟空在炼丹炉里出来以后，很生气，一脚踢翻了炼丹炉，有两块烧红了的砖头落入凡间，变成火焰山，后来成了大麻烦，孙悟空只能找铁扇公主去借扇子。其实，前五回有很多内容与后面的情节有联系，比如，他的结拜兄弟，到后面和他还有交集。

生：（齐）牛魔王。

师：前有伏笔，后有照应。所以，我们读《西游记》时要前面后面连起来读，这样会很有意思。

第六至第十二回写的主要内容是什么呢？唐僧的身世。我们回去读一读，看看写唐僧身世的内容中有没有伏笔和照应。

今天这节课我们就上到这儿，下课！

○ 评 课

导读秘境：过程与结构

——徐杰老师执教《西游记》导读实录 1 评点

重庆市渝中区教师进修学院　李永红

　　整本书阅读，对学生而言，第一要"读得下去"，能坚持把整本书读完；第二要"读有理解"，能对作品的主要内容及其表达的特别之处，有自己的体会和感悟；第三是"读能迁移"，能把这一回学到的读书方法、阅读策略自如地迁移运用到下一回的阅读中，能从这一本迁移到另一本中。

　　学生要"读得下去"，并且"读有理解"，还要"读能迁移"，常常可能不是自读自悟自能"无师自通"的。好的方法，是教师"导"的积极介入。特别是通过阶段性"导读"，让学生感觉阅读不难，阅读有趣，进而"读有理解"，从而在与文本对话、与课堂对话中，体验和收获阅读的快乐。

　　不管是徐杰老师，还是他的江阴团队，都特别注重学生阅读"阶段性"过程的"导读"。他们常常把像《西游记》这样的长篇之作，或按照情节发展，或按人物形象，或按内容主题，切割为一个又一个单元，组建"导读活动"连续体，将学生"微量地读"和教师"精准地导"结合，以"各个击破"的方式，在读与导、导与读中"走一步，再走一步"，扎实而有质量地推动整本书的阅读。这在徐杰老师主编的《名著导读教学参考书》中清晰可见。这本书里，他就为《西游记》100 回设计了九次阶段性"导读"活动。徐杰老师的这节"咸安工作室导师示范课"，以《西游记》第一至第五回为"导读内容"，让学生在规定的时间段内完成前五回的阅读，时空条件和阅读难度都不大。学生自读之后及时"导读"，极富指导针对性，可以最大限度地帮助学生解决阅读中没有解决的疑难问题，也可为学生示范"怎样读"《西游记》的方法策略。

《西游记》该怎样读？针对前五回内容，徐杰老师通过设计关联度较高的两个"问题串"，为我们做出清晰的"回答"。

第一个"问题串"，针对"回目"设计。第一个活动，在出示、朗读前五回回目后，引导学生发现和归纳"回目"的形式规律，以此让学生了解"回目"并认识"回目""字数相同，句式整齐"的形式特点。第二个活动，以减少回目字数、改变回目内容的方式，反馈和聚焦章回的"核心事件"。"回目"是小说的眼睛，它高度概括本回内容。设计"改回目"的活动，看似"轻巧"，实则"匠心独运"——既聚焦章回故事中关乎人物的"核心事件"，又指导学生"改小标题也是读书的一种好方法"。这样的阅读方法，是可以变成学生的阅读策略，并运用于自读过程的。有悟性的学生，在接下来的自读过程中，完全可以"依葫芦画瓢"，学习、借鉴和运用——重新拟写"回目"，高度概括章回内容，把握章回故事"核心事件"，训练语言精练表达。

如果说第一个"问题串"，针对的是小说的情节梳理和把握故事概要，那么第二个"问题串"，则主要针对小说人物形象的理解和把握。理解故事情节，以"回目"为抓手，章回体小说的文体特点、每个回合的故事梗概、丰富故事里的核心事件，全部被回目"一网打尽"。撷取和变形回目，这个精心拣择的内容支架，有以一当十的"核弹功能"，极具思维的"爆破功能"，富含"语文元素"，将文本内容、文本形式、言语思维和阅读策略，"一扳手全搞定"！和理解故事情节的第一个环节一样，在理解人物形象时，徐杰老师对教学材料的拣择、教学活动的设计，同样颇为精心、精致，匠心独具、出神入化。"猴王出世"，精心择取"自由自在、无忧无虑、优哉游哉、逍遥自在"的片段，朗读中体会人物情感，理解排比手法，领会人物形象，这是"平静生活的石猴"，这是人物分析的"起"。"平静生活"被"勇钻水帘洞"这颗石子打出涟漪，以"阅读通过写作"的方式，对"连呼三声"的"心动""犹豫""坚定""徘徊""搏一搏"的复杂变化的心理活动进行品读，这是"被动激发欲望的石猴"，这是人物分析的"转"。向菩提祖师求长生不老，以"道"字前添加动作、修饰神态的写作实践进行理解建构，这是"主动发展的石猴"，这是人物分析的"再转"。"试着用'他已经……可谓如愿以偿，但是他还想要……'这样的句式说说石猴的不满足"的言语实践，在对人物进行思辨性理解中，认识人物形象的多侧面，这是"埋下情节伏笔的石猴"，这是人物分析的"合"。徐杰老师精心选择语料，精致设计理解人物形象系列的活动，为我们提供了"精读"人物的范本——精心拣择人物发展阶段的精彩语料，精致设计朗读、品味等实践活动，字斟句酌地揣摩精彩段落和关键语句的含义及表达妙处——这个"精读"《西游记》的课例，也为我们提供了一个整本书阅读如何"精读"的范本。

按照徐杰老师的这种"导法"，学生阅读名著，一定"读得下去"，也一定会"读有理解"。"读能迁移"是更高层次的要求。"读能迁移"的前提条件，是"导读"需要提供"结构化"的课程内容，而这种结构化课程是可以围绕"核心概念"进行统整的。徐杰老师设计的两个"问题串"，一个在梳理情节，一个在理解人物，这可以统领于"小说阅读"这个概念，并成为章回体小说的阅读策略：读回目理解故事，改回目把握核心故事；拣择故事发展关键事件中人物的关键表现，在字斟句酌品读语言中，透视人物品质，完成人物形象建构。这个阅读策略，是文体阅读策略，针对的是小说这种文体的阅读。徐杰老师设计的这两个"问题串"，也可以统领于"精读"这个概念。统编教材语文七年级下册第一单元的单元目标对"精读"做了这样的诠释："……精读的方法。在通览全篇、了解大意的基础上，把握关键语句或段落，字斟句酌，揣摩品味其含义和表达的妙处；注意结合人物生平及其所处时代，透过细节描写，把握人物特征，理解人物的思想感情。"徐杰老师设计的"读回目，改回目"的实践活动，其实就是"通览全篇、了解大意"的阅读，这属于"整体感知"的内容，是"精读"的基础，也是"精读"的应有之意。在"读回目，改回目"这样的通览全篇、了解大意的基础上，精心拣择和聚焦"平静生活""石子涟漪""问道祖师"这些关键语句或段落，通过朗读、写作、品味等实践，不仅"字斟句酌，揣摩品味其含义和表达的妙处"，还"透过细节描写，把握人物特征，理解人物的思想感情"。核心素养视域下的整本书阅读，需要知识进阶，需要从事实性知识走向概念性知识、程序性知识和元认知知识。当然，这些阅读策略，是隐性地暗含在阅读实践活动"缄默"着，还是澄清并外化为显性阅读策略，估计会是"仁者见仁，智者见智"的问题，这里暂且不论。

5.《西游记》导读实录 2

背景：2021 年 11 月，"巴蜀新课堂"活动，应邀执教示范课。

班级：成都市树德实验中学沙河校区七（1）班。

课型：推进式导读。

师：同学们，今天我们一起来读《西游记》的第十三至第三十回。请大家先自由读第十三至第三十回的回目，然后说说在唐僧和悟空之间发生了哪几次矛盾冲突。

屏幕显示：

> 读第十三至第三十回的回目，说说第十三至第三十回中，唐僧和孙悟空之间发生了哪几次矛盾冲突。

生：观音菩萨来了，给了唐僧一个紧箍咒，唐僧把紧箍咒给了孙悟空，孙悟空就戴上了紧箍咒。

师：我要补充两句。第一句，悟空被唐僧念紧箍咒的时候，有一个动作，这才是矛盾。他做了一个什么动作？

生：悟空拿出了金箍棒，想要去打唐僧，唐僧又念起了紧箍咒。

师：好的，你为这位男生补充了一句话：悟空头痛难忍，拿出金箍棒想要把唐僧一棍打死。这是矛盾冲突。两位同学说得都不错。徐老师提一个小建议，少说"然后"。（纠正口头禅）继续，请你来说一下。

生：比如著名的"三打白骨精"，唐僧去到一个荒山之中，有一个妖精想要抓走唐僧，但是孙悟空识破了她的计谋，用金箍棒一棍打死了妖精。唐僧第一次饶了孙悟空，第二次也饶了，但是第三次没有饶过孙悟空，并把他逐走了。

师：这位女生说得特别通顺、流畅。她重点说了第一次，还说有第二次、第三次，说得详略有秩，非常好。

生：在第二十七回中，唐僧师徒到了一座山上，一个妖精三次化成人类去找唐僧，孙悟空识破了他的计谋，三次朝他打去。但是猪八戒煽风点火，让唐僧对孙悟空非常生气，就把他赶走了。

师：请坐。男生的回答虽然和前一位同学的重复了，但他补充了一点，在矛盾冲突当中，有猪八戒的挑唆。

还有没有其他的矛盾？我提示一下，在鹰愁涧唐僧的马被龙吃掉了，唐僧就坐在鹰愁涧边哭哭啼啼，悟空有怎样的行为？请你说。

生：孙悟空骂唐僧有点儿窝囊。

师：有道理，孙悟空骂唐僧窝囊，原话是什么？你记得吗？请你来。

生：孙悟空说：你既要我去找你的马，又让我待在这里不走，我怎么去找回你的马呢？

师：意思不错，但是孙悟空还骂了唐僧，你们记得吗？他怎么骂的？看书，看谁先找到那个地方。

师：两位同学发现了，徐老师用这种方法来看看你们读书是不是认真。三位同学发现了。好，请你来说。

生：孙悟空说："你忒不济！不济！又要马骑，又不放我去，似这般看着行李，坐到老罢！"

师：这一句是责怪，不是骂，找错了。好，请你来。

生："师父莫要这等脓包行么！你坐着！坐着！等老孙去寻着那厮，教他还我马匹便了！"

师：咱们四川话有没有骂人脓包的方言？（生摇头）看来四川人比较文明，

徐老师所在的地方就会骂人脓包。还有没有其他矛盾冲突？

生：第十六回他们去休息的时候，有一个和尚要看他们的袈裟，他们就把袈裟拿过来给他看，结果袈裟被盗了。悟空发现他们是坏人，就放火了，师父责怪他，就发生了冲突。

师：是这么回事。黑风山的黑风怪盗走了锦襕袈裟，唐僧责怪悟空。其实这里还有一处，唐僧说悟空要不把袈裟找回来，他就念紧箍咒。还有一处徐老师提示一下，在五庄观，悟空偷吃人参果，唐僧被镇元大仙绑在柱子上的时候，唐僧是什么样的表现？

师：我发现同学们对书本非常爱惜，上面一点儿记号都没有。我再说一遍问题，唐僧因为悟空他们偷吃了人参果而被镇元大仙绑在柱子上，将要被惩罚的时候，他是什么样的态度？

生：他说这件事不是自己干的，一直在解释。

师：他一直在责怪悟空惹出祸端连累了自己。这也是很重要的。

屏幕显示：

> 在这些矛盾冲突中，唐僧一直对悟空怀有成见，悟空却慢慢有了变化，你发现了吗？

师：在这些矛盾冲突中，唐僧对悟空一直怀有成见，因为他开口闭口就说"你这泼猴"，悟空却慢慢有了变化。在日常的交往当中，悟空发生了变化，尤其是对师父的态度有了变化。现在徐老师给大家五分钟的时间看书，看一看你们能不能找到悟空的变化。比如徐老师说：唐僧第一次念紧箍咒的时候，悟空拿出金箍棒想要把师父打死，后来唐僧再念紧箍咒的时候，悟空只是讨饶。好，五分钟时间，你们来读书和发现。请把笔拿在手里，一定要养成习惯——将发现的地方画出来，然后把页右下角折一下，方便我们一会儿分享。

（生翻书、勾画、批注。）

师：（时间到）好，请同学们用"之前……，之后……"的句式来说说悟空的变化。你先来。

生：之前悟空对唐僧的态度是不屑一顾的，但是在第二十七回三打白骨精的故事中，他第一次把妖怪打死之后，唐僧说："如若仍前作恶，这咒语颠倒就念二十遍！""行者道：'三十遍也由你，只是我不打人了。'却才服侍唐僧上马，又将摘来桃子奉上。"

师：之前师父批评他，他不屑一顾，之后面对师父的批评，他虚心接受了，至少态度上接受了。

生：第十四回，之前孙悟空被唐僧骂的时候，"这猴子一生受不得人气，他见三藏只管絮絮叨叨，按不住心头火发道'你既是这等，说我做不得和尚，上不得西天，不必恁般绪聒恶我，我回去便了'"！但是后面三打白骨精，师父赶孙悟空走的时候，孙悟空还舍不得离开。

师：是的，之前受不得一点儿委屈，后面三打白骨精时却受了很多委屈。这位同学用了一句话——还舍不得离开，之前唐僧骂了他，他马上就离开了。后面唐僧赶他走，他还不走，这就是很好的变化。

生：还是第十四回，之前唐僧念紧箍咒的时候，"他口里虽然答应，心上还怀不善，把那针儿幌一幌"。之后唐僧打他，他只是讨饶。

师：之前悟空要打死师父，之后只是求饶。徐老师要补充一下，之前要离开师父，说走就走，后面被师父赶走的时候，悟空还流着泪。

生：我也是在三打白骨精的故事当中找到的。之前孙悟空离开唐僧的时候，他没有顾及唐僧的感受，自己到了龙宫。三打白骨精的故事中，他惹了唐僧生气，自己去哄唐僧，这次就照顾到了师父的感受，想请师父原谅他。

师："哄"字抓得好，之前是气师父，后面是哄师父，其实还有一个情节叫"疼"师父，谁来说一下？

生：在第二十七回，他走的时候跟沙僧还有八戒说要照顾好师父。

师：悟空是一个好徒弟！你把我赶走了，我以德报怨，心疼你。还有哪个地方？

生：他把自己身上的毛拔下来，变成几个人在师父身边保护，同时让他的两个师弟好好照顾师父。

师：我要提醒你，读书还不够仔细，悟空拔毫毛变成几个小猴子，是为了保护师父吗？是为了让师父接受他的这一拜。你再去看一看，好吗？

生：我从第二十七回中的"贤弟，你是个好人，却只要留心防着八戒言语，途中更要仔细。倘一时有妖精拿住师父，你就说老孙是他大徒弟。西方毛怪，闻我的手段，不敢伤我师父"这几句话中看出来的。他先前说他要走了，唐僧一直在念经，但他还是想着他的师父，让沙僧照顾好师父。

师：你关注到悟空临行之前细细地嘱咐沙僧这个行为。其中我觉得最好玩的一个地方，不知道你们有没有注意到：在五庄观，唐僧被绑在柱子上，镇元大仙说抽三十鞭，先抽唐僧管教徒弟不严，这个时候悟空是怎么说的，记得吗？

生：他说：我的师父又没有把那棵树打死，是我打死的，我先挨打，三十鞭过后再让师父来。

师：前面说得都对。祸是"我"惹的，应该先打"我"。但他可从来没说过打完自己再去打师父。（生笑）第二次又要打唐僧三十鞭的时候，悟空是怎么做的？

生：下油锅那个情节，本来应该是下唐僧的，但是孙悟空怕把师父给烫伤了，就说："你遇着我就该倒灶，干我甚事？我才自也要领你些油汤油水之爱，但只是大小便急了，若在锅里开风，恐怕污了你的熟油，不好调菜吃，如今大小便通干净了，才好下锅。不要扎我师父，还来扎我。"

师：不仅是保护师父，他还把自己变成石狮子，把人家的油锅都砸坏了。这里你看孙悟空对师父的态度发生了变化。还有新的发现吗？

生：在第十五回，唐僧的马被龙给吃了，悟空就去帮师父找回马，这也是悟空态度转变的表现。

师：好的，悟空虽然前面骂师父是脓包，但还是帮他找马，这也是一种表现。而且大家看前面，当他们遏制六个强盗时，悟空一棍子就要把强盗打死，后面在观音院，当悟空听说这些和尚想要烧死他们的时候，悟空是不是要把他们一棍子打死？他当时心里是怎么想的？他想：我这个师父是舍不得杀生的，我要把这些人给他打死了，师父会不高兴的。这时候他知道考虑师父的感受。我们把这句话一起读一读，预备起。

屏幕显示：

> 在与师父的日常相处，乃至矛盾冲突中，悟空渐渐有了"人"的情感，懂得了耐心、退让、尊重、感恩、理解、关心……

师：如果说在前面第一至第五回大闹天宫的时候，悟空身上还有兽性，有作为一个猴子的顽劣，那么到了第十三至第三十五回的时候，悟空身上渐渐有了人性、人的情感。如果我们再往后读，读到第五十回、第八十回，读到最后的时候，悟空身上就有了——

生：佛性。

师：这也就是西天取经历练的过程，悟空的成长。

屏幕显示：

> 哪一处的矛盾冲突最激烈？

师：现在我们再来看一看，在师徒那么多的矛盾冲突当中，你觉得哪一处是最激烈的？

生：应该是第一次，悟空被唐僧念紧箍咒的时候，他拿出金箍棒，想要打唐僧。

师：你觉得矛盾冲突最激烈的地方是悟空想要把唐僧打死的这个情节。（询问另一生）你同意不同意？

生：我不怎么同意，因为那时候悟空还没有被唐僧赶走。我觉得最激烈的一次是在第二十七回中：悟空打死了三个人，猪八戒在旁边煽风点火，唐僧相信了猪八戒的话，把孙悟空赶走，最后还是猪八戒用激将法让孙悟空回来救唐僧。

师：你前面说得很对，后面话说多了反而不好，说到唐僧把悟空赶走就够了，对吧？高潮部分是矛盾最激烈的时候。第二十七回的回目是什么？

屏幕显示：

尸魔三戏唐三藏，圣僧恨逐美猴王

（生齐读）

师：大家看回目在语言形式上面有什么特点？

生：透露了文章主要讲的内容。

师：我问的是语言形式，大家看看字数是不是一样？我们有同学发现了，你来说。

生：它首先是有对偶的形式，还有名词跟动词。

师：有名词"尸魔""圣僧"，而且是两两相对的，动词"三戏"对"恨逐"，然后又有名词，"唐三藏"对"美猴王"。我们一看这个回目就知道，它是中国古代章回体小说的回目，往往都是对仗的。现在徐老师觉得这个回目中"三戏"的"戏"字用得不大好。"戏"是什么意思？戏弄？戏耍？请问白骨精是在戏耍唐僧吗？她可是要吃唐僧的肉的，所以用"戏"不大好。你们觉得把"戏"改为什么比较好？

生：我觉得可以改成"三捉"，因为白骨精想吃唐僧的肉，孙悟空也知道她的计谋，三次把她打死。白骨精第一次捉唐僧，被孙悟空发现后一棒子打死。接着白骨精又以另一个身份来捉唐僧，依然被孙悟空识破并打死。第三次她还是用了那种把戏，仍然被孙悟空发现，最后唐僧忍无可忍就把孙悟空赶了出去。

师：你说了很多，我现在问你，用"捉"的话，结果一般是"捉住""捉走"，白骨精有没有得逞？"捉"这个动作还没有施行，白骨精就被孙悟空识破甚至最后被打死了，所以"捉"字不行。

生：我觉得应该用"骗"，因为她三次都变成了人，然后又都被孙悟空识破了，三次都没有骗走唐僧，所以我觉得用"骗"字更恰当。

生：我觉得"三戏"是没有问题的，首先这里的"戏"是"戏弄"的意思，她三次变成人来戏弄唐僧，骗唐僧。

师：我刚才已经说过，白骨精变了三次，变成不同身份的人，是为了戏弄唐僧玩玩的吗？我不同意你的观点。你说说看。

生：我觉得应该是"三迷"。因为它是主要内容，虽然白骨精变了三次是想把唐三藏吃了，但是最后都没有成功。

师：我觉得第一次白骨精变成一个漂亮女子，用"迷"字还可以，但第三次变成一个老头子，还能用"迷"字吗？当然，如果是表达"迷惑"的意思，也还可以。还有吗？

生：我觉得"三戏"是没有问题的。因为"戏"有表演的意思，三次扮演了三位人物，去骗唐三藏。

师：你的话我听明白了。你们跟我"对着干"，是因为你们是站在白骨精的角度看问题的，带着几分戏耍、戏弄的意思。徐老师是站在悟空的角度看待这个事情的。那站在悟空的角度，不是"戏"，是什么呢？

生：（齐）"打"。（师板书：悟空三打白骨精）

生：（齐读）悟空三打白骨精，圣僧恨逐美猴王。

师：如果从唐僧的角度看，又是什么呢？（板书：唐僧三□白骨精）

生：我觉得从唐僧的角度看，可以用"三骗"，因为白骨精一开始变成一个女子，然后变成老太太和老爷爷。

师：唐僧怎么能去"骗"呢？他是"被骗"的。但是我现在是以唐僧为主语，而且只能填一个字，你不能说"三被骗"。

生：我觉得应该是"唐僧三护白骨精"，因为悟空打妖精，他三次维护白骨精。

师：这个有没有道理？说有道理的人举手。错了，为什么？唐僧如果知道对面是白骨精，他会护吗？唐僧护的是漂亮的女子，护的是老奶奶和老爷爷，所以你不能说他很"护"白骨精，因为唐僧不知道真相。他要是知道是白骨精，他也不会护，他只会说一句话：徒儿，打死妖精。

生：我觉得是"唐僧三信白骨精"，因为他相信白骨精，而不相信悟空。

师：有点儿意思了，三信，三次都很相信。但还是一句话，唐僧信的对象是女子、老奶奶、老爷爷，不是白骨精，知道这个意思吧？

生："唐僧三惑白骨精"，因为唐僧三次被白骨精迷惑了。

师：被动的意思，"被惑"两个字不能用。好，我们先缓一缓，如果我们把宾语改成孙悟空呢？（板书：唐僧三□美猴王）

生：我觉得应该是"唐僧三怨美猴王"。

生：我觉得应该是"三恨"。

师："恨"字太重了，第一次就没有恨。

生：我觉得是"唐僧三赶孙悟空"。因为孙悟空第一次识破了白骨精，把白骨精打死了后，就被唐僧赶走了。

师：第一次悟空就被赶走了吗？并没有。徐老师觉得可以选一个比"怨"浅一点儿的词——"责"。如果前面是"唐僧三责美猴王"，请问后半句写什么？（相机板书）"悟空□□唐三藏"，中间填动词，悟空怎么样呢？咱们别着急，我把这两段最高潮部分的文字给大家，请你们自由地读一读。

屏幕显示：

唐僧见他言言语语，越添恼怒，滚鞍下马来，叫沙僧包袱内取出纸笔，即于涧下取水，石上磨墨，写了一纸贬书，递于行者道："猴头，执此为照！再不要你做徒弟了！如再与你相见，我就堕了阿鼻地狱！"

　　　　行者连忙接了贬书道："师父，不消发誓，老孙去罢。"他将书折了，留在袖中，却又软款唐僧道："师父，我也是跟你一场，又蒙菩萨指教，今日半途而废，不曾成得功果。你请坐，受我一拜，我也去得放心。"

　　师：第一段话徐老师用四个字来概括——唐僧无情。你的徒弟犯了错，你就要赶他走。第二段我们说悟空——

　　生：有情。

　　师：不能重复。你来说说看。

　　生：我觉得有两个词语可以形容，第一个是"有心"，第二个是"有义"。

　　师：这是一只有情有义的猴子。现在徐老师把"义"字填在空格里面，还缺一个字，你们说填什么？

　　生：我觉得可以写"义别"。

　　生：我觉得也可以是"悟空义拜唐三藏"。

　　师：你们觉得是"义别"好还是"义拜"好？"拜"这个动词前面一般不加词，别离的方式用"义"更妥当，大家记一下——悟空义别唐三藏。

　　师：现在请大家再读第二段。这次我要求大家回答：你从哪个字上面发现了悟空是有"义"的？注意要从某一个字或一个词上去发现。

　　生：我觉得应该是"受我一拜"的"拜"字。悟空虽然要被师父赶走，但是他对唐僧说道："师父，我也是跟你一场，又蒙菩萨指教，今日半途而废，不曾成得功果。你请坐，受我一拜，我也去得放心。""拜"字就突出了悟空非常不舍得离开唐僧。

　　师：徐老师要补充，"拜"字当中不仅有不舍，还有感恩，还有遗憾。这说明悟空是有"义"的。

　　生：我觉得是"软款"。软款就是非常软绵绵地跟师父说话。悟空他并没有在师父给他贬书之后直接就走，他跟师父说：你受我一拜我才走得放心。

　　师：前面两句话都对，后面说散了，你就围绕"软"做文章吧。什么叫软？

温柔婉转。你想，对于一个性格火暴的猴子来讲，能够软化着说话是不是说明他有义、有情？没有情义怎么可能"软款"呢？

生："行者连忙接了贬书道"中的"连忙"一词。前面师父是很生气的，行者却连忙接过贬书，说明他对师父尊敬。从后面的话中我们也可以感受到，他对师父说话的语气是温和的。

师：请坐。这位女生发现的那句话，我觉得特别有价值。唐僧发毒誓，悟空舍不得师父发毒誓，堕入地狱。因为舍不得，所以连忙接过贬书，是这样吧？发现"连忙"的这位女生，语言感觉特别好。

生：我还是说"软款"。软款是温柔的意思，说明他怜惜、尊重师父。

师：我明白了，一个性急的猴子懂得尊重了，软化了说话方式。我们关注一下，其实"软款"还带有恳求的味道。悟空希望这一番软软的话打动师父，让他收回成命，是这个意思吧？徐老师觉得还有一个词也能表现悟空的"义"和"情"，哪个词？

生：我觉得是"放心"。如果一个人没有"义"的话，你赶我走，我肯定直接走的，不会说要拜一下才走。所以说悟空是有"义"的。

师：这位女生欣赏得非常好。你把我赶走了，我才不管你的死活，对不对？但是你赶我走，也要让我放心。我现在问一下同学们，悟空离开了是不是真的放心？不是真的放心，为什么要说放心？

生：我觉得可能是想让唐僧知道自己不放心。

师：他想让师父知道自己不放心。

生：我觉得从这句话就可以看出，如果孙行者在的话，师父就不会有危险，从侧面看出，他希望师父能让他留下来。

师：说放心其实是担心，还有没有其他的意思呢？

生：他们有一种保护唐僧的责任感，他这里说的放心，相当于是履行了这种责任。

师：他说放心，带有向师父表白责任的味道，徐老师觉得悟空走的时候其实是不放心的。你们读原文，悟空吩咐沙僧仔细保护好师父，这说明他是不放心的。那么，为什么他当着师父的面说"我也去得放心"？是因为他不想让师父为他担心。我读到这里，心里很难受，一个被师父赶走的徒弟，却担心他的师父。悟空此刻的情义尽在其中。悟空被赶走了，师徒的矛盾到了高潮。在哪个地方师徒最后冰释前嫌了？你们往后读了吗？我们就留给同学们后续去读吧。

屏幕显示：

矛盾的消融：分角色朗读第 270 页中唐僧师徒间的对话。

师：大家来看一下，第三十一回中唐僧被妖怪变成了一只老虎，悟空赶来救出了师父。最后有一段师徒四人的对话，特别好玩，我们留作作业，大家看看师徒之间的矛盾是怎么消融的。从第三十一回师徒矛盾消融以后，师徒之间再也没有生出过很大的矛盾，取经团队齐心协力，取得真经。所以，好的团队不能总是产生矛盾，对吧？师徒同心，其利断金。下课。

○ 评　课

好的课堂是一壶渐渐沸腾的水
——徐杰老师执教《西游记》导读实录 2 评点

武汉大学附属外语学校　王虹霞

晚上开会回来，已经不早了，自己很累，但是看了徐杰老师的《西游记》导读课的视频，还是许久没有入睡。

我想到的第一句话是：从容的美好。

我看过太多在课堂上急躁不安的老师——尤其与我类似的老师——生怕完不成教学流程，急慌慌催着学生往前跑。可也是怪了，你越急，它越不动。这就是古人所言"欲速不达"也。

徐杰老师的这堂课容量丰富，内容饱满，但是时间有限，只有一节课。

但徐杰老师一直是"徐徐行，慢慢走"的从容节奏，就在这从容的行进中，教学内容自然而然地完成了，而且学生的思维一步步走向纵深，走向丰厚和美好。

徐杰老师的整节课围绕一个关键词"矛盾"展开。

先用一个问题撒开网：这几回唐僧与悟空师徒之间发生了哪几次矛盾冲突？然后用一个问题向纵深漫溯：在这些矛盾冲突中，唐僧对悟空一直怀有成见，但是悟空慢慢有了变化，有了哪些变化？从而探究出由猴性向人性的转变。再用一个问题拉网聚焦：在这所有的矛盾中，你认为哪处矛盾最激烈？

徐老师重点引导学生关注"三打白骨精"的故事：

师：好，请同学们用"之前……，之后……"的句式来说说悟空的变化。你先来。

生：之前悟空对唐僧的态度是不屑一顾的，但是在第二十七回三打白骨精的故事中，他第一次把妖怪打死之后，唐僧说："如若仍前作恶，这咒语颠倒就念二十遍！""行者道：'三十遍也由你，只是我不打人了。'却才服侍唐僧上马，又将摘来桃子奉上。"

师：之前师父批评他，他不屑一顾，之后面对师父的批评，他虚心接受了，至少态度上接受了。

生：第十四回，之前孙悟空被唐僧骂的时候，"这猴子一生受不得人气，他见三藏只管絮絮叨叨，按不住心头火发道'你既是这等，说我做不得和尚，上不得西天，不必恁般绪聒恶我，我回去便了'"！但是后面三打白骨精，师父赶孙悟空走的时候，孙悟空还舍不得离开。

师：是的，之前受不得一点儿委屈，后面三打白骨精时却受了很多委屈。这位同学用了一句话——还舍不得离开，之前唐僧骂了他，他马上就离开了。后面唐僧赶他走，他还不走，这就是很好的变化。

从这个短短的环节展示中，我们可以看到徐杰老师引导和评价的功力。一个"之前……，之后……"的句式提示让学生自觉就有了前后比较的意识，把"变化"二字落到实处。我们从学生的回答中可以十分具体真切地感受到这一点。徐杰老师对学生回答的评价有补充，有提升，更是值得那些面对学生回答只是廉价赞美或机械重复的老师思考。

这个环节的探讨给我的感觉就是繁花满枝、草长莺飞的盛放和生机。学生为什么会达到这样的程度？因为徐杰老师对三个问题的设置有一个最大的特点，就是"聚焦"：第一次聚焦到"矛盾"，第二次聚焦到"变化"，第三次聚焦到"激烈"。三次之间的关系也十分有意思，一次比一次更具体、更聚焦。所以，学生的思维就这样在一步步走向纵深的同时又走向了开阔。老师就如一个高明的指挥，小棍子挥一挥，所有的乐手就忙活起来了，而他自己，如此举重若轻，从容自得。

后面还有一个关注细节的环节，是唐僧驱逐悟空的片段。

徐杰老师先让学生演读，然后让学生评价读得好在哪里，最后得出读得好是因为读出了唐僧的无情和悟空的有义。此时老师抓住"有义"一词，问：悟空为什么让唐僧受他这一拜，这里面包含了哪些情感呢？这个环节的引导也是十分精彩，欲知详情，自己去看。

课堂上，老师从容、悠然的课堂风度给予学生的是耐心与信赖，而学生的思维如同一壶水，渐渐沸腾起来：一个个水花冒出来，互相碰撞着，又生成了新的水花。这就叫作点燃吧！

但我更想说，徐杰老师更像一个从容的摆渡者。撑竿，徐行，向文本更深处漫溯，于是，星光灿烂。

就像那个美丽的故事。你，牵一只蜗牛去散步吧。

就像肖培东老师对急于举手的学生说：不要急，慢慢读。

是的，慢慢读，让灵魂跟上。

当课堂不是为了急于得到答案，当课堂有了读书思考的从容，美好就降临了。

我想到的第二句话是：节制的美好。

首先，是语言的节制。

海明威说：人用两年时间学会说话，却要用一辈子学会闭嘴。老师是靠嘴巴工作的，所以最爱说，尤其是在课堂上，唯恐说少了学生和听课者不明白。（反思：自己是否也常常有这种强势的"愚昧"？）

我看过徐杰老师的一篇文章，说的是他如何锤炼课堂用语。徐杰老师的课堂用语十分节制，这种节制让人反思：我们的课堂用语是否只是简单重复学生的回答？是否只是干巴巴地肯定或否定学生的回答？是否只会絮絮叨叨反复询问问题的答案？……有无提炼、牵引、生发、过渡、总结？能否不该说的绝不说，该说的也少说？

我最欣赏的，是他少有评价性、结论性的语言——我最怕那种真理式、权威式的判断。当一个人觉得自己宛若真理和权威的时候，丰富、美好就远远逃遁了，因为它们不敢亦不屑与贫乏浅陋为伍。

我们来看几个徐杰老师的课堂评价，感受"商量""开放"的魅力。

师：我觉得第一次白骨精变成一个漂亮女子，用"迷"字还可以，但第三次变成一个老头子，还能用"迷"字吗？当然，如果是表达"迷惑"的意思，也还可以。还有吗？

师：你的话我听明白了。你们跟我"对着干"，是因为你们是站在白骨精的角度看问题的，带着几分戏耍、戏弄的意思。徐老师是站在悟空的角度看待这个事情的。那站在悟空的角度，不是"戏"，是什么呢？

师：这个有没有道理？说有道理的人举手。错了，为什么？唐僧如果知道对面是白骨精，他会护吗？唐僧护的是漂亮的女子，护的是老奶奶和老爷爷，所以你不能说他很"护"白骨精，因为唐僧不知道真相。他要是知道是白骨精，他也不会护，他只会说一句话：徒儿，打死妖精。

师：有点儿意思了，三信，三次都很相信。但还是一句话，唐僧信的对象是女子、老奶奶、老爷爷，不是白骨精，知道这个意思吧？

师：被动的意思，"被惑"两个字不能用。好，我们先缓一缓，如果我们把宾语改成孙悟空呢？

师：第一次悟空就被赶走了吗？并没有。徐老师觉得可以选一个比"怨"浅一点儿的词——"责"。如果前面是"唐僧三责美猴王"，请问后半句写什么？（相机板书）"悟空□□唐三藏"，中间填动词，悟空怎么样呢？咱们别着急，我把这两段最高潮部分的文字给大家，请你们自由地读一读。

……

其次，是内容的节制。

中国画或者说中国艺术中最迷人的一块是留白，课堂亦应如是。

一堂课可以做多少？很少。人类的智慧之一是选择。

《西游记》中可讲之处还有那么多，徐杰老师做的是牵引学生走上了一条路，推开了那扇看风景的窗，埋下了一颗颗好奇探究的种子，比如悟空的人性等。

戛然而止，是结束语，亦是学生真正读书的开端语。

真好。水煮沸了，香茗袅袅上升。

6.《西游记》导读实录3

背景：2018年3月，杭州富阳区永兴学校名著阅读专题研讨活动，执
　　　教示范课。

班级：富阳区永兴学校初一（2）班。

课型：推进式导读。

师：上课！同学们好！

生：老师好！

师：请坐。今天我们要学习的是《西游记》第三十一回到第五十回。（板书：《西游记》第三十一回到第五十回导读）请把书打开，翻到目录部分，把这二十回的目录自由地读一读，回顾主要内容。

（生自由阅读，时间两分钟。）

师：现在把书合上，我们一起来回顾一下：在第三十一回到第五十回中，唐僧师徒遭遇了哪些妖怪？降妖的经过和结果是怎样的？

生：我印象最深刻的是孙悟空和国师在车迟国斗法。孙悟空先跟他们比坐禅，然后求雨，再是下油锅，最后隔着柜子猜人。孙悟空运用自己的智慧把三个国师都打败了，让他们现出原形，最后拯救了车迟国国君。

师：大体是正确的。三个国师分别叫什么？

生：羊力大仙、虎力大仙、鹿力大仙。

师：按顺序说。

生：虎力大仙、鹿力大仙、羊力大仙。（师板书：虎力、鹿力、羊力）

师：经过比试、斗法，最后这三个大仙都被——

生：打败了！

师：被打败了，被斗死了，被杀死了，都可以。除了在车迟国遇到妖怪外，还有吗？

生：还遇到了金角大王和银角大王。他们总共有五样宝贝，都被孙悟空智取夺得了，最后金角大王和银角大王被收为小童，回到了天界。

师：是被收为小童还是被收回天界？

生：收回天界。

师：他们本来是谁的小童？

生：他们是太白金星的小童，是私自逃下人间的。

师：逃下人间，成妖作恶。好，还有呢？

生：还有红孩儿，就是牛魔王和铁扇公主的儿子。

师：妖怪叫什么？

生：圣婴大王，也叫红孩儿。（师板书：圣婴大王，红孩儿）红孩儿先是变成一个孩子，将自己吊在树上，通过呼救让唐僧把他救下来，再使一阵狂风把唐僧掠走，然后孙悟空到他的洞前去讨人。然后红孩儿就出来吐出三昧真火，悟空比较怕火，他的火眼金睛都被烧红了，还掉到了河里。掉到河里后，悟空被沙僧救起，躺了一天，这才有些好转。后来悟空去请龙王下雨，可是这火是三昧真火，雨越下越大，火也越来越大。最后悟空实在没办法就去南海求观音菩萨，观音菩萨用镯子把红孩儿收为小童，让他成为善财童子。

师：他对情节的回忆比较详细。当然，如果"然后"这个口头禅不说就更好了。有同学能补充一下吗？观音菩萨是怎么收服红孩儿的？

生：观音把刀变成了莲台，自己假装逃走，红孩儿看到就很得意，坐到了莲台上。结果莲台现出本相，三十六把尖刀把红孩儿刺得哇哇乱叫。

师：补充得很好。最后我想问问大家，观音菩萨收了红孩儿以后，红孩儿反悔了，观音最终是用什么办法把他收服的？

生：金刚琢。

师：是金刚琢吗？

生：金箍咒。

师：同学们要注意，孙悟空头上的叫"紧箍咒"，红孩儿头上的叫"金箍咒"。唐僧师徒还遇到了什么妖怪？继续回忆。我再给大家两分钟时间读书。你可以读内容，可以读标题，也可以只读首段内容。

（生静静读书）

师：读《西游记》很容易读了后面忘了前面，怎么办呢？有的时候需要回去，再翻翻读过的内容。

师：现在把书合上。有补充的吗？

生：在乌鸡国，唐僧师徒睡在一个庙里。乌鸡国国王给唐僧托梦，说自己被一个妖怪杀死，那个妖怪冒充了自己，然后当了三年国王，太子和朝廷上下的人都不知道。唐僧把梦里的事情告诉了孙悟空，孙悟空就想出了一个计谋。第二天，太子要出来打猎（师提醒：说得简单些），孙悟空想出一个计谋救出了后花园里皇帝的尸体，给他吃下还魂丹。

师：说得很详细，但最关键的内容没说到。

生：（齐）妖怪！

师：对，他没说妖怪是谁。

生：忘记了。

师：（调侃）这么多芝麻都捡起来了，却把西瓜丢掉了。

生：我记得这妖怪是文殊菩萨的坐骑，是一只青毛狮。

师：对，是一只狮子精。（板书：狮子精）狮子精最后被文殊菩萨收回了。后排的同学，你有补充吗？

生：没有。

师：大家继续读书。

生：唐僧他们一行人在西海遇到了一个妖怪，他的名字我不会读。西海龙王妹妹的第九个儿子把唐僧抓走了，孙悟空就去西海找龙王要人。龙王就把太子叫过去向他要人。那个妖怪不交人，最后太子把他绑来了。

师：地点在哪里？

生：黑水河。

师：对，你如果真不认识这个字就说他是黑水河的妖怪。（板书：黑水河怪）这个妖怪的名字读什么？鼍（tuó）龙。还有补充吗？

生：有一个妖怪，他每年都要吃童男童女。

师：妖怪的名字叫什么？

生：通天河里的妖怪。

师：通天河吗？这是什么妖怪呢？

生：鲤鱼精。

师：金鱼精吧？

生：金鱼精把唐僧捉去了，后来是白龙马——

师：你说得还是有点儿乱，请先坐下。

生：他们西行来到一座高山上。那时候孙悟空被唐僧驱逐了。他们看到一个山洞，里面有个黄袍怪，他把唐僧抓走了。猪八戒和沙僧一起斗黄袍怪，黄袍怪法力很强，如果不是有 18 位罗汉帮忙，猪八戒他们肯定是敌不过的。后来败下阵后，猪八戒就去花果山用激将法叫回孙悟空。黄袍怪从宝象国抓了一个公主，这个公主看到唐僧之后给了唐僧一封信。后来她帮唐僧在黄袍怪那里说情，然后宝象国国王又派了很多军队去降伏黄袍怪，结局我有点儿忘了。

师：谁来把结局补充一下？

生：孙悟空和猪八戒他们去宝象国把唐僧救回来了，然后宝象国国王给了他们通关文牒，他们就走了。

师：那妖怪去哪里了？

生：妖怪被收走了。

师：被谁收走了？

生：被天庭收走了，他原本就是天上的奎木狼星。

师：对，黄袍怪原来就是天上的星宿，后来被天庭收回去了。还有什么妖怪？

生：我补充一下。刚才刘可佳说的金鱼精，原本是观音菩萨莲花池里的金鱼。他到通天河里当妖怪，先是让河面结冰。唐僧师徒走过的时候，他突然让冰面破碎，把唐僧抓走了。因为悟空在水里战斗力不强，于是求助南海观音。南海观音就带着善财童子和一个花篮把他收回了。

师：这条金鱼因为经常听菩萨讲经说法，也成了精，最后被收回了。好，我们现在看黑板。现在徐老师给大家三分钟时间，前后左右的同学聊一聊。大家会发现，在这些回目当中，写遇妖怪、打妖怪、收妖怪，有没有什么规律？比如，所有的妖怪都是冲着唐僧肉来的。这些妖怪为了吃唐僧肉，被杀，被收，被赶。同学们看一看，还有没有其他规律？前后左右聊一聊。

（生自由讨论）

师：好，时间到了。后排的女生来说。

生：唐僧被捉去之后，一般都是孙悟空去救，一般都是经过很多回合，救完了之后一般都……

师：你说的是，一般都要经过很多回合，救人很不容易。

生：一般都是要去求助观音菩萨。

师：好的，求助外力。（板书）很多时候，善于求助也是一种智慧。好，请你说。

生：每每妖怪出现的时候，在不经意间，唐僧就被捉去了。每每妖怪们要烹饪唐僧的时候，唐僧的徒弟就要来救他回去。妖怪和唐僧的徒弟们战斗时，孙悟空比较机灵，他往往趁妖怪都走了，再潜入其中把唐僧救出来。

师：从第三十一回到第五十回，包括后面很多回目中，这些妖怪都没有立刻吃掉唐僧。我读《西游记》时就一直觉得，这些妖怪真"傻"呀，捉到唐僧立刻把他吃掉不就行了吗？有时要洗一洗，有时要蒸一蒸，有时还要请别人来吃。这样一来，孙悟空就有救唐僧的机会了。这的确是一个规律。还有没有？

生：我觉得很多妖怪是有背景的，像圣婴大王、黄袍怪，有从天庭来的坐骑，有从龙王那边来的，都很有背景。

师：这也是规律。很多妖怪有背景。有人说，《西游记》中有背景的妖怪都被救走了，没有背景的妖怪都被打死了。《西游记》中没有背景的妖怪很少，我读下来，发现没有背景的妖怪，本事也不错，比如鹿力大仙、羊力大仙。前面的回目中也有一个没背景的妖怪，是谁？

生：白骨精。

师：是啊，她的水平也不低。这告诉我们，没有背景的人要更加努力。没错，大多数妖怪是有背景的，也都是很有本事的。他们不仅有本事，还可能有宝贝。给你印象最深的是哪个宝贝？

生：金刚琢、葫芦。

师：这些妖怪要么有本事，要么有宝贝，这样就增加了救人的难度。还有没有补充？请你说。

生：《西游记》中的妖怪基本都是佛祖有意设下的。

师：都是对师徒的考验，很好。我想问同学们，《西游记》取经团队能够成功，除了要感谢佛祖、菩萨、团队，还要感谢谁？

生：妖怪。

师：所以，我们有的时候要感谢对手。当年我们国家研究登月的时候，向美国要一些轨道的数据，美国人不肯给。我们就逼着自己去研究，花了十几年的时间。现在我们的嫦娥四号到了月球的背面，美国人却反过来问我们要数据了。

生：不给。

师：我认为应该给。因为我们要感谢对手。如果当年没有美国逼我们，我们会有今天吗？我们读《西游记》，能读到很多为人的道理。如果你们能更仔细地去读，还会发现很多规律。比如，妖精都出现在深山树林里或湍急的河流中。接下来我们来看，其中有一回的降妖，有别于其他几回。你觉得是哪一回？

生：我觉得是写虎力、鹿力、羊力那一回。

师：为什么？

生：因为其他的妖怪都是被收回的。

师：非常好。你来说。

生：我觉得是黑水河怪那一回。其他回中主要的降妖角色是悟空，这一回因为悟空水性差，主要是八戒和沙僧在降妖。

师：也有道理。还有吗？

生：我觉得是黄袍怪那一回。因为悟空被唐僧驱逐了，八戒用计谋把他从花果山请了回来。之前他对悟空其实是有一点儿小想法的，有嫉妒心的。

师：也有道理。这一回师徒之间出现了裂痕，当然最终他们还是走到了一起。

生：我觉得是红孩儿那一回。因为红孩儿这一回中，孙悟空败得特别惨。悟空打其他妖怪，都是打到一半快打死了，再请菩萨来帮忙。而打红孩儿，孙悟空一开始就打不过，被三昧真火烧得不知道该怎么办，请了一系列救兵还是没有打过红孩儿。这很特殊。

师：好的。悟空平时是不怎么吃亏的，这次吃了很多亏，也有道理。还有吗？

生：红孩儿这一回是有点儿特别的。孙悟空和红孩儿家有点儿关系，红孩儿的父亲是牛魔王，孙悟空和牛魔王曾结拜为兄弟，其他妖怪和孙悟空没有这样的关系。悟空和红孩儿母亲为了借扇子一事也发生了一些事，所以和红孩儿一家特别有渊源。

师：我听明白你的意思了，其他的妖怪被打死或被收走，悟空都不会和他们有其他的纠葛。但是《西游记》前面有交代，悟空与红孩儿父亲牛魔王结拜，在后面还有其他纠葛和交集——三借芭蕉扇。还有吗？

生：我觉得是三位大仙。因为其他妖怪都是奔着唐僧肉去的，这三位大仙不是奔着唐僧肉去的。

师：刚才我说妖怪都是奔着唐僧肉去的，看来我要在前面加个"大多数"了。大多数妖怪是奔着唐僧肉去的，这三个妖怪却不是。那这三个妖怪怎么会和唐僧产生那么多矛盾呢？

生：孙悟空、猪八戒、沙僧在他们的院子里给他们撒尿喝，就此结下了仇。

师：他说到了一点，在三清观里面，悟空、猪八戒、沙僧戏弄了这三个人，和他们结下了梁子。那悟空为什么要戏弄他们呢？是因为他们驱逐了僧人。他们代表哪一派？

生：（齐）道教。

师：孙悟空他们代表的是哪一派？

生：（齐）佛教。

师：是宗教信仰不同产生的纠葛。咱们班同学都很有眼光啊，发现了这么多的不同。大家想想，如果九九八十一难都是一样的，《西游记》还能看吗？肯定没意思了。就是因为每一回都有与其他回不同的地方，这样的故事读下来才有意思。接下来我们一起来看看，虎力、鹿力、羊力这三位大仙与孙悟空的交集出现在哪几回。打开书本。

生：第四十五回到第四十六回。

师：在写车迟国斗法之前，作者花了整整一个章节来交代悟空和三个妖怪之间的——

生：渊源。

师：不能叫"渊源"，应该是"过节"，也就是"前戏"。前戏我们就不看了，真正的斗法在第几回？

生：第四十六回。

师：用五分钟的时间，快速浏览第四十六回，思考一个问题：在斗法过程中，该回与其他回中收妖的过程最不同的情节是什么？好，开始。来，你说。

生：我觉得有两个情节。第一个是坐禅，虽然有妖怪的骚扰，但是孙悟空帮唐僧摆平了；第二个是隔板猜物，孙悟空把隔板里面的东西告诉了唐僧，虽然是在作弊，但是我觉得这个情节主要讲了唐僧师徒之间的信任。因为唐僧信任悟空，所以悟空和他说实话。

师：几乎所有的斗法中，唐僧都是被保护的，只有这一回中唐僧居然成了主力，这是非常重要的一点。还有一点，其他回合在打斗上面写得很多，重在写"勇"，而这个回合与妖怪斗法着重写"智"。整个过程写到了"勇"，但是以写"智"为主。还有吗？

生：以往的打斗都是顺理成章的，孙悟空和他们打斗，打斗完就结束了。这一场打斗还是很有意思的，前面有撒尿的事情，后面拼智慧，像在斗中玩，玩中斗一样。

师：说得真好。我特别喜欢这个表述——"斗中玩，玩中斗"。在其他回合里，场面惊心动魄，有的时候千钧一发，唐僧都已经被放到了蒸笼里面。但这一回合，有轻松的、好玩的、幽默的味道。来，请你来说。

生：这一回合是一场没有硝烟的战斗，一切都在孙悟空的掌控之中。如果不是十拿九稳，他肯定不会冒这么大的险让唐僧参加，而且让唐僧参加还能分散妖怪的注意力，妖怪不知道唐僧也是有一定本事的。在"斗中玩，玩中斗"，也可以看出孙悟空的本事很大。

师：他把前面同学讲的进行了补充。在这一回中，唐僧和妖怪的斗法进行了几个回合？求雨是一个，坐禅是一个，猜东西是一个，砍头是一个，剖腹是一个，还有一个是下油锅，一共六个。所以，这一回的过程写得非常丰富。《西游记》中没有哪一回是写了六个回合的，一般写三个回合就不错了。哪些故事写了三个回合？

生：（齐）三打白骨精，三借芭蕉扇。

师：写六个回合的，绝无仅有，整本书中其他地方也没有。这六个回合，有没有重复？

生：没有。

师：没有重复，这才是本事。我在这里要加个省略号，留给大家回去再读。同学们，我们读《西游记》，既要读出其中的"同"，又要读出其中的"异"。同中求异，异中求同，是我们阅读和理解《西游记》故事、手法、人物等的一般方法。好，下课！

○ 评　课

我应该向徐杰老师学什么？
——徐杰老师执教《西游记》导读实录 3 评点

清华大学附属中学　王　君

徐杰老师是我的好朋友，私下里，他叫我君妹妹，我叫他徐杰兄。我们都被人称为"名师"，但是我们的教学风格完全不同。

不同，就对了。如果每个人的风格都相同，那语文的世界，就太寂寞、太无聊了。

所以，我经常思考的一个问题就是：为了让所谓"名师"更像一个名师，我应该向大家学习。那我应该向徐杰老师学习什么？如果要用一句话来概括，那应该是：学习他的"轻"与"亲"。

在这节《西游记》整本书阅读导读课中，对于这一点，我有了更深刻的认识。

一、"轻"

徐杰老师是"轻"的。虽然他是一个体形较大、略微发胖，有中年叔系风范的男人，但这并不影响他课堂教学的轻盈、轻快、轻松。我连续看了他的三节《西游记》导读课后，感觉他的课一节比一节"轻"。

之所以"轻"，是因为他是"节食主义者"。

徐杰老师上课，总是要得很少。他不贪婪，很节制，我甚至觉得有点儿"自虐"——他在刻意地追求"少即是多"。就像这节《西游记》导读课，他确定的能力目标其实就是一个思维训练——求同思维和求异思维训练。他抵达这个目标的路径也很简单，就是在各个"妖怪群里"反反复复地走几个来回。他的目标很朴素，也很纯粹。

按照我的理论体系来说，从学理上讲，这叫"聚焦"。这个词看起来简单，其实不那么容易做到。我们面对的每一个文本其实都是一个魔幻剧场，或者说，是一个迷宫，大部分人走进去，都会目眩神迷，甚至找不到方向。能确定合适的、有意义的目标，并且能够找到通道的人，都是智者。徐杰老师就是那种拥有极强文本目标感、能够轻松锁定目标，而且轻松死磕目标的人。

听说有人评论徐杰老师为"课狐"。我深以为然。狐者，诡也，滑也，变通者也，神秘感也。观徐杰老师的课，常常有这种感觉。

之所以"轻"，更因为他是"素食主义者"。

观徐杰老师的课和观我的课，老师们的直观感受肯定非常不一样。观我的课，老师们可能感觉是缤纷斑斓的，青春洋溢的；观徐杰老师的课，感觉则可能是一清如水的、清澈透明的。为什么？我的理解是：作为红尘中的一员，我贪恋"形与色"，所以我一定会把自己对红尘的痴爱都投射到我的课堂中。而徐杰老师偏爱朴素、简单，他借助这些便可抵达终点。我发现与徐杰老师类似的人，有共同之处，洒脱，自由，不受拘束，少有羁绊。所以，徐杰老师上课也好，培东老师上课也好，前辈余映潮老师上课也好，黄厚江老师上课也好，程翔老师上课也好，他们都有一个共同的特点——做"素食主义者"，以简单的食材，用最简单的方式，烹调出原汁原味的食物。

他们真的很厉害，三言两语，三招两式，就能架构课堂，推进思辨。他们的课，看似简单，做起来却很难。因为化繁为简，以简驭繁，永远需要功力。

徐杰老师的这节《西游记》导读课便是这样，看起来随意简单，初品似乎卑之无甚高论，细细咀嚼后，却能发现层层推进中的峰回路转，别有洞天。比如分析红孩儿一段和分析虎力、鹿力、羊力一段，层层剥笋，引领学生看到各种层面、各种角度的"妖怪之不一样"，体悟小说创作者的良苦用心，感受经典之中学生不经点拨就看不到的妙处，徐杰老师实在是做得很巧妙、无痕。

二、"亲"

现实生活中，在网络上，在文字中，徐杰老师是一个很丰富的人。他有时候像一个长不大的"愤青"，有时候又像循循善诱的温暖长者。

课堂中的徐杰，很"亲"学生。他总是节奏很缓，话语很少，惜墨如金，笑容敦厚，以徐徐道来的方式，以聊天的方式，以对话的方式，展开课堂教学。例如：

师：是宗教信仰不同产生的纠葛。咱们班同学都很有眼光啊，发现了这么多的不同。大家想想，如果九九八十一难都是一样的，《西游记》还能看吗？肯定没意思了。就是因为每一回都有与其他回不同的地方，这样的故事读下来才有意思。

你看，这就是"徐杰式"的语言。

我很喜欢他的课堂，因为他的课堂语言回归了生活，回归了常态。不管是鼓励的话、提点的话，还是点睛的话，他都说得很从容，很和气，一定是把深奥的变得接地气后，把华丽的变朴素后才说出来。所以，在他的课堂上，学生自然而然地不会紧绷，不会害怕，而会变得和他一样，慢慢拥有了珍贵的松弛感。这一点特别值得我学习。

我想：如果我学会了徐杰老师的"轻"与"亲"，那"青春语文"的品质，应该会更高。所以，我要向徐杰老师学习。

7.《海底两万里》导读实录 1

背景：2018 年 11 月，全国初中语文名师优课观摩活动，执教示范课。

班级：重庆市永川实验中学初一（10）班。

课型：推进式导读。

师:《海底两万里》这本书同学们都读过了吗?

生：读过了。

师：刚才上第一节课的同学，我叫他们不要读，结果他们读过了，课就不好上；咱们这节课，我叫你们读，如果你们没读过，这课也不好上。（生笑）

师：大家读了多长时间?

（有的学生说两天，有的说三天。）

师：你两天就读完了?

生：嗯。

师：太厉害了！你把一个礼拜吃的东西两天就吃完了，要吃撑的。你读了几天?

生：也是两天 。

生：一周。

师：你们是在接到要上课的任务后突击读书的，是吧?

生：嗯。

师：哎呀，你们这样突击读书，不知道读得怎么样。我要检查一下你们的读书情况。你们不翻书啊。来，拿出我们的笔记本或草稿纸，写一组句式整齐的排比句。

屏幕显示：

试着写一组排比句：

凡尔纳笔下的海底世界多美啊！这里有……，有……，有……

（生写作，师板书：《海底两万里》导读。）

师：再写一分钟。好了，没有写完的同学也不要写了。听听其他同学怎么说，好吗？谁先来？他第一个写好了，来读一读吧！

生：凡尔纳笔下的海底世界多美啊！这里有形形色色的红珊瑚，有晶莹的珍珠，还有凶猛的抹香鲸。

师：凶猛的抹香鲸美吗？（众生笑）请坐吧！第三个要改一改。

生：这里有神秘……（师手指屏幕示意，生改口。）凡尔纳笔下的海底世界多美啊！这里有神秘莫测的海底世界，有姹紫嫣红的珊瑚丛林，有碳化后的森林和海底城市。

师：有什么补充吗？

生：凡尔纳笔下的海底世界多美啊！这里有闪耀着金光的珍珠，有一片奇妙又少见的海底森林，有遍地生长着生动花朵的珊瑚。

师：请坐。咱们通过这样的排比句把海底美的东西都呈现出来了。哪位同学还有补充？请你来。

生：凡尔纳笔下的海底世界多美啊！这里有数不胜数的漂亮鱼儿，有美丽的珊瑚，有成群结队的海马。

师：他补充了鱼。刚才同学们没说到鱼。是的，海底有各种各样的鱼，美丽的鱼。

生：凡尔纳笔下的海底世界多美啊！这里有颗颗饱满的珍珠，有藏有宝藏的沉船，有一望无际的红海。

师："一望无际的红海"是在海底世界吗？第三个要改一改。当然，这位女生又补充了"海底的宝藏"，价值连城的海底宝藏。我觉得同学们不容易，读了两天的书，就关注到了海底的这些美丽的东西。我再考考你们，一起来做三个填空题目。不看书回答，谁先来？

屏幕显示：

海底两万里行程路线：日本海→（　　　　　）→大洋洲→印度洋→红海→（　　　　　）→地中海→直布罗陀海峡→非洲海岸→（　　　　　）→拉美海岸→北海→挪威西海洋大漩涡。

师：同学们学过地理吗？徐老师来考考你们。要不要我提示一下？（屏幕显示地图）

师：（指导学生读地图）你们先看这个地图：日本海下来是到哪里？这是什么位置？

生：太平洋。

师：对了。（手指移动）这里是澳大利亚。从红海到地中海，怎么过去？

生：印度洋。

师：印度洋在这儿，这个地方。从红海到地中海，究竟怎么过去的？

生：阿拉伯隧道。

师：对！你们读书太厉害了！是阿拉伯隧道。说对的那个同学是高手。（手指移动）这个地方又是哪里？

生：南极。

师：对！你们地理学得不错，书也读得不错，是南极。大家把行程路线读一读。

生：（齐读）海底两万里行程路线：日本海→（太平洋）→大洋洲→印度洋→红海→（阿拉伯隧道）→地中海→直布罗陀海峡→非洲海岸→（南极）→拉美海岸→北海→挪威西海洋大漩涡。

师：如果没有大漩涡，接下来有可能去哪里？

生：北极。

师：北极，或叫北冰洋。如果去了北冰洋，那么世界上的四大洋他们都——

师、生：去过了。

师：所以小说的名字叫《海底两万里》。不幸的是，他们遇到了大漩涡，故事戛然而止。同学们书读得不错。接下来大家看，这部小说的作者叫什么？

生：凡尔纳。

师：对，叫凡尔纳。（屏幕显示两幅图）注意啊，这两幅图都是凡尔纳，一幅是——

师、生：年轻时。

师：一幅是——

生：年迈的。

师：也不叫"年迈"吧，也就是中年大叔，像徐老师这么大吧。（生笑）你喜欢哪个时期的凡尔纳？

生：青年时期。

师：喜欢帅的是吧？你喜欢什么时候的凡尔纳？

生：我也喜欢青年时期的。

师：都喜欢帅的啊，请坐。那你们猜猜看，凡尔纳写《海底两万里》的时候，是青年时期还是中年时期？

生：（齐）中年。

师：为什么？

生：猜的。

师：你说猜的我就没办法了。那你猜的理由是什么？

生：我想他中年的时候比青年时候阅历要丰富一些，所以才能写出这么美妙的小说。

师：对！他这猜的就有道理了。中年时候，人的阅历要丰富一些。十年前徐老师要面对这么多老师上课，手都要抖，现在我的手不抖了，因为阅历更丰富了。凡尔纳为了写这部书，花了十多年的时间进行准备，读了大量的书，有时候在大英博物馆一坐就是几个星期。我们读完这本书就会发现，凡尔纳真的很厉害。某一种珊瑚，他一写就是两三页纸，你们有没有注意到？某一种鱼，有多少类、多少种，又写了好几页。这就是积累。所以，这部小说是他中年时期写的。凡尔纳也因为《海底两万里》这本书，被称为"现代科幻小说之父"。请同学们把这几个字写在书上，就写在作者名字的旁边。这是我们给他的最高赞誉。

师：凡尔纳科幻小说的特点，有人进行了归纳："有惊人的想象力与预见性。"

屏幕显示：

> 凡尔纳科幻小说的特点：有惊人的想象力与预见性。

师：你读书的时候感受到这个特点了吗？哦，你举手了，来说一说。

生："惊人的想象力"就是超过其他人，比别人更……（卡住），就是想象力特别丰富。

师：我不是让你从字面上来解释，请坐。你能不能结合自己读的书来阐释他小说的这个特点？

生：他带"我"去看那个大珍珠，大珍珠有大椰子那么大。

师：有大椰子那么大的珍珠，想象力确实够丰富。关注到了细节，不错啊。还有什么？

生：书中运用了夸张手法来写海底深处的景物，像一百米长的龙虾、两百吨的螃蟹等。

师：好，这个确实够有想象力的。你来说说看。

生：作者写作的年代还没有潜水艇。

师：凡尔纳写这部小说的时候，人们其实已经在进行潜水艇的研究了，只不过技术还不成熟。作者的想象具有超前的预见性。

生：还有电。他写船上的东西都是要用电的。

师：对了，那时还没有电。好，请你来回答。

生："鹦鹉螺号"的贝壳，当时还没有人发现过。

师：那个贝壳是向反方向旋转的，大家有印象吗？所以那艘船叫"鹦鹉螺号"。电在当时的确是没有，是人类后来才发明出来的。潜水服在文中有没有写到？其实，当时也没有潜水服。还有什么东西是作者想象出来的？

生：他船上的各种生活用品，全部都是他想象出来的。因为小说写的是他船上所有的生活用品都是从海洋中获取的。

师：是的，他穿的衣服的布料，是用某些贝类动物的足丝织成的。

生：凡尔纳在小说里写到人们还可以在海底穿上潜水服钓鱼。

师：那不叫钓鱼。他们在海底是不是用到了枪？

生：打猎。

师："打猎"，是吧？我告诉大家，美国有一个机构，专门把全世界的科幻作品拿来进行研究，以求在这些作品中寻找创新的灵感。可以说，凡尔纳为我们人类后来的科技发展作出了巨大的贡献，所以我们说他的小说"有惊人的想象力"，能预见未来科技发展的趋势。

师：他的小说的第二个特点叫——

屏幕显示：

> 惊险离奇的情节。

师：你们能回忆一个惊险离奇的情节说给我听听吗？好，你先说。

生：潜水艇捕杀抹香鲸。

师：捕杀抹香鲸，还有与鲨鱼的搏斗。

生：还有与章鱼的搏斗。

师：好的，与章鱼的搏斗也很惊险。

生：他们被野蛮人围攻。

生：（小声）土著人。

师：把"野蛮人"改为"土著人"比较好。当然，土著人也是很野蛮的。好的，被土著人围攻很惊险。

生：他们出海时，凡尔纳和他的朋友一起掉下了海，不知不觉中遇见了他们眼中的大怪物。

师：我要提醒你的是，是凡尔纳还是阿龙纳斯？

生：（众）阿龙纳斯。

师：对呀！要注意这部作品的体裁是小说。（板书）所以这里的"我"不是凡尔纳，"我"的名字叫阿龙纳斯。

生：潜水艇搁浅被冻住了。

师："潜水艇搁浅"。前面的同学说到了，在南极，潜水艇搁浅后被土著人围攻，整个冰山把潜水艇都冻住了，我们把这个情节称为"冰山突围"。

生：尼摩艇长送给一个潜水人几百根金条。

师：他资助可怜的人，是吧？

生：他们被巨大的鲸鱼追赶。

师：对，这个情节我想起来了。他们被巨大的鲸鱼追赶，结果把鲸鱼给按下去了，让它浮在那儿没动，是吧？好，他们遇到这些非常离奇惊险的事情之后，最后都能脱险。我现在想问大家，他们是凭什么脱险的呢？是不是尼摩艇长往那儿一站，肚脐上一颗红宝石就亮了，他手一抬，无穷的力量一下子就出现了？电视上有这样场景的，那是谁呀？

生：奥特曼，超人。

师：尼摩艇长不是什么超人。这就告诉我们，科幻小说跟玄幻小说是不一样的。玄幻小说里面的超人，能量不知道是从哪儿来的。而科幻小说有一个很重要的特点——用科学的方法解决问题。我给大家三分钟时间，你们翻翻书，找一找哪个地方写到了他们是用科学的方法来解决问题的。（板书：想象，科学）

师：找到的同学可以折一下书角，这是读书的一种小技巧。

生："您可以很快地计算出'鹦鹉螺号'的表面积和体积。它的表面积是1011.45 平方米，体积是 1500.2 立方米。换句话说，当潜艇潜入水中时，它的排水量或者重量是 1500 立方或 1500 吨。"

师：我要补充一下，算出这些数据不是主要的。他根据氧气的消耗量算出潜水艇上有多少人，你们还记得吗？这才是科学的方法。大家继续看。

生：43 页，他们俩被"鹦鹉螺号"撞下水的时候，手臂交叉，轮流划水，为他们在海上漂这么多小时做了科学的解释。

师：好的，有道理，这是自救的科学技巧。

生：他们在被土著人追的时候，因为潜水艇搁浅了，尼摩艇长看见土著人来了就把电通到潜水艇的外壳上，然后赶走了土著人。

师：对，用电击退土著人，既没有伤到他们的性命，又保护了自己。这里的"电"就是我们后来发明的电网，这是科学的方法。

生：吃水线呈 45° 的侧翼沿着一根充分延长的对角线到海里。

师：45° 对角线是最快的，是吧？

生：测出冰山的高度。

师：对了，他们通过数学的方法计算出了冰山在海水以下的高度。我想问一下同学们，在南极脱险的情节中，有很多问题是通过科学方法来解决的，你们有没有印象？

生：用沸水。333 页，温度表上显示窗外的水温是 −7℃，尼摩艇长来到厨房，在厨房用蒸馏器把冷水变成了沸水，沸水不停地注入海水，向海水释放热能，使海水的温度不停地升高。沸水被送到水泵，冷水又取而代之。

师：好，你看，在冰山上，如果不立即制造出"热水"，那么潜水艇瞬间就会被冻住，就没办法脱险了。用热水融化冰，这是用了物理学上的科学方法。还有很多科学方法，比如在后面的情节中，他们不是往上面挖冰层，而是一直往下面挖，从而计算出了冰层最薄的部分。大家有印象吗？所以我们要记住，在科幻小说中，科学性是很重要的。你可以充分发挥想象，可以有奇思异想，但是不能瞎想，很多地方要用科学的方法来解决问题。

师：凡尔纳科幻小说的第三个特点，叫"英雄主义情怀"。

屏幕显示：

英雄主义情怀。

师：这部小说塑造了哪一个英雄形象？

生：尼摩艇长。

师：我想请大家准备一下，用若干个四字短语或两字短语，概括一下你读到了一个怎样的尼摩艇长。准备两分钟，尽可能全面地概括尼摩艇长的人物特点。

师：（补充）可以翻书，可以动笔，"不动笔墨不读书"。

生：我觉得尼摩艇长的特点是善良勇敢、同情弱者、冷酷无情、沉着冷静。

生：还带有一点儿专横，但同时聪明机智，懂得利用身边的资源。

师：（边板书边说）"聪明"和"机智"选一个，选"机智"吧。

生：我觉得尼摩艇长重情重义。

生：我认为尼摩艇长是一个知识渊博、热爱探险的人。

生：他支持正义，热爱和平。

师："正义"我是同意的，他热爱和平吗？这一点我有疑问。他杀了那么多人，怎么能叫"热爱和平"呢？

生：因为他远离陆地，喜爱海洋，海洋中非常和平。

师：他远离陆地是为了——

生：远离战争。

师：他看不起人类社会，想要在海洋上建立公正公平的乐土，那些战争啊，腐败啊，他没有办法改变，就躲开它。请坐。所以，说他"追求正义、公平公正"比较好。好，继续吧！

生：我觉得尼摩艇长是一位蔑视强权、镇定自若的人。

师：你是从哪里看出来他蔑视强权的？

生：从他不喜欢陆地上的社会。

师：其实"蔑视强权"在本书中有两个表现：第一个表现是，人类社会中强大的国家机器，包括军舰、军队，在不在他的眼里？

生：不在。

师：他直接就撞沉了军舰。第二个表现是，看到海底的"弱肉强食"现象，他帮谁？

生：弱者。

师：他帮助弱者，是吧？我们应该从这两个角度去认识尼摩艇长的"蔑视强权"。谢谢你！

生：他知识渊博、爱好探险、善于思考。

师：哦，"爱好探险"，具有探险精神。"知识渊博"，前面已说过了。

生：我认为尼摩艇长是一个慷慨大方的人。

师：从哪里看出他慷慨大方？

生：他把海底的那些宝藏送给了贫困的人。

师：哦，"慷慨大方"，好的。

生：我认为尼摩艇长是一个爱国、浪漫的人。

师："爱国"你是从哪里看出来的？尼摩艇长是哪个国家的人啊？

生：（众）不知道，国籍不详。

师：不知道吧？对，国籍不详，那他怎么爱国呢？他爱哪一个国呢？

生：他是一个孤独的人。

师："孤独的人"，倒是有点儿意思。你从哪里看出了他的"孤独"？

生：没亲人。

师：这点我承认，专横而孤独。专横的人，独裁的人，往往都很孤独。

生：尼摩艇长是一个热爱大海、坚忍、无私的人。

师：好，"坚忍"。"无私"刚才已说过了。

生：反对压迫。

师：（边板书边说）现在徐老师知道你们对尼摩艇长的看法了。你们说的大多是他的优点，缺点好像不太多。有没有人发现他的缺点呀？请你来说。

生：我认为尼摩艇长被仇恨蒙蔽了，霸道专制。（师板书）

生：他是一个暴躁的人。

师：注意一下，尼摩艇长并没有暴躁的表现，他只是专横，说一不二，不允许别人反对他。

生：他是个热爱复仇的人。（生笑）

师：他有复仇的心理，有复仇的行为，但不能说"热爱复仇"。

（生自由读板书上的总结：尼摩艇长是一个善良勇敢、同情弱者、冷酷无情、沉着冷静、公平公正、专横强制、知识渊博、机智、具有探险精神、重情重义、蔑视强权、镇定自若的人。）

师：我有一个问题问大家。我觉得（指板书），这两列的词义是矛盾的。矛盾的评价放在一个人身上妥不妥？

生：不妥……妥……不妥。

师：你这么犹豫呀？（生笑）

师：（问另一生）你比较有见地。你说说看，这完全对立的两种关系放在一个人身上，为什么妥呢？

生：我认为在不同的场景一个人有不同的性格，所以是妥的。

师：你的意思是因为这些特点表现在不同的场景中，但我问的是集中在一个人身上妥不妥？

生：集中在一个人身上……（思考状）

师：举个例子，我既说"你是善良的"，又说"你是冷酷的"，妥不妥？是这个人精神分裂了，还是凡尔纳精神分裂了？请坐。

生：我觉得这很正常，因为每一个人身上都有优点，也有缺点。如果凡尔纳把尼摩艇长写得全是优点，就没有这么生动具体了。

师：我觉得你前面说得很好，最后四个字没说好。（生笑）人是不可能十全十美的，如果凡尔纳把他写得十全十美了，这个人就显得怎么样了？

生：不真实了。

师：对！那个男生说得好啊！这个人就不真实了啊！真实的人是复杂的，真实的人有优点也有缺点，只是大家要看他身上的优点是不是——

生：多于缺点。

师：有一个成语叫"瑕不掩瑜"。意思就是，一块玉很好，即使是上面的小斑点也掩盖不了它的好。一个人是英雄，即使他有缺点也不影响他英雄的形象。比如，孙悟空是英雄人物，但他又是猴子，性格很暴躁。《水浒传》里的英雄人物，身上有没有缺点啊？

生：有。

师：所以有缺点的英雄是真实的英雄。同学们，除了开始一部分介绍尼摩艇长的长相、外貌、言行以外，后面有没有对尼摩艇长这个英雄人物具体生动的描写？比如，在某个事件中，尼摩艇长是怎样指挥若定的？

生：在《强制睡眠》那一章中，写尼摩艇长站在那里纹丝不动，一直凝视着前方，接着他放下望远镜，和船副交谈了十来句话。船副显得很激动，但他极力克制着自己。尼摩艇长自制力很强，保持着往日的冷静。从这里我感受到尼摩艇长和船副有了分歧，但船副还是听从尼摩艇长的意见。尼摩艇长很专横。

师：这里写船副的文字比写尼摩艇长的多。但是，表面上是在写船副，其实是在写谁？

生：尼摩艇长。

师：对，实际是在写尼摩艇长。但是作者没有直接写尼摩艇长说了什么，很多话被省略了。同学们有没有发现，作者是刻意把尼摩艇长（生小声：略写）略写了。所以我让你们去找对尼摩艇长生动细腻的描写，其实不容易找到，你们上徐老师的当了。那我就很奇怪了，在很多小说中，比如《西游记》中写"孙悟空三打白骨精"，作者写得可详细了，凡尔纳写尼摩艇长却不是这样。明明这是个英雄人物，明明是要刻画这个英雄人物的形象，作者为什么要略写，要把他藏起来呢？

生：这是侧面描写。

师：为什么要侧面描写呢？为什么不从正面写呢？小说写他的船员怎样受他的影响，写船副怎么去做事，但偏偏不写尼摩艇长怎么指挥，是什么原因？

生：我觉得应该是为了引发读者对尼摩艇长的思考。

师：可以把"思考"改为——

生：想象。

师："想象"也不行，可以改为"好奇"。

生：给尼摩艇长增添了神秘的色彩，更吸引读者去看后面的情节。（师板书：神秘色彩）

师：好！你说的"神秘色彩"四个字太好了！科幻小说，一定是有神秘色彩的。把尼摩艇长写得越含蓄，越隐藏，读者对他的身世、对他的所有秘密就越充满了好奇与探索的欲望。所以，我们以后读科幻小说，要关注三个方面：第一个是——（师生齐说）想象，第二个是——（师生齐说）科学，第三个是——（师生齐说）神秘色彩。

师：这就是我们现代科幻小说的共同特点。今天这节课我们就上到这儿。以后同学们读这本《海底两万里》，或者其他科幻小说的时候，会不会关注到这些特点呢？

生：会！

师：老师还要给大家推荐一部科幻小说——《三体》。

生：哦！

师：有人读过吗？这是咱们中国的一位科幻小说作家刘慈欣的作品，写得特别好，不亚于凡尔纳的《海底两万里》。大家可以读一读，去感受一下《三体》中奇特的想象、科学的方法、神秘的色彩。好，我们下课吧！

○ 评 课

"真教"，让活动"真实"发生
——徐杰老师执教《海底两万里》导读实录 1 评点

江阴市长山中学　刘洪兴

一场全国初中语文名师优课观摩盛宴，开在了长江上游的重庆。来自江尾海头的徐杰老师，带来了旖旎隽秀的芙蓉，以"真教"之理念，用"真教"之实践，开出了艳丽，焕发了芬芳，让学生活动"真实"地发生。

当前的语文教与学的课堂，仍然存在一些问题：一些教师不知道"谁在学"，他们不能以人为本，学生的主体意识淡薄，"蒙着眼睛上课"，出现了学困生的假性学习、中等生的浅表性学习、优等生的重复性学习的窘境；同样，也有不少教师不明白学生"为什么学"，他们抓不到知识本质，核心知识和关键能力不清晰，学生在课堂上学到的是"散""低""浅"的惰性知识，而不是利于迁移的活性知识；一些教师不清楚学生"怎样学"，有些课堂看似活了，但都是表层的，学生没有充分的空间和充分的活动，存在"学习错觉"和"学习陷阱"；个别教师不明白学生"学得怎么样"，学生是否达到了学习目标，教师在课堂教学中缺乏有效的评价，没有引领学生对自己的学习进行反思。

《海底两万里》作为法国作家凡尔纳的科幻小说，是七年级下学期学生的必读书目之一，它主要讲述法国生物学家阿龙纳斯教授跟随"鹦鹉螺号"在深海旅行的故事。全书情节曲折，悬念迭出，想象丰富。毫无疑问，这是一部雅俗共赏的文学作品。如何让学生对文学作品进行完整的、有思维的、有深度的阅读，始终是教师教学中的一个难点和痛点。江阴市教师发展中心语文教研员徐杰老师执教的这节名著导读课，其目标之明确，重点之突出，流程之科学，评价之多元，实效之讲究，给我们提供了高质量教学的典型范式，绘就了高质量名著导读的有效模本。

黄厚江老师在《语文的原点——本色语文的主张与实践》一书中指出："语文课最基本的特征是什么？是以语言为核心，以语文活动为主线，以提高学生的语文素养为目的。"巧妙设计语文活动，精心开展语文活动，是我们在教学中永恒不变的真理。"课堂活动，是最重要的教学元素。有丰富的课堂活动是评定一堂好课的关键指标。课堂活动，不是为了完成教材的学习任务，而是为了让学生在活动中长知识，增才干，有精神上的成长。"徐杰老师是这样说的，也是这样做的。他的这节名著导读课，也契合了黄厚江老师对语文课的活动内核的理解。

我们可以梳理一下他的教学活动。一是预习检查活动，列举海底世界的美，概括海底"旅游"线路；二是解读作者活动；三是探究凡尔纳小说特点活动——《海底两万里》有惊人的想象力与预见性、惊险离奇的情节、英雄主义情怀；四是归纳科幻小说的特点，关注三个方面——想象、科学和神秘色彩。

本节课，我们不难发现活动内容之丰富，活动形式之多变，活动效果之明显；其"真学"之热烈，让我们叹为观止，其"真学"之实在，让我们低眉颔首。可想而知，本节名著导读课的质量有多高，究其根源，不难发现，这乃是徐杰老师的"真教"使然。这节导读课充分展示了他"真教"的语文教学素养，主要表现在以下几方面。

一、"真思维"

"真思维"，不是碎片化思维，更不是表层化的思维，它必须搭建思维活动支架，由浅入深地把握知识的本质和深层意义，必须是"学得进""想得透""用得出"。教师要引导学生有根据地思维，有条理地思维，有深度地思维。《义务教育语文课程标准（2022年版）》在"课程目标"中提及核心素养的四大内涵之一"思维能力"中明确指出："思维能力是指学生在语文学习过程中的联想想象、分析比较、归纳判断等认知表现，主要包括直觉思维、形象思维、逻辑思维、辩证思维和创造思维。思维具有一定的敏捷性、灵活性、深刻性、独创性、批判性。有好奇心、求知欲，崇尚直知，勇于探索创新，养成积极思考的习惯。"而"总目标"第 7 条鲜明指出："乐于探索，勤于思考，初步掌握比较、分析、概括、推理等思维方法，辩证地思考问题，有理有据、负责任地表达自己的观点，养成实事求是、崇尚直知的态度。"可见，思维在语文学习中是多么重要。董旭午老师在《让语文回家》一书中指出："以前，我们都爱讲，语文教学的根本任务就是培养学生听说读写的能力。其实，还有一个很重要的能力不能忽视，就是思维能力，因为听说读写能力都要靠思维能力来支撑，其质量的高低是由思维的质量的高低来决定的。"徐杰老师在名著导读课中没有忽略思维能力，反而运用到多种思维方法，很好地开展了活动。

首先，形象思维。在预习活动的第二个环节，即做三个填空题："海底两万里行程路线：日本海→（　　　　　　）→大洋洲→印度洋→红海→（　　　　　　）→地中海→直布罗陀海峡→非洲海岸→（　　　　　　）→拉美海岸→北海→挪威西海洋大漩涡。"徐老师没有让学生死记硬背，而是借助地图，切实有效地指导学生开展读地图的活动。正是徐老师运用形象思维，才让学生更直观、更显现、更一目了然地把握"海底两万里"的路标，俨然是游记中采用移步换景的方式一般，而后的"太平洋""阿拉伯隧道""南极"三个填空的答案也就自然浮出水面了。

其次，逻辑思维。在"英雄主义情怀"这一部分，当徐老师提出"除了开始一部分介绍尼摩艇长的长相、外貌、言行以外，后面有没有对尼摩艇长这个英雄人物具体生动的描写"这一问题时，学生通过寻找，发现了在《强制睡眠》一章中，写船副的文字比写尼摩艇长的多这一现象，学生知道这是在进行侧面描写。徐老师马上积极让学生思考："为什么要侧面描写呢？为什么不从正面写呢？小说写他的船员怎样受他的影响，写船副怎么去做事，但偏偏不写尼摩艇长怎么指挥，是什么原因？"徐老师"真思维"的理念，不断激发学生深层动机，引发学生切身体验，提升学生高阶思维，催发学生深度理解，给予学生问题解决支架。正因如此，学生对文本的理解也就水到渠成："给尼摩艇长增添了神秘的色彩，更吸引读者去看后面的情节。"

再次，辩证思维。在讲尼摩艇长的英雄主义时，学生讲到了他的善良勇敢、同情弱者、冷酷无情、沉着冷静、公平公正、专横强制、知识渊博、机智、具有探险精神、重情重义、蔑视强权、镇定自若等，徐老师没有停留于此，而是马上让学生的思维转向："你们说的大多是他的优点，缺点好像不太多。有没有人发现他的缺点呀？"正是由于徐老师的思维转向，让学生辩证地看人物，学生回答问题的那条道路就打开了，为之后探究优缺点集于一身的主人公的"真实性"埋下了伏笔。

最后，对比思维。在"惊险离奇"的情节推进过程中，他用生动形象的肢体语言，演绎着奥特曼的动作，并将其和尼摩艇长进行对比，从而得出科幻小说和玄幻小说的不同，即科幻小说的一个重要特点是"用科学的方法解决问题"。这样的对比思维，让学生通过比较加深对科幻小说特点的理解。

在这节名著导读课中，我们能清晰地感受到徐老师的"那一只神奇的手"，在领着学生走进文本的深处，将学生活动开展得风生水起。

二、"真对接"

《义务教育语文课程标准（2022年版）》在"课程内容"之"跨学科学习"中指出："在综合运用多学科知识发现问题、分析问题、解决问题的过程中，提高语言文字运用能力。""要拓展学习资源，增强跨学科学习的综合性和开放性。""着重培养学生综合运用更多学科解决问题的能力。"可见学科融合与知识拓展的重要性。

第一，与学科深度对接。徐老师在这节名著导读课上，践行了跨学科学习的理念，用地理、数学和物理学科来解决名著导读问题，侧重于学科间的融合。比如，通过读地图这样的活动，让学生直观、形象地把握"海底两万里"的路标，这明显是跨地理学科学习。在与学生探讨科幻小说的科学特点时，借用其他学科的知识，如数学学科，根据氧气的消耗量算出潜水艇上有多少人，通过数学的方法计算出了冰山在海水以下的高度。如物理学科，因为潜水艇搁浅了，尼摩艇长看见土著人来了就把电通到潜水艇的外壳上，然后赶走了土著人；"尼摩艇长来到厨房，在厨房用蒸馏器把冷水变成了沸水，沸水不停地注入海水，向海水释放热能，使温度不停地升高。沸水被送到水泵，冷水又取而代之。"用热水融化冰，这是用了物理学上的科学方法。徐老师避免了语文学科的单一性，增加了其他学科知识的综合性，通过这样的对接、这样的融合来解决问题，理解文本。

第二，与故事巧妙对接。徐老师在讲"惊人的想象力与预见性"这一层次时，他延伸了一个事例："美国有一个机构，专门把全世界的科幻小说作品拿来进行研究，以求在这些作品中寻找创新的灵感。可以说，凡尔纳为我们人类后来的科技发展作出了巨大的贡献，所以我们说他的小说'有惊人的想象力'，能预见未来科技发展的趋势。"如此延伸，既增加了故事的趣味性，更加深了学生对科幻小说"惊人的想象力"的理解，可谓匠心独运，一箭双雕。而讲"英雄主义情怀"部分，他从成语"瑕不掩瑜"开始，延伸到了其他的英雄人物。如孙悟空是英雄人物，但他又是猴子，性格很暴躁；《水浒传》里的英雄人物，身上也有缺点。他们是有缺点的英雄，是真实的英雄。这样的延伸，更贴近学生的读书实际，更有可信度。徐老师无疑是一个延伸的高手，是"真延伸"。

第三，与文体的和谐对接。在导读课的结尾处，徐杰老师向同学们推荐了中国科幻小说《三体》："这是咱们中国的一位科幻小说作家刘慈欣的作品，写得特别好，不亚于凡尔纳的《海底两万里》。"尤为重要的是，他还对孩子们提出了要求，用"奇特的想象、科学的方法和神秘的色彩"去感受。这样的延伸拓展，不仅有利于孩子们巩固与印证本节课学到的知识，更有利于激发孩子们读课外书的兴趣。

三、"真评价"

《义务教育语文课程标准（2022年版）》在"课程内容"之"跨学科学习"的"教学提示"中指出："评价以鼓励为主，既充分肯定学生的发现和创造，又引导学生自我反思提升，不断提高跨学科学习的质量。"可见，一个评价，尤其是"真评价",是多么重要。对于学生的回答,为了活跃气氛,尤其是在大的公开课上,一些教师对此均是赞赏性评价,"好""非常好""不错"满天飞,但是徐杰老师的评价是"真评价"。他站在理性的立场之上,用感性的方式,对学生的回答进行科学、积极的评价。

第一,积极地鼓励。如在"就图寻路"环节,面对学生精彩的回应,他是这样评价的:"对!你们读书太厉害了!是阿拉伯隧道。说对的那个同学是高手。"徐老师如此溢美评价,让学生高度亢奋。因为该生能够通过地理知识理解文本,做到学科之间的互通,这怎么不令老师惊喜?这是一种增值评价,绝不是过度评价,更不是无序评价,因为这样的激励性评价会激发学生更大的兴趣。

第二,及时地修正。如学生回答"凡尔纳笔下的海底世界多美啊!这里有颗颗饱满的珍珠,有藏有宝藏的沉船,有一望无际的红海"。徐老师立马进行了修正式的评价:"'一望无际的红海'是在海底世界吗?第三个要改一改。"这里,徐老师没有拖泥带水,给予学生直接的否定评价。在解析"英雄主义情怀"这一环节时,当学生评价主人公是"一个暴躁的人"时,徐老师马上进行更正,并给出了理由:"注意一下,尼摩艇长并没有暴躁的表现,他只是专横,说一不二,不允许别人反对他。"当学生得出"他是个热爱复仇的人"时,面对学生的不当用词,他也立马进行了适切的评价:"他有复仇的心理,有复仇的行为,但不能说'热爱复仇'。"如此短平快的修正式评价,他看得准,看得深,摸得透,这体现了他对文本的深度理解,更体现了他对自己的深度自信。

第三,有效地提醒。有一学生在叙述"惊险离奇的情节"时,讲道:"他们出海时,凡尔纳和他的朋友一起掉下了海,不知不觉中遇见了他们眼中的大怪物。"徐老师先进行了有效的提醒:"我要提醒你的是,是凡尔纳还是阿龙纳斯?"学生马上醒悟过来。然后徐杰老师不忘点出评价的理由:"要注意这部作品的体裁是小说。所以这里的'我'不是凡尔纳，'我'的名字叫阿龙纳斯。"面对学生知识性的错误，徐老师友情提醒，进行有效的评价。再如，在"英雄主义情怀"中，一学生回答："我认为尼摩艇长是一个爱国、浪漫的人。"徐老师马上追问："'爱国'你是从哪里看出来的？尼摩艇长是哪个国家的人啊？"众生回答："不知道，国籍不详。"徐老师马上进行评价："不知道吧？对，国籍不详，那他怎么爱国呢？他爱哪一个国呢？"徐老师用两个反问句从根本上提醒了学生答案的错误所在。这种不唯学生的答案为标准答案的"真评价"，是难能可贵的，也是极为有效的。

我们不难发现，正是教者精彩妙绝的课堂评价，点燃了学生的思维火花，不断激发学生去思考、去挖掘。

四、"真问题"

在教学中，一些教师呈现出唐僧式的"碎片化提问"，还美其名曰"追问"，这是要不得的。我们应该倡导呈现纲举目张式的大问题，提出有延展性的主问题，拎出有挑战性的"真问题"，并利用这样的"真问题"来激发学生深层学习的动机，从而落实学生的能动性和创造性。

当徐杰老师要导读科幻小说"有惊人的想象力与预见性"的特点时，学生只是从字面上去解释"想象力"的概念，这时他适时地提出了一个问题："你能不能结合自己读的书来阐释他小说的这个特点？"这个问题引之有法，导之有方，一步步打开了学生的思路，拓展了学生的思维。于是从"大椰子那么大的珍珠"到"一百米长的龙虾、两百吨的螃蟹"，从"潜水艇"到"电"，从船上的"各种生活用品"到衣服的布料，学生在回答"真问题"时，对《海底两万里》的内容有了更深的理解。又如，在"惊险离奇的情节"导读时，徐杰老师抓住了"你们能回忆一个惊险离奇的情节说给我听听吗"这一主问题，首先是引导学生对惊险离奇的情节进行回顾，这是对故事内容的提炼与概括。接着，引导学生理解情节之所以惊险离奇，是因为他们是用科学的方法来解决的，也自然而然地引出了科幻小说"想象""科学"的特点，为后续从科学角度具体来解决一系列的惊险问题埋下了伏笔，这是对主问题的逐步推进。正是由于徐老师"真问题"的设置，学生的课堂活动才能够更好地展开。

其实，在徐老师执教的这节名著导读课中，还有很多"真"，如"真放""真收"等，我认为，唯有"真教"，才能让课堂的活动变得丰厚而有活力，有趣而又灵动。

在高质量的课堂中，教师要基于认知理论设计和组织完整的学习活动。高质量的学习不是否定、排斥教师的教，而是要求教师着眼"真学习""真活动"的发生，在恰当的时机，以恰当的方式参与学生的学。高质量的课堂，要让学生"可见"地学，要让教师的"真教"对学生"可见"。徐杰老师的这节高质量的名著导读课，之所以让活动"真实"发生，缘于他的"真教"。

芙蓉花开飘香日，

活动"真实"发生时。

问花哪得美如许？

为有"真教"使来之。

8.《小王子》导读实录

背景：2014 年 5 月，昆明市教科院名著导读专题活动，执教示范课。

班级：云南师范大学附属中学初一（3）班。

课型：推进式导读。

师：同学们准备好了吗?

生：准备好了。

师：那我们上课。

生：起立。

师：同学们好。

生：老师好。

师：请坐。《小王子》都读过了吧，好玩吗?

生：好玩。

师：说好玩的举手。好，请放下。有没有人觉得不好玩呢? 请举手。徐老师当时读这本书的时候，觉得一点儿都不好玩，但是我读着读着，慢慢地发现它很好玩。你们是不是也有这种感觉?

生：是的。

师：下面我们就一起来阅读这本书。咱们今天的活动，是三次"发现"。我想看看同学们是不是具有一双"发现"的眼睛。第一个是请大家来发现一些句子。我们可以在某个章节中选一句话作为这个章节的小标题。比如，徐老师在第二章找到了一个句子——"给我画只绵羊吧"。我想把它作为这一章的小标题，大家觉得好不好？

生：好。

师：好在哪里？

生：好在直接用一句话就概括了整个章节的内容。

师：不能概括，这句话概括不了。

生：能大概概括了。

师：你觉得呢？

生：我觉得他说得很好，挺正确的。

师：你觉得"很好，挺正确的"。"给我画只绵羊吧"这句话并不能概括这一章的内容，它是"我"和小王子初次见面时说的一句话，是故事的开始。接下来我想请同学们尝试着分别给第八章、第十章和第十三章找一个句子来作为小标题。请大家把笔拿在手里，发现哪一句话合适，就把它画下来。画好的同学，可以前后左右交流，看看有没有不同的意见。好，现在哪位同学愿意跟我们来分享一下。来，你先来。

生：第八章我选的是"你是多么美丽啊"。

师：好，他说"你是多么美丽啊"，可以不可以？有没有比它更合适的呢？这句话仅仅是对花儿表达了一种赞美，我觉得还不够好。

生：我选的是"奇异的花朵"。

师："奇异"比"美丽"要好一些。在第八章中，小王子对花朵还有什么评价？可以更直接一点儿。

生：哦，你真漂亮。

师：一个说"美丽"，一个说"漂亮"，请坐。好，后面的同学说说看。

生：既美丽又虚荣的花。

师：是原文吗？

生：是的。

师：在哪里？好的，请坐。她说的比前面的同学更具体了，"既美丽又虚荣"。当然，"虚荣"在这里不是贬义。下面是第十章，哪位同学愿意来分享一下？你来试试。

生：第十章我画的是"绝对的君主"。

师："绝对的君主"，有不同意见吗？

生：我画的是"所有的人都是臣民"。

师：好，我们现在来比较一下。一个说是"绝对的君主"，一个说是"所有的人都是臣民"。同意第一个的请举手，好，请放下。同意第二个的请举手。你为什么同意第二个？

生：因为它包括了世界万物，而第一个不能包括。

师：你同意哪一个？

生：我同意第二个，我的想法跟他一样。

师：好的，大家都同意第二个，我也同意。但我的理由跟大家有些不同，我觉得"所有的人都是臣民"比"绝对的君主"更感性、更形象，更能表现出君主那种膨胀的心理。大家觉得呢？好，下面是第十三章。你先来。

生：我给第十三章加的小标题是"严肃、认真的生意人"。

师："严肃、认真的生意人"，可以。但我觉得，这句话有点儿一板一眼，太正儿八经了。来，请你说。

生：我给第十三章加的标题是"忙得不可开交的实业家"。

师：有点儿意思。

生：我给第十三章加的标题是"拥有星星的商人"。

师：这个有意思。我想问问大家，你们同意哪一个？

生：我哪一个都不同意，我同意我自己的。因为，我有一个更有意思的，就是"乖乖，五亿一百六十二万七百三十一"。这句话它光说了一个数字，但是没写清是啥东西，所以让大家都很想知道答案。

师：而且这个数字大得恐怖，对不对？可以的。你是一个很自信的同学。

生：我也同意刚刚这位同学说的，因为在后面，大人们的很多表现就是纯粹用数字来表示的。

师：刚才那位同学说的要比你更突出了一点儿，他说这个数字引起了读者的阅读兴趣。那么，前面有一位同学说的"忙得不可开交的实业家"，你认为可以不可以呢？

生：可以。

师：对，是可以的，你说的也可以。所以，答案不是唯一的，关键是你选择的小标题要能引起大家读书的兴趣。好，咱们班同学读书都很不错。接下来，我们的发现会更有挑战性。在第一到第十三章中，有一些词语出现的频率较高，大家还能回忆起来吗？我给大家两分钟时间，你们去翻一翻。好，你关注到了哪个词出现的频率较高？

生：我关注到了"自言自语"。

师："自言自语"，出现了几次？

生：出现了三四次。

师：三四次不算多，还有比它更多的。

生：我找到的是"大人"，"大人"这个词在哪里都会出现。

师："大人"，好，其他同学有没有注意到"大人"？

生：有。

师：关注到"大人"的请举手。你们都关注到了，很好。大家猜猜"大人"这个词一共出现了多少次？我数了一下，有十次。除了"大人"之外，还有什么词语出现的频率也很高？

生："奇怪"。

师："奇怪"这个词的确反复出现了，但只出现了两三次。

生："绵羊"。

师："绵羊"是不是反复出现了？当然。"绵羊"是在"我"跟小王子交往的过程中反复出现的，它是两个人交往的纽带。

生："星球"。

师：大家有谁注意到"星球"了？注意到的举手。请放下。大家猜猜"星球"这个词出现了几次？六次。文章告诉我们，不同的人有不同的星球。我现在有个问题想问同学们，请大家准备抢答。第一个问题是，对小王子来讲，他的星球就是他的——

生：家。

师：大家几乎是异口同声。为什么说星球是他的家？

生：因为他一直生活在这个星球上。

师：一直生活在星球上，这个星球就是家了吗？还有什么解释能让我信服？

生：因为小王子住在他的星球上会很幸福、快乐，他每天能看到很多遍日落，觉得很开心。他和他的玫瑰花聊天也会很多，他做的一切事情，只要是在他的星球上面，他都会感到很快乐。

师：能享受到快乐和幸福的地方，就是家。好，那么对于商人来讲，这个星球是他的什么呢？

生：商铺。

师：是商铺吗？请你说说看。

生：是他交易的商品。

师：文章里有没有写他拿星球去交易呢？我们请最后这排没举手的同学来回答。

生：商人并没有把他的星球拿来交易，而是把除了他星球以外的星星当作了交易的物品。

师：他能够去交易吗？

生：不能。他以为自己拥有了这些星星，但其实他并没有真正拥有。

师：对了，这是关键。他没有资格拿它们去交易，因为星星只是他想象中能够占有的财富，对不对？对商人来讲，星星就是他的财富。第三个问题，对那个老国王来说，星星是什么？

生：都是他拥有的，都是他的臣民。

师：都是他的臣民。

生：星星都是被他统治的。

师：整个星球就是他的领地，他至高无上，但其实星球上就他一个人。所以，星球对于不同的人来说，是不同的东西。接下来我们来看看"大人"。请同学们把出现"大人"的一些章节、一些故事再读一读。你只要选一处来读，然后用一个修饰语来说一说，"我在这个故事里读到了一个（ ）的'大人'"。（生读书，师巡视。）咱们班有不少同学读书习惯非常好。他们一边看书，一边拿笔圈画，在某些章节里进行批注，把最合适的词语写在旁边。好，把我们的发现跟周围的同学来分享一下。愿意分享的请举手。

生：我找到的"大人"，是在第二章的第三节到第六节。这四节讽刺了一位土耳其天文学家的荒唐虚伪。

师：这里写的是不是荒唐虚伪的"大人"呢？

生：我找到的和她差不多，是以貌取人的"大人"。

师：一个说是"荒唐虚伪"，一个说是"以貌取人"。在这里，我认为用"以貌取人"应该更合适一点。好，继续。

生：我找到的是一个爱数字的"大人"。

师：在哪里找到的？

生：第四章第六节。

师：能不能再说详细一点呢？"爱数字"，是什么样的数字？

生：价钱的数字。

师：对，"价钱的"三个字不能丢掉。这个"大人"随便什么东西都一定要折算成钱，用数字表现，这又是一个怎样的"大人"呢？

生：数字。

师：不能说"数字"的"大人"。

生：唯利是图的"大人"。

师：你说得重了一点。来，你说说看。

生：我认为这是一个"贪婪"的大人。

师：好，"贪婪"。你有什么看法吗？

生：我认为这是一个虚荣的"大人"。

师：现在我们从这些词语中来选一些最合适的。好，请这位女同学来说。

生：他们说的有的对，有的不对。

师：你这是评价。"大人"前面的修饰语，我们刚才已经说出几个了。一个同学说的是"虚荣"，一个说的是"贪婪"，还有的说"以貌取人"。"大人们"到底是怎样的人呢？我来举个例子。徐老师说这本书很好，"大人们"会问这本书是多少钱买的。他们关注的不是这本书好不好看，而是这本书值多少钱。这能说他们是"贪婪""虚荣"的人吗？想一想，这到底是怎样的"大人"呢？

生：缺乏想象。

师："缺乏想象"，好。来，请你说一下。

生：不重视事物的本质。

师：这些"大人"过于重视一样东西的价值，而不重视它的本质、内涵。徐老师给你修改一下——物质的"大人"。继续，还有吗？好，请你来。

生：我从第十一章的"让我高兴啊，请你来钦佩我"这一句话，读到了一个狂妄自负的大人。

师："狂妄自负"，好。其他同学找到了吗？

生：找到了。

师：好，你来回答。

生：我认为这是一个童心泯灭的"大人"，因为"我"画蟒蛇在肚子里消化一头比它大很多倍的大象的时候，那些"大人"都认为那是一顶帽子，缺乏想象力。

师：好，请坐。请你来。

生：我认为这是一个古怪的"大人"。请大家看第十章："'嗯！嗯！'国王说，'我相信，在我的星球上有一只老耗子。我在夜里听见它的声音。你可以审判它，并每隔一段时间判它死刑，这样一来，它的生命就取决于你的判决。不过每次判刑后都要赦免它，要手下留情，因为只有这一只耗子而已。'"国王要他判决它，然后又要他赦免它，这样来回……

师：来回折腾。

生：嗯，很无聊。

师："很无聊"，是的，你们觉得无聊吗？

生：无聊。

师：无聊的"大人"。好，同学们的发现真有意思。请你来。

生：我从第十三章第三十七节的"那么它们就属于我，因为我是第一个想到这件事情的"这句话中看到了一个狂妄自负又贪婪自私的"大人"。

师：对，"贪婪自私"。徐老师走进你们的校园，发现这个校园很漂亮，然后我就想，这校园是我的。这就叫"贪婪自私"，对不对？还有吗？

生：我从第十二章的"'你为什么喝酒？'小王子问道。'这样能让我忘却。'酒鬼回答"中读到了一个不负责任的"大人"。

师：这是不是"不负责任"？是不是喜欢喝酒就不负责任了呢？我们来读一读这段话。你看，他怎么说的。"你为什么喝酒？""为了忘却。""忘却什么？""忘却羞愧。""为什么羞愧？""因为喝酒而羞愧。""既然这样那你就不要喝酒了，为什么你还要喝酒呢？""为了忘却。""为什么要忘却呢？""因为羞愧。""为什么羞愧？""因为喝酒。""那为什么还喝酒呢？""为了忘却。"这是一个循环往复的问题，这个问题有没有答案？

生：没有。

师：永远没有答案。作者为什么要拿一个没有答案的问题出来呢？

生：这样就写出了"大人"的荒唐。

师："荒唐"，可以的。还有更好的答案吗？

生：写出了"大人"的固执。

师："固执"，不是很恰当。

生：写出了"大人"的自相矛盾。

师：对，有一点意思了。他有没有自相矛盾？

生：有。

师：有。

生：写出了"大人"的奇怪。

师：你要把具体"奇怪"在哪里说出来。

生：我觉得是"麻木不仁"。

师："麻木不仁"，这个词我喜欢。

生：执迷不悟、不思悔改。

师："执迷不悟"还"不思悔改"，好。喝酒的人都这样。如果徐老师说，从今天晚上开始，我坚决戒酒，但是后来，你们看到我又喝酒了。这时候，我就只当自己没说过这句话。这说明"大人"的什么特点？对，麻木，他们总是找理由为自己开脱。这个循环往复没有答案的问题，就表现了"大人"的这种"麻木"，对不对？好，我们继续来发现，你读到了一个怎样的"大人"？

生：我读到了一个整天忙碌不停的"大人"。

师：在哪个章节？

生：第十三章第一节："这个实业家整天忙个不停，甚至当客人到来的时候，他都没有丢下手头的工作。"

师：他在忙什么呢？

生：数星星。

师：他忙着"数星星"，是真的忙碌吗？

生：瞎忙活。

师："瞎忙活"，这个词我很喜欢。一个"瞎忙活"的"大人"。同学们，你们的爸爸妈妈也很忙，但你觉得他们有时候也在瞎忙，是不是？因为他们老说在外面应酬，没时间回来陪你。"大人们"很多时候，都会装作很忙碌的样子。

师：同学们，今天我们在这本书中读出了"大人"这么多的特点。所以，你觉得这本书是写给谁看的？

生：大人。

师：写给"大人"看的。对，这是一本写给"大人"看的书。那徐老师很奇怪，既然是写给"大人"看的，干吗要你们来读呢？

生：让我们来批评"大人"做得不对的地方。

师：你的意思是，你们看了这本书，就可以提醒"大人"不要做这些无聊的事情了，对吗？

生：也是为了提醒我们长大之后，不要变得和书中的"大人"一样。

师：这位同学说得更好。你们在长大的过程中，千万不要忘记自己曾经也是孩子。你们可不要长成这样的"大人"，你们应该长成怎样的"大人"？

生：我们应该长成……

师：你不知道要长成什么样的"大人"，那就暂时不要长大。请坐。

生：注意事物的本质，不看重物质的"大人"。

师：好，他将来要成为看本质而不看表象的"大人"。

生：要长成一个乐于助人的"大人"。

师：你从书中哪里看出来"大人"不乐于助人了？

生：要长成一个有童心的"大人"。

师：对了，对什么事情都要保持一颗童心，有足够的兴趣，有一颗单纯的心。

生：我们要做负责任的人，而且要做有意义的事情。

师：对，要做有意义的事情。这就是我们从这本书中得到的教益和启示。同学们，时光正让我们慢慢长大。希望你们在长大的过程中，能保持一颗纯真的童心，活得有责任感，有意义，注重事情的实质。好，在咱们的第二个发现中，同学们说得非常好，这说明你们读懂了这本书。接下来我们来看这段话，我请一位同学来读一读。

生：（读）"当然了，要是你乖乖地听话，我再给你画根绳子来拴住绵羊，再画个拴羊的木桩。"这个建议惹恼了小王子，他叫起来，"把它拴起来，你哪里来的怪念头？""可是，不把它拴住的话，它会到处乱跑。"我的朋友又大声笑了起来说："你想到它会去哪儿？哪儿都会去，径直向前呗。"于是，小王子严肃地注视着我说："没关系，我家可小哪。"似乎带着忧伤的语气，他又补充了一句，"我那里很小，很小，一直朝前走，也走不出多远。"

师：请坐。还有没有哪位同学愿意来读一读？我觉得这位同学读得是不错的，但是没有读出对话的意味。你们两个都举手了，可以商量一下谁来读。你来吧。

生：（读）"当然了，要是你乖乖地听话，我再给你画根绳子来拴住绵羊，再画个拴羊的木桩。"这个建议惹恼了小王子，他叫起来，"把它拴起来，你哪里来的怪念头？""可是，不把它拴住的话，它会到处乱跑。"我的朋友又大声笑了起来说："你想到它会去哪儿？哪儿都会去，径直向前呗。"于是，小王子严肃地注视着我说："没关系，我家可小哪。"似乎带着忧伤的语气，他又补充了一句，"我那里很小，很小，一直朝前走，也走不出多远。"

师：我觉得这位同学读出了对话的味道，也读出了说话人心里的情绪、情感，你们有没有感觉到？就这段话而言，大家有没有什么发现？

生：我发现小王子的星球其实很小，因为他说"我家可小哪"。我们从前面知道，整个星球就只有他一个人，所以从这里可以得知，他的星球很小。

师：有道理，前面的故事情节已经告诉我们，小王子的家很小，只要移动一下椅子就可以看到日落。那么，从对话的形式上你有没有什么发现？

生：语言描写，体现出作者对小王子生活的星球并不了解，所以他才会这样说。

师：你是读了旁边的一段注解吧？同学们，我们在读这个故事的时候，不要看旁边的注解，好吗？因为注解中的有些话说得也并不全对。

生：从"似乎带着忧伤的语气"可以看出来，小王子的家真的很小，很小，他因为不能给小羊过多的活动场地而感到内疚或者自责。

师：大家关注的都是内容。你们看，所有的红色字体都放在哪里了？（出示PPT）

生：都放在小王子说的话里面。

师：请坐，放在了说话内容的前面或者后面。我们把这个叫作什么？

生：提示语。

师：对，叫"说话的提示语"。这些提示语有什么好处呢？"他叫起来"，作者不用"说"而用"叫"，两者有没有区别？

生：有。

师：那么除了"叫"，还有哪些词也可以表达"说"的意思呢？

生：喊。

师：好，还有呢？

生：吼。

师："吼"，更厉害了。有没有了？

生：讲。

师："讲"，也可以的。所以，可以用"说"，也可以不用"说"。接下来你看，"又大声笑了起来说"，"笑了起来"，是表情。"严肃地注视着"，这是表情。"忧伤的语气"，是语气。很有意思。你看，一旦带有修饰的成分，我们的"说"就有意思了。所以，我们的第三个发现，叫"千姿百态地说"。（出示 PPT）请一位同学来读一读。

生：（读）省略说话人，直接写"说"；不出现"说"而用"叫""喊"等字；带着神态的"说"，带着动作的"说"，带着说话语气的"说"。

师：请坐，我给大家一分钟时间，你们把它背下来，好不好？

生：好。

师：开始。（一分钟后）好，背会了吗？

生：快了。

师：自己回忆一下，不看屏幕。背会的举手。好，没有背会的等会儿再背。接下来徐老师有一个任务要让大家来完成。（出示 PPT）这是一段对话，它出现在第几章？有同学说第八章。很好，你读书读得很认真。大家看第八章，有没有这段对话？

生：有。

师：这是小王子要离开他的星球时跟花儿之间的对话。我们非常遗憾地发现，这段对话，没有任何修饰语。现在请你在某一句话的前面或后面，添一段"说"的提示语，并且要加一个修饰语。请你选其中一句来写一写。如果你看的书的版本跟徐老师的不一样，以屏幕上的为准。（生写，师巡视。）好，同学们来交流一下。

生："可是有风啊。"小王子犹豫不决地说。

师：好，"小王子犹豫不决地说"。还有哪位同学来交流？

生："我不会这么容易就伤风的，新鲜空气对我有好处，我是一朵花儿。"

花儿安慰着小王子。

师：好，"花儿安慰着小王子"。你来。

生：我要补的是第一句。"'是的，我爱你。'花儿对他平静地说，'由于我的错，你一无所知，这无关紧要，怎么你也和我一样蠢，尽量让自己幸福，别去管那罩子了，我不想要它了。'"

师：有这样"平静"说话的花儿吗？

生："可是有动物。"小王子有些担忧地说。

师：咱们是不是可以改一改？

生：小王子摇摇头说。

师："摇摇头"，他把"有些担忧地说"改成了"摇摇头说"。这样一来，既避免了和上面雷同，又带上了说话时的动作，很好。还有吗？后排的同学商量一下，派个代表来发言。

生：我看不见前面。

师：都说看不见前面，"看不见"成了一个不发言的理由。（调侃）他们要是长大了，会是怎样的"大人"呢？

生：推辞。

师：推卸责任的"大人"。看不见的话，下次坐前面来，不能找借口。

生：花儿笑了笑说："如果我想认识蝴蝶，就得经受住两三条毛毛虫，这多好啊，否则谁会与我交朋友呢？"她的眼神里流露着真诚。

师：请坐，她在前面加了"花儿笑了笑说"，最后还加了"它的眼神里流露着真诚"。还有一处也可以加，大家看在哪个地方？第一句——"'是的，我爱你。'花儿对他说。"在这里，花儿会怎样"对他说"呢？

生：花儿羞愧地对他说。

师：什么？徐老师没听清。

生：花儿羞愧地对他说。

师：花儿会"羞愧"吗？

生：我觉得"害羞"应该更好。

师："害羞地对他说"，花儿这时会不会害羞？

生：花儿忧伤地对他说。

师：好，现在有两个答案。一个是"忧伤地对他说"，一个是"害羞地对他说"，你们觉得用哪个比较好？

生：害羞。

师："害羞"？

生：忧伤。

师："忧伤"？咱们不是猜谜语，到底哪个好？

生：忧伤。

师：你说一下，为什么花儿会"忧伤"？

生：因为花儿说"由于我的过错，你一无所知"，所以用"忧伤"。

师：花儿有点后悔，她以前爱小王子，但是选择的方式不对。现在小王子要离开她了，她决定放手，让小王子去寻找幸福，所以用"忧伤"更好。现在让我们把这些"说"的提示语放到对话中去，请同学再来读一读。刚才是哪位同学读的？还是请你来读。

生：（读）"是的，我爱你。"花儿忧伤地对他说。"由于我的错，你一无所知，这无关紧要，怎么你也同我一样蠢？尽量让自己幸福，别去管那罩子了，我不想要它了。""可是有风啊。"小王子犹豫不决地说。"我不会这么容易就伤风的，夜间新鲜空气对我有好处，我是一朵花儿。"花儿安慰着小王子。"可是有动物。"小王子摇摇头说。花儿笑了笑说："如果我想认识蝴蝶，就得经受住两三条毛毛虫，这多好啊，否则谁会与我交朋友呢？"她的眼神里流露着真诚。

师：好，感谢同学们的共同创作。加上了这些内容以后，这段话表达的感情是不是更丰富了？以后咱们写作文时也要学着这样来写"说"。现在大家把刚才几种形式的"说"背一遍给我听听，好不好？来，一起来。

生：（背）省略说话人，直接写"说"；不出现"说"而用"叫""喊"等字；带着神态的"说"，带着动作的"说"，带着说话语气的"说"。

师：好，现在布置一下作业。（出示PPT）这段话是第几章中的？

生：第八章。

师：好，这是花儿自己说的一段话。咱们的作业是，回去把这段话拆分成花儿跟小王子的一段对话，而且要用上各种各样的"说"。记住了吗？

生：记住了。

师：好，这节课咱们就上到这儿，下课。

生：起立。

师：同学们再见。

生：老师再见。

师：跟听课老师打个招呼。

生：老师们再见。

○ 评 课

语文的浪漫就是寻找一个词语
——徐杰老师执教《小王子》导读实录评点

中山市纪念中学　张　洁

上海师范大学郑桂华教授说："在一种表达推敲中，我们把一种感觉清晰化，这就是语文学习。"我深以为然。作为语文人，我常常感到语文的浪漫就在于为真实的感受寻找一个确定的词语，在感受、斟酌、比较、命名的过程中，让心灵真实的感受逐渐水落石出。

这种浪漫在徐杰老师的这节《小王子》导读课里表现得尤为明显。我很喜欢这个教学环节：

师：请同学们把出现"大人"的一些章节、一些故事再读一读。你只要选一处来读，然后用一个修饰语来说一说，"我在这个故事里读到了一个（　　　）的'大人'"……

教学环节的设计看起来如此寻常，但课堂是否精彩要看执教者如何推进。

虽然只需要填一个词语，但徐杰老师的高明之处在于不让学生马上说，而是给点儿时间让学生写。

充分地读，慢慢地写，就会让课堂慢下来，沉静下来，学生就有了时间和空间感受和理解文章的内容。书面表达让学生有时间用笔整理自己的感受，明晰自己的感受，提高对文本的理解力，一步步地走到文本的深处去。

在之后的课堂交流中，最值得我学习的是徐杰老师引领学生学习准确表达时的课堂语言："不能丢掉""说得重了一点""更合适一点""选一些最合适的""到底是怎样"……

一点、一点……锱铢必较，不是学生一说就对，也不是老师一锤定音，是教师和学生在课堂上慢慢地掂量斟酌，我以为这才是语言文字训练最美好的风景。正是这样扎实有效的教学，才能一步步让学生在真实的语言经验里对自己的语言表达敏感起来，态度也会变得更为审慎。这样的语言训练，才能真正在现实语境里培养学生对汉语、汉字的尊重和热爱。

下面是一段师生对话：

师：这是一个循环往复的问题，这个问题有没有答案？

生：没有。

师：永远没有答案。作者为什么要拿一个没有答案的问题出来呢？

生：这样就写出了"大人"的荒唐。

师："荒唐"，可以的。还有更好的答案吗？

生：写出了"大人"的固执。

师："固执"，不是很恰当。

生：写出了"大人"的自相矛盾。

师：对，有一点意思了。他有没有自相矛盾？

生：有。

师：有。

生：写出了"大人"的奇怪。

师：你要把具体"奇怪"在哪里说出来。

生：我觉得是"麻木不仁"。

师："麻木不仁"，这个词我喜欢。

生：执迷不悟、不思悔改。

师："执迷不悟"还"不思悔改"，好。喝酒的人都这样……

在这一环节里，徐杰老师是怎样一步步地带着学生找到准确的词语的？为什么——还有更好的答案吗——不是很恰当——有一点意思了——具体……说出来——这个词"我"喜欢。

曲曲折折，反反复复，耐心而坚定，只为寻找一个词语。看着这样的课堂，我心中不由得生出一种浪漫之感。

什么是美？美是形式与内容的契合。对于语言而言，美是思想情感最终找到了属于自己的语言符号。徐杰老师课堂的精致之美，大约就是这样对于一个个词语虔诚地寻找，敬畏地斟酌。

如今人们的语言表达遇到的最大问题是"言不由衷"，有些人是缺少语言道德，有些人是缺少语言能力。不管哪一种，语言都没有表达出他们内心真实的感受与理解。慢慢地，人们便失去了对语言的敏感力，语言表达就失去了最初的意义，最后变成了一些毫无意义的空话。当语言成为无意义的符号，被人类无真情地、无逻辑地表达时，语言就会成为使人麻木、无情的"刽子手"。

我会为徐杰老师在课堂上一步步、手把手地带着学生寻找一个个词语而感动，我感受到一种语文人最朴实的浪漫。

关于这节课，有一个细节我和徐杰老师一直在探讨，极想寻找一个准确的词语："徐老师说这本书很好，'大人们'会问这本书是多少钱买的。他们关注的不是这本书好不好看，而是这本书值多少钱。这能说他们是'贪婪''虚荣'的人吗？想一想，这到底是怎样的'大人'呢？"

徐杰老师给出的答案是——"物质的'大人'"。

我觉得不够贴切：这些"大人"恰恰是看不到物质本身，而去关注一些符号化的、没有实质内容的东西。但我一时也找不到合适的词语。

我开始寻找，翻阅了很多书。当教育为了分数而学习，当社会用钱来衡量一切，卢梭说，人就堕落了，丧失了本真，也都不再是个孩子。可以用"丧失本真"来形容吗？似乎太隆重了一点儿。

词典上说，"爱慕虚荣"是喜欢名利和荣耀、羡慕钱财的意思。那么，可以用"爱慕虚荣"来形容吗？似乎又太严重了一点儿。

为了这个词，我一直在和徐杰老师沟通，他也希望能找到一个更合适的词语。

没有找到一个准确的词语，我一直不安，因为没有它，我似乎就看不清楚我们大人的那个最普遍但又十分重要的弱点。这个弱点似乎人人都感觉得到，但就是概括不出来，于是也无法清楚地惊醒。

为着这个"佳人"，我辗转反侧，夜不能寐。这难道不是一种浪漫？这是一种属于语文的浪漫。这种浪漫是一种使命，一种责任感，是对语言文字的热爱，是一种语言表达本真的趣味。我在徐杰老师的课堂里感受到了，谢谢他。

总结性导读：往鸡汤里加点盐

9. 《草房子》导读实录

时间：2009 年 10 月，全国优秀中青年教师多种课堂风格展示会，执教
示范课。

班级：南通市通州区二甲中学初一（4）班。

课型：总结性导读。

师：读完《草房子》，你一定有很多话要说。

屏幕显示：

读完草房子，掩卷沉思，那一个个生动的少年形象便浮现在我们眼
前。他们是……

生：他们是陆鹤、杜小康、细马、纸月，还有桑桑。

师：你把书中的主要人物都回忆出来了，请坐。其他同学有补充吗？

生：还有白雀、蒋一轮。

师：白雀和蒋一轮不是少年。书中还有少年的形象吗？

生：还有阿恕。

生：还有柳柳。

师：对，柳柳是桑桑的妹妹，阿恕是桑桑的朋友，可见同学们书读得多
认真啊，那一个个人物活灵活现地闪现在我们眼前。作者用深情的笔墨给我
们描绘了这群少年的成长历程。

屏幕显示：

有一种成长，让人回味悠长。

师：请你选一位少年，然后简要概述他的成长经历。

屏幕显示：

概述成长经历

生：细马是一个被领养的孩子，在一个陌生的世界里被别人排挤，无法适应新的生活。在新的生活面前，他选择了逃避。他拒绝和同学一起学习，选择了与羊为伍，开始了自己的放羊生活。但是细马的内心深处还是希望能与同伴交流的。当他能听懂当地的方言时，他又笨拙地采用骂人、打架的方法，希望得到别人的注意。虽然他本能地抵触他的养父母，计划着有一天逃离这个地方，但当养父母的房子被水淹没，养父病逝，养母受不了双重打击发疯后，细马毅然决然地挑起了这个家，承担起了照顾养母的责任。

师：当他的家庭遭遇厄运时，细马勇敢地挑起了家庭的重担。你强调了这个重要情节，非常好。还有哪位同学试一试？

生：杜小康原来是全村最富有人家的少爷，因为父亲生意失败，他不得不辍学去放鸭子，后来又在学校门口摆起了小摊。

师：他关注了杜小康成长历程中最重要的两个变化：一个是他的家境曾经非常优越；另一个是当他的家庭遭遇变故，他和家人沦为穷人的时候，他跟着父亲去放鸭子，经受了孤独的磨炼，最终坚强地成长起来，勇敢地在油麻地小学门口摆摊卖一些小的学习用品，以此来补贴家用。

同学们有没有注意到，当我们在概括这些少年的成长历程的时候，是不必面面俱到的，只要把他成长历程中最重要、最关键的情节提炼出来就可以了。这就是一种读书的方法。这种读书的方法，我们称之为"提要式读书"。

屏幕显示：

提要式读书

就是将最能表现中心的重点内容提炼出来。

呈现形式：概括故事、评说人物。

师：刚才咱们的活动就是概说故事。（板书）在这些少年的成长历程中，一定有给我们留下深刻印象的成长细节，咱们一起来回忆下这些细节。请同学们打开书本，寻找细节，朗读、圈画。

屏幕显示：

重温成长细节

师：比如，我印象最深刻的细节是：当纸月在桥边遇到桑乔背着桑桑看病回来的时候，桥上有点儿湿，她用柔弱的手搬来了稻草，铺在了桥上。我感觉那就是一个非常感人的少年成长历程中的细节。

（生准备）

生：桑桑帮纸月脱离那帮坏孩子，和两个坏孩子在船上打架，最后使两个坏孩子再也不敢欺负纸月了。

师：请坐，这个细节中最让我感动的是柔弱的桑桑敢于和力量比他大得多的孩子打架，他的勇气源于对纸月的关爱，源于朦胧的英雄主义。请继续。

生：我印象最深刻的细节是：桑桑对秦大奶奶像亲奶奶一样关心。油麻地的风俗，老人死后应该取一绺儿孙的头发放在老人身旁，但是秦大奶奶没有儿孙，桑桑就让母亲剪了一绺头发放在秦大奶奶的棺材里。

师：你读书可真细心，请坐。我认为桑桑让自己的一绺头发跟着秦大奶奶一起下葬，是对秦大奶奶的理解和怀念，更是对秦大奶奶的敬仰。

生：陆鹤的头是光溜溜的，他用长长的好看的脖子撑起了那一个光溜溜的脑袋。他为了长出头发来，用生姜擦头皮，希望在七七四十九天后长出头发来。

师：面对别人对他的不尊重，陆鹤用生姜来擦头，这是个带有戏剧性的情节，既符合少年成长时微妙的心理，又增添了一些情趣。后面的情节是怎样的？

生：他跑出教室，用烂泥糊在头上拼命地洗。

师：大家读得真细心。这样一个带有戏剧性的细节，把这个少年在成长过程中细腻而敏感的心理变化呈现出来了。

同学们有没有注意到，当你们回忆这些细节的时候，老师谈了对这些细节的感想。下面，咱们换个位置，我来读这样的一个细节，你们迅速地在书上找到它，然后把你的感想写在这个细节的旁边。

（师读）

是桑桑第一个找到了秃鹤。那时，秃鹤正坐在小镇的水码头的最后的石级上，望着被月光照得波光粼粼的河水。

桑桑一直走到他跟前，在他身边蹲下："我是来找你的，大家都在找你。"

桑桑听到了秃鹤的啜泣声。油麻地小学的许多师生都找来了。他们沿着石级走了下来，对秃鹤说："我们回家吧。"

桑乔拍了拍他的肩："走，回家了。"

秃鹤用嘴咬住指头，想不让自己哭出声来，但哭声还是抑制不住地从喉咙里奔涌而出，几乎变成了号啕大哭。

纸月哭了，许多孩子也都哭了。

纯净的月光照着大河，照着油麻地小学的师生们，也照着世界上一个最英俊的少年……

师：找到了吗？

生：找到了。

师：在这个细节边上写上自己感触最深的一句话。

生：陆鹤用自己的行动赢得了别人对他的尊重。

师：他的哭其实是一种欣慰的哭。

生：陆鹤这时候明白了，只有一心为集体做事，才能得到别人的认可。

师：要想得到别人的尊重，自己首先要有足够被尊重的资本。

生：虽然陆鹤的头上秃秃的，但是他的心是美丽的。

师：他的美丽来源于他心中的那份执着。他在排练节目的时候是多么辛苦呀！有没有哪个同学来评点一下这个细节中的"英俊"一词？我建议采用"不是……而是……"这种句式。

生：这里的"英俊"不是指一个人的外貌，而是指一个人的内心。

师：不是一个人的外表，而是一个人的精神。同学们，我们就是通过这样的方式来对成长的细节表达了一点儿内心深处的感受，这又是一种读书方法。（板书：圈点读书）我们要养成这样的好习惯，古人读书也讲究"不动笔墨不读书"。

屏幕显示：

圈点读书

主要方法：圈画好词、好句、好段落，写好旁批。

师：成长的经历丰富感人，成长的细节细腻动人，在《草房子》中，"成长"有着丰富的内涵。读完这本书，你觉得"成长"是什么呢？老师先说一句，然后请你用这样的句式接着说，好吗？

屏幕显示：

感悟"成长"的内涵

"成长"，就是残疾少年秃鹤对尊严的执着坚守；

"成长"，就是……

生：成长就是被领养的细马对家庭责任的承担。

师：说得多好啊。他承担家庭责任的时候才多大啊？ 14岁！所以成长就是一个被领养的孩子用柔弱的双肩扛起养家的重担。

生：成长就是杜小康对贫穷的感悟。

师：他的感悟表现在行动上，所以成长就是家道中落的杜小康在厄运来临的时候所表现出的那种坚强。

生：成长就是杜小康对学习的渴望。

师：很好，过早地品尝了生活的艰难，他意识到了知识的力量。

生：成长就是垂暮老人在生命最后一瞬所闪现的人格光彩，还有少年对生命、对死亡的体验。

师：你关注到老人也有"成长"，人的一生都在成长。我们这里主要谈少年的成长。不过你刚才说到了死亡体验，书中写了一个少年面对死亡的独特体验，他是谁呢？

生：桑桑。

师：桑桑的成长体现在哪些地方？

生：桑桑在经过病痛的折磨后，产生了对生活的渴望。

师：对啊，他热爱生活，背着妹妹去看病，变得友好、善良，这就是成长。好像还有一位少年我们没有说到？

生：纸月。

师：纸月是怎样成长的呢？

生：纸月的成长就是在桑桑生病时默默地关心桑桑，送去她那微薄的心意。

师：微薄而又温暖的心意。纸月自己的身世是怎样的？

生：凄然。

师：是的，一个身世凄然的女孩子却在别人重病的时候，送去沉甸甸的温暖，这就是成长。这些美丽的成长故事感动着我们，震撼着我们。可以说，在《草房子》里，美是无处不在的。曹文轩自己曾经说过这样一段话："感动我们中学生的应该是道义的力量、情感的力量、智慧的力量和美的力量，而这一切都是美丽的，都是永恒的。"

屏幕显示：

有一份美丽，让人心驰神迷。

师：老师觉得，《草房子》的美，体现在以下几个方面。

屏幕显示：

　　水乡景物的优美

师：一年四季，从早到晚，田野河流，水乡给了我们美的享受。

屏幕显示：

　　风土人情的淳美

师：邻里之间的真诚相助，同学之间毫无瑕疵的纯情，大人之间扑朔迷离且又充满诗情画意的情感纠葛……都给我们留下了美的印象。

屏幕显示：

　　道义人性的恒美

师：厄运来临时的责任担当，垂暮老人在临走之际人格光彩的闪耀，少年面对死亡时仍能美好地看待明天的勇气和平静……所有这些美的东西，都让我们深深感动。

屏幕显示：

　　在你的脑海里，曾经有这样一幅美丽的画面令你久久沉醉吗？请你读一读，说一说。

师：这个时候我们就可以运用圈点读书的方法，在书上画一画、写一写。

（生准备，师巡视。）

生："操场四周种植的都是白杨树。它们在青灰色的天空下，笔直地挺立着。脱尽叶子而只剩下褐色树干之后的白杨，显得更为劲拔。"这段话写出了油麻地小学操场的环境，给人劲拔的感觉。

师：生机和活力。

生："这柳树的根仿佛就没有须子，刨了那么大一个坑，树根都露出一大截来了，还未见到须子。桑桑很疑惑：能弄到柳树须子吗？但细马不疑惑，只管一个劲地去刨，头上出了汗，他把帽子扔在地上，头在冷空气里，飘散着雾状的热气。他把棉袄也脱下了。"这段话写出细马为了挖柳树须子给邱二爷治病所做出的努力。

师：这段话的精彩还在于使用了一连串的动词，表达出此时的细马对邱二爷生命的渴望，一个小男子汉的形象跃然纸上。

生："蒋一轮倚在柳树上，用的是让桑桑最着迷的姿势：两腿微微交叉着。白雀的动作在这样的月光笼罩下，显得格外地柔和。桑桑坐在塘边，呆呆地看着，捉住的几只蟋蟀从盒子里趁机逃跑了。"这段话侧面表现了爱情的美。

师：纯净而又浪漫的成年人之间的爱情故事，这里的景物描写营造的是一种纯美的、恬静的氛围。

生：本书第 12 页写道："在此期间，一日三餐，都是由桑桑的母亲给她做的。油麻地小学的女教师以及村里的一些妇女，都轮流来照料她。"从"都轮流来照料她"可以看出，油麻地的人生性善良，她们细心照顾着这个孤寡老人，照顾这个奋不顾身、勇救落水孩子的老人。

师：谢谢，你说得真好。你从分析一个词语深入进去欣赏人物，"轮流来照料"，让人感觉到了多么温暖的风土人情啊。

生："一直在指挥抢救的桑乔，此时正疲惫不堪地蹲在地上。下河打捞而被河水湿透了的衣服，仍未换下。他在带着寒意的风中不住地打着寒噤。乔乔的父亲抹着眼泪，把乔乔往前推了一下，对她说：'大声叫奶奶呀，大声叫呀！'乔乔就用了更大的声音去叫。桑乔招了招手，把蒋一轮和温幼菊叫了过来，对他们说：'让孩子们一起叫她，也许能够叫醒她。'于是，孩子们一起叫起来：'奶奶——！……'声音犹如排山倒海。"这段话写出了油麻地的人对秦大奶奶为救孩子而掉入水中的担心，对秦大奶奶的敬佩。

师：油麻地小学的师生们，从敌视秦大奶奶转变成了关心、敬仰秦大奶奶。"排山倒海"这个词很有表现力，排山倒海的声音，就是孩子们对秦大奶奶深情而热切的呼唤。

同学们，这种咬文嚼字一样地朗读品味，叫作"细读"或者"精读"。（板书）比如，刚才这位同学从"轮流"着手，那位同学从"排山倒海的声音"着手，还有同学从一连串的动作描写入手，这些都是细读的方法。老师也发现了一段很美的话，我们一起来读一读。

屏幕显示：

美段细读

在这些草房子的前后或在这些草房子之间，总有一些安排，或一丛两丛竹子，或三株两株蔷薇，或一片花开得五颜六色的美人蕉，或干脆就是一小片夹杂着小花的草丛。这些安排，没有一丝刻意的痕迹，仿佛是这个校园里原本就有的，原本就是这个样子。

师：对这段景物的描写，老师是这样来细读欣赏的。

屏幕显示：

景物描写，生动描绘出了宁静雅致的氛围；

竹子、蔷薇、美人蕉、草丛，粗看起来是普通花草，细品起来是草房子的"不俗"；

教室是草房子，周围的景物却是那样生机盎然，使人不由得想起一样东西——生命；

这景物描写不仅写出了自然优美的环境，也点明了它所浸染的质朴纯美的心灵；

这样美好的环境里演绎的故事，也一定能带给读者美好的回忆……

（生齐读）

师：大家看，这就是细读，就是更细致、更深入地读书，再看——

屏幕显示：

选景，竹子、蔷薇、美人蕉、夹杂着小花的草丛，表现出清新典雅的感觉；

炼词，"一丛两丛，三株两株"是传神之笔，活画出质朴的情调；两个"原本"，表现出校园美得质朴，美得自然；

选用句式，四个"或"领起的排比句式，将闲适淡雅之美渲染得淋漓尽致；

表现手法，"总有一些安排……"与"没有一丝刻意的痕迹"相对比，突出校园环境的自然幽雅。

师：这就读得更细了。因为细读，在这样短短的一段话中，我们居然发现了这么多的美点。同学们，选景、炼词、选用句式、表现手法……这些都是我们经常使用的细读角度。细读的感受和收获，如何才能表达得更真切、更形象呢？有这样一些句式，可以使我们的细读欣赏具有文学欣赏的味道，也更雅致。

屏幕显示：

……生动地描绘出了……

……这个词，就把……表现了出来。

……表现出……，表现出……

初看起来，……；细品起来，……

……不仅写出了……，也点明……

……是传神之笔，活画出……

师：我们要学会使用这些句式。同学们，我们刚才一起欣赏了《草房子》的美。

屏幕显示：

用美的语言来书写美。

曹文轩作品的语言风格：质朴、纯美。

在语言上去掉一些浮华、做作的辞藻，让语言变得简洁、雅致，呈现出流畅自如而又韵味无穷的味道，这就是《草房子》的语言风格。

师：所以，老师建议大家重新去读《草房子》，细细品味它纯美的语言，细细揣摩作者是怎样用美的语言来书写美的故事的。下课。

○ 评　课

教学，让作品意蕴丰厚
—— 徐杰老师执教《草房子》导读实录评点

北京大学　曹文轩

首先谢谢徐杰老师选择我的《草房子》作为他向学生进行导读的文本。

他对《草房子》的导读，是准确的、精细的、富有见地的，在有些方面甚至超出了我自己对这部长篇小说的理解。他使我想到了一个问题：一个文本的研究者完全可能比这个文本的作者更能进入这一文本的"腹地"。

他在带领学生进入《草房子》时，选择了几个途径：人物、主题、美感等。他选择了一个关键词，作为解读《草房子》的中轴：成长。这样，就注定了他对《草房子》的分析，是完整的、全方位的。

其中，对"成长"一词的咀嚼最为耐心、细致。他启发学生贴近一个个人物，让学生们看出这些人物成长状态的各自不同。关于人物的不同成长状态，我在创作《草房子》时，其实考虑得并不十分清楚。经徐杰老师和学生们这样一分析，我看到，原来我对几个人物的选择，竟是这样的讲究，这让我对《草房子》更有了几分信心。我发现，一个作家对文本的自信心竟然是研究者们树立起来的。

曾有学者将《草房子》看成一部成长小说，现在经徐杰老师和学生们分析后，我真的要将它当作成长小说看了。

也许，它确实是写"成长"的：桑桑的成长、杜小康的成长、细马的成长、陆鹤的成长、纸月的成长。

徐杰老师对《草房子》的美感分析，无疑是对《草房子》有效性解读的一个重要方面。研究我的小说，这大概是非走不可的途径，它是一个无法省略的话题，也可以说，是打开我作品的钥匙。而在美感方面，风景描写无疑是最重要的组成部分。徐杰老师和学生们看到了这一点，他们对此进行了很好的分析。我是一个很在意风景描写的作家。首先，我认为，人物的行为、性格、情绪等离开他生于其中的自然环境是无法得到最彻底的解释的。其次，就我的作品而言，没有它们，我的美学情调是根本无法得到实现的。离开风景描写，于我而言简直是无法想象的。对风景描写的意义，我还有多重认识，其中有一条是与写作联系在一起的：风景描写是培养写作能力的基本训练。我在中小学做讲座时曾多次提醒老师们注意：现如今，孩子们手上的书，连一段像样的风景描写都找不出，只读这样的书，是有问题的。

对徐杰老师的一些方法，我也是很欣赏的——

圈画好词、好句、好段落，写好旁批，这是一种简单的、传统的阅读方式，却是一种行之有效的方式。其中，旁批是我最赞同的方式。中国古人就很喜欢这种阅读方式。它能帮助读者强化对文本中一些关目的认识与记忆，并在这一过程中不知不觉地将文本消化了，化为己有。旁批是一种点化，既让文本的美妙之处、精髓之处得到揭示，也使自己得到了升华。旁批还是一种很优雅的行为。想想当年古人拈笔对文本进行批注的样子，是何等风雅！

细读。文本的精神、文本的灵魂、文本的种种好处，是要通过细读才能发现的，越是好的文本，越需要如此。细读是个新词，在有的人看来，它是一个很现代的阅读方式。所谓细读法，是一个"舶来品"。其实，中国古人读书时早就有这样一种方式，如金圣叹等人就是这样读书的——揪住一句话不放，揪住一个词不放，揪住一个细节不放，在字里行间来回巡视，一个劲儿地往深处、隐秘处打量、寻思，直到将文本嚼烂。

朗读。徐杰老师在讲《草房子》时，不时地让学生朗读其中的一段段文字，其意义绝不仅仅是调节课堂气氛，而是为了帮助学生加深对《草房子》的理解。朗读是将文字变成声音，而声音的魅力是绝对不可小觑的。它可以使朗读者体会母语的声音之美，加深对文字的理解。我以为，一堂语文课，朗读课文所占的时间应当有较大的比例。

要求以某一规定的句式回答问题，这是一个非常好的安排。一个句式，实际上就是一种叙述方式，而这种叙述方式其实也是存在的一种状态。语言哲学正是基于研究一个个词、一个个句式而存在的。哲学家们发现，这些句式绝不仅仅是一个个单纯的语言问题，它们的产生，归根结底是因为人看出了存在的方式。当一个学生按徐杰老师的要求用"不是……而是……"这一句式回答问题时，那个学生一定会发现事物的多面性和转化性。正是这个句式的看似强行运用，使学生发现了一个个充满悖论性质的存在的、人生的道理。

看了徐杰老师的导学实录，我仿佛也跟着上了一堂课。

10.《海底两万里》导读实录 2

背景：2017 年 10 月，"苏派名师"精品课堂观摩研讨活动，应邀执教示范课。

班级：张家港市梁丰初级中学初一（9）班。

课型：总结性导读。

（教师出示 PPT：海底两万里，神奇的旅程，哪个场景给你留下了最为深刻的印象？）

师：看 PPT，回答问题。大家用两分钟时间组织一下语言。

生：我对阿龙纳斯教授和尼摩艇长在南极破冰的画面印象很深刻。

师：因为他们被困在冰层下面很危险，当时的情况是千钧一发，对吧？那么，在破冰的过程中，又有哪个场景或哪个细节给你留下了深刻的印象呢？

生：氧气不足的时候，龚塞伊和尼德·兰用自己的氧气让"我"保持清醒，"我"很感动。

师："我"很感动，不仅是因为"我"得到了同伴无私的帮助，还因为"我"见到了大家齐心协力破冰的场景。

生：他们一起去海底森林打猎的场景让我印象深刻。因为我从中读到了海底森林鱼类和藻类植物的丰富，还感受到了尼摩艇长神奇而伟大的创造力。

师：追问一下，去海底打猎的时候，他们用的枪和现在普通的枪有什么不同呢？

生：他们的枪是可以在水里发射的。

师：为什么能在水里发射呢？

生：他们用的是气枪。

师：你读书非常仔细。他们是利用了空气的压力，把子弹打出去的。

生：我印象最深的是尼摩艇长去打他所仇恨的那艘船。

师：（调侃）你有暴力倾向？

生：不是。我只是觉得如果有谁伤害我们，我们要学会反击。

师：好，他认为要反击伤害我们的人。还有吗？

生：最令我印象深刻的画面是尼摩艇长在采珠场，救下了一个采珠人。这件事告诉我，当别人遇到困难的时候，我们要伸出援助之手去帮助他。

师：同样是救人，前面同学说的龚塞伊和尼德·兰救"我"，与这里尼摩艇长救采珠人，哪一个更让你感动？

生：尼摩艇长。因为他救下来的这个采珠人是一个穷苦人，并且尼摩艇长是……

师：你来帮帮他。

生：因为尼摩艇长一开始说，他已经跟人类世界隔绝了，而这次他却救了一个人，这就说明他并没有完全跟人类世界隔绝。

师：哦，尼摩艇长声称仇恨人类，但遇到采珠人却仍拼死相救，说明他对人类还有感情。有没有谁再来补充一下？

生：因为那个采珠人是给主人采珠的，报酬很低。他是被压迫的人民。

师：你的意思是，尼摩艇长是在维护正义。很好。

生：尼摩艇长还送了他一袋珍珠，也让我印象深刻。

师：尼摩艇长仇恨人类，但他恨的是独裁、专制的人类，而不是全人类。相反，他对被压迫的、受苦难的人类充满了同情。他惦记着人类的苦难，把自己博大的仁慈心献给了受奴役的种族和个人。

生：我印象最深的是尼摩艇长和博士去探索沉入海底的亚特兰蒂斯。

师：请你用两句话来表达。

生：尽管亚特兰蒂斯沉入了海底，但是它先进的文化还是在历史上占有一席之地，被后人铭记。

师：好。其实这本书中有很多场景给我们留下了深刻的印象。这些场景，作者凡尔纳真的看到了吗？没有，这些都是他想象出来的。（板书：想象）可以这样说，想象就是科幻小说的生命，没有了想象，就没有了科幻小说。

出示PPT：

神奇瑰丽的海洋海底世界，惊心动魄的历险故事，都离不开奇特的想象。

师：作者奇特的想象力令人拍案叫绝，其中有的想象已经成为现实。请你举一例说明。

生：他们去海底狩猎时穿的潜水服，现在已经发明出来了。

师：好，再举一例。

生：尼摩艇长的"鹦鹉螺号"潜水艇当时是没有的，现在已经发明出来了。

师：对，现代人发明潜水艇就是受了凡尔纳小说的影响。在美国有一个机构，专门搜集全世界各个国家的科幻小说来读。你们猜为什么？

生：他们想要把科幻变为现实，为世界作出贡献。

师：他们有的是为世界作出贡献，有的是为了称霸世界。同学们，科幻小说中有一些奇特的想象已经成为现实。即使是那些没有成为现实的奇特想象，我们现在读起来也还是感觉非常真实。

出示PPT：

"真实"的想象。

师：现在请同学们翻翻书，看作者用了哪些方法，使他的想象让我们读起来感觉很真实，要结合内容来说。徐老师先举一例："我"来到了"鹦鹉螺号"潜水艇上，看到了图书馆、标本室，并对它内部的陈设进行了细致地描写。

这些描写给了读者很强的真实感。大家准备五分钟，把笔拿在手里，圈画。

（生阅读思考，师巡视。教师板书：真实。）

师：好，哪位同学先来分享下自己的发现？

生：在第 13 章《几组数字》中说，"第一层顶壳厚度至少五厘米"。这里用了列数字的方法，体现出了真实性。后面又说"龙骨是在法国克鲁索打造的"，准确地介绍了各个部件打造的地点，给人以真实感。

师：好的，他说了两点。第一点，罗列大量的数据。这些数据都与这艘潜水艇有关，与海底有关。数据能增强真实性。（板书：数据罗列）第二点，详述部件。作者详细介绍了船上这些部件的来源，显得真实可信。（板书：详述部件）

生：第 12 章中，作者列举了很多元素周期表上的内容，也增加了真实性。

师：他说的是关于经度、纬度、速度等科学测量的问题。（板书：科学的测量方法）他的发现很有意思。

生：在《海底狩猎》那一章中，作者用了动作描写，生动形象地描写了海蜘蛛攻击"我们"的情形，让人感觉真实。

师：不仅是写海蜘蛛，还有很多写海底的场景，都很生动。比如，在海底凿冰脱险，潜水艇搁浅时用电击退土著人等。（板书：生动的情境）我想问问大家，书中有没有写到过关于"吃"的方面？

生："我们"被关了几天之后，尼摩艇长放"我们"出来，给"我们"吃了很多东西。"我"开始以为这些是陆地上的食物，经过介绍后才知道，那都是用海洋里的动物做的。

师：对，请坐。作者详细地写了食物的颜色、口感、质地等，把"吃"的场景写得十分生动。

生：在下部第 9 章中，作者写他们找到了沉入海底的城市——亚特兰蒂斯。

师：亚特兰蒂斯大陆沉没事件在历史上是发生过的，作者把历史和传说的元素糅合在小说里，增强了真实性。（板书：故事历史，传说事件）继续说。

生：文章环环相扣，让我感觉很真实。在第9章中，有一段写了尼德·兰的换气方法。这个内容照应了前文的"水柱像龙卷一样"，在第13章中又写到了水的样子。文章前后照应，感觉特别真实。

师：好的，你关注到了科学知识、科学原理的照应。

生：作者运用了虚实结合的方法。在第15章，写尼摩艇长的潜水艇在水下可以呼吸90个小时，有点匪夷所思，这激发了我们的阅读兴趣。

师：这不是虚实结合。文中所有的场景，所有的设备，所有发生的事情都是想象出来的、虚构的，只不过被写得像真的一样。

生：他们的水下航行从太平洋出发，到达印度洋，再到达大西洋。这种地理位置的变化让我感觉到比较真实。

师：好，这些地理位置是真实的。（板书：地理特征）在书中，符合实际地理位置和地理特征的内容还有很多。比如，在某个海域里有珍珠，在某个地方有火山，在红海和地中海之间有一条阿拉伯隧道。大家说得都不错，但是还有很重要的一点没有说出来。书中的"我"是谁？阿龙纳斯教授。那为什么要让阿龙纳斯教授来讲海底两万里的历程呢？为什么不让尼德·兰这个捕鲸手来讲？

生：因为教授是一个博物学家，尼德·兰只是一个捕鲸手。显而易见，让教授来讲更合理。尼德·兰只是一个对吃鱼感兴趣的人，说出来的话可能不太合常理。

师：尼德·兰说出的话也是合常理的，只是没有那么符合科学原理。把"生活常理"改为"科学原理"就好了。尼德·兰是一个捕鲸手，只对鲸鱼感兴趣；教授是科学家，对科学、对探险都感兴趣。谁再来补充一下？

生：教授一般是不会说假话的，所以由阿龙纳斯教授来讲比较好。

师：当然，阿龙纳斯教授是说真话的。更何况，他还是一个博物学家。所以他说的话、观察到的东西更符合科学原理。你有补充吗？

生：这还跟人的性格有关系。尼德·兰性格易怒，脾气直，由他来讲科学的事情不太好。龚塞伊呢，是一个绝对听从主人命令的仆人，由他来讲故事也不太合理，只有教授来讲才是最好的。

师：他从性格的角度来分析，是有一定道理的。好，大家的认识都差不多。也就是说，让一个科学家来讲科学探险的故事，更有真实性。（板书：科学家讲科学故事）那老师现在要问，你觉得尼摩艇长作为这部科幻小说的主人公，真实吗？我给大家三分钟时间，你们小组讨论一下。

出示PPT：

"真实"的尼摩艇长。

（生思考讨论，师巡视。）

师：我请这个小组派代表来说一说。

生：我感觉尼摩艇长挺真实的。因为书中写尼摩艇长像隐居一样潜入海底，在他的"鹦鹉螺号"潜水艇上，有时候人们会见到他，有时候见不到。这个船长行踪隐秘，我就感觉很真实。

师：他的意思是，科幻小说中的英雄人物要带有几分神秘感，有了神秘感反而更真实。他的发现很有价值。再请其他小组来发言。

生：我觉得应该是不真实的，因为"尼摩"是拉丁文的音译，其意是"不存在"。

师：这位同学关注到了小说的注解，很好。你们小组的意见呢？

生：我认为尼摩艇长虽然是不真实的，但是写得很真实。因为他会爱，会憎，会喜，会怒。

师：好，他表达了两层意思。第一层，尼摩艇长有七情六欲。他有爱，有恨，还会掉眼泪，同伴牺牲了他会哭，这是一个有血有肉的人，所以是真实的。

第二层，这个人是不存在的，是作者想象出来的，但读者感觉是真实的。请大家注意，文学作品中的"真实"有两层意思。一是"生活真实"，生活中就有这样的人存在；二是"艺术真实"，生活中可能没有这个人，但他好像真的就在我们身边一样。我们今天讨论的尼摩艇长的"真实"指的是"艺术真实"。刚才我们说了他的神秘感，他的七情六欲是真实的，还有吗？继续。

生：还有他自身的善良。"我们"被尼摩艇长俘虏了，但他并没有像对待俘虏一样对待"我们"，而是给了"我们"很大的自由。他带"我们"参观了潜水艇的内部设置，进入了他们的图书馆，还给"我们"布置了一个特别精致的房间。

师：仅仅关注善良是不够的。尼摩艇长有时候很善良，有时候——

生：很凶残。

师：从哪里可以看出凶残呢？

生：第 21 章中的"大屠杀"。

师：还有呢？

生：其他船只开过来消灭"鹦鹉螺号"的时候，他毫不留情地把那些船只给击沉了。

师：对，船上的人全部掉到了海里。所以，尼摩艇长身上有善的一面，也有恶的一面。这样人才显得真实。世界上有完美的人吗？

生：没有。

师：对，如果你写一个人很完美，反而显得不真实。但是写一个英雄有缺点，这就显得真实了。比如，《水浒传》里面的英雄都是有缺点的。李逵太莽撞，宋江有一点阴险，武松滥杀等，但是这些英雄人物身上的缺点并没有影响到他们的英雄形象。有个成语叫"瑕不掩瑜"，就是这个意思。所以，我们在读《海底两万里》中的尼摩艇长时，既要看到他的善良、正义、勇敢、坚定，也要看到他的冷酷、无情。继续。

生：我在第 17 章中读到他们有一个队员被章鱼给劫走了，在第 18 章开头又读到尼摩艇长一直把自己关在房间里，说明他是一个有情感的人。

师：不仅是有情感，而且是有情义。

生：我从第 18 章中看到尼德·兰被章鱼抓住之后，尼摩艇长拿着斧头把他救了下来。他说了一句话："这算是我对您的救命之恩的报答。"从这里可以看出，他是一个知恩图报的人。

师：请坐。我现在给同学们读一段话，你们找一找在哪里。"是的，我很爱大海！大海就是一切，它包罗万象，覆盖着地球十分之七的面积。大海的气息清新、健康。大海浩渺广袤，人在这里不会产生孤独感，能感受到周围涌动着生命；海是一种超越自然的神奇生命体，它是运动，是爱，像一位法国诗人所说，它还是经久不息的生命。"找到了吗？找到的同学请你接着往下读。

生：（读）海里的环境十分平和，大海不属于独裁者。在海面上，独裁者们还可以运用极其不公平的权力。他们可以在海上互相争斗，厮杀，把陆地上的种种暴行带到海上来。但是在海面以下三十英尺的地方，他们的权力就使不上了，他们的影响也消失了，他们的威势荡然无存了。啊，先生，到大海里来生活吧，生活在海上吧。一个人只有在海上，在海洋里才是独立的。在这里，我不听命于任何人，在这里我是自由的。

师：我们的版本不一样，你读的这一段的翻译我不大喜欢。我把我书上的文字读给你们听一下。"但在海面以下三十英尺的地方，他们的气焰便熄灭了，权力也起不到作用了，他们的威势便消失得无影无踪了！啊！先生，您要生活，就选择在大海里生活吧！在这里根本就不存在什么主人，完全是自由的！人只有在这里才是独立的！"这段话表现了尼摩艇长对自由和独立的向往，带有一种浪漫的情怀。所以，尼摩艇长的"真实"还体现在他身上洋溢着一种独特的浪漫气质。尼摩艇长绝对不是一个武夫、一个莽汉，而是一个有浪漫气质的、智慧超群的领导人。谁能从书中找出一个事实的，能证明尼摩艇长是有智慧的例子？

生：潜水艇在南极被困冰层的时候，只有他想到了用开水去化冰。

师：请坐，是的。当海水结了冰快要把整艘船冻住的时候，他想到了排出热水来延缓封冻时间的办法。

生：尼摩艇长在建造"鹦鹉螺号"潜水艇的时候，他船上的每一个部件，都是从地球的不同地方找来的。他提供的图纸，署的名字都是不同的人。他建造潜水艇，是在一个荒岛上，建完之后还把留下的痕迹全都烧掉了。尼摩艇长不想被人类发现他的踪迹。

师：非常好。

生：他在船上所用的一切都取自海洋。他利用海洋发电，用电发动强大的抽气机，把空气送入特制的储藏库里。尼摩艇长用他的聪明才智，造出了所有他自己想要的东西。

师：请坐。是的，大家说得非常好。最后，老师要请你们为科幻小说下一个定义。在这个定义中要包含三个关键词，分别是"科学""想象""真实"。（板书：科学）

出示PPT：

请你们为"科幻小说"下一个定义，关键词：科学、想象、真实。

生：科幻小说就是在想象的基础上加一些科学性和真实性。

师：你这样说显得太简单了，有点投机取巧哦。

生：科幻小说主要写的是科学，但有一部分是运用了想象的手法写出来的，写得非常真实。

师：比刚才说得细致一点了。

生：科幻小说是从科学的角度去大胆想象，它在不久的将来都会成为现实。

师：最后一句有点问题。"不久的将来都会成为现实"，这可不一定。

生：写科幻小说的人，都有一种目的，科学的想象就是为了成为现实。

师：请坐。这个任务就请同学们到课后去完成吧！大家给科幻小说下定义，意思基本对了，但表达上还不够严密。如果你觉得自己说得不好，可以网络搜索一下呀。好，下课！

○ 评　课

匠心独运，别有洞天
——徐杰老师执教《海底两万里》导读实录2评点

江苏省如东县实验中学　李旭东

《海底两万里》是七年级下册"名著导读"的阅读书目，教材从整本书阅读指导的角度，目标指向"快速阅读"读书方法指导。徐杰老师的《海底两万里》导读课，以整本书的阅读分享为文学体验情境，在两个主问题的任务驱动下，融快速阅读技巧于舒缓有致的教学行程之中，课堂氛围风轻云淡，教学目标在徐老师的导读过程中水到渠成地聚焦于"科幻小说"的"科学、想象、真实"特点。徐老师的教学设计真可谓匠心独运，课堂效果别有洞天。

一、创设任务情境，培育核心素养

徐杰老师启课时，以简单的课件呈现出《海底两万里》导读的任务情境："海底两万里，神奇的旅程，哪个场景给你留下了最为深刻的印象？"教学环节简单而纯粹，说其简单，在于教学没有铺排渲染，而是用简单的课件明确了学生课堂交流的重点；说其纯粹，在于导读的主体仍然是学生，课堂的导读仅是为学生阅读分享提供了课堂教学方式，所以，导读课堂纯粹是为学生将《海底两万里》的阅读体验进行分享。这样的阅读分享不是学生随意而散乱地交流，而是围绕导读任务来进行分享，使名著导读课具有教师主导下的整本书阅读分享的性质。

教师提出分享要求："看PPT，回答问题。大家用两分钟时间组织一下语言。"同样，在简单而纯粹的教学指令下，渗透着徐老师的匠心独运。"两分钟"，这既是课堂组织的时限要求，又是课堂效率的目标要求。只有在单位时间要求下，学生的学习效率和预期目标才能最大化。"组织一下语言"，目的是让学生在思维展开中进行语言运用与建构，是充分彰显语文本味的关键。

教师在学生分享的过程中，不失时机地深度追问，将学生阅读的初感受转化为深度体验和思考。徐老师在学生分享的基础上提出第二个问题："其实这本书中有很多场景给我们留下了深刻的印象。这些场景，作者凡尔纳真的看到了吗？"简单的问题将学生的书本阅读分享转向作者的创作思维探究，将学生的思维能力由形象思维转化为逻辑表达。如果说第一个任务是学生分享阅读体验，是直觉体验，第二个任务则是逻辑表达，是在阅读欣赏的基础上作出价值判断与观点表达。这是科幻小说的深度阅读，也是这节名著导读课的深度引导。

徐老师这节课以两个问题作为任务情境，导读目标纯粹，导读环节简单，但教学的每一个细节无不关注着学生核心素养的发展。

二、聚焦核心知识，教学效果别有洞天

语文学科的核心知识是新课标学习任务群的核心，也是核心素养发展的

基石。《义务教育语文课程标准（2022 年版）》的课程内容以六大学习任务群为呈现方式，其中整本书阅读属于拓展型学习任务群。整本书阅读虽然以学生阅读为主体，但在课堂教学的导读过程中，仍然需要聚焦核心知识，但核心知识不是概念教学，而是核心知识支撑下的教学。在徐杰老师的这节课上，我们可以清晰地看到"核心知识"的支柱结构。

这节课聚焦"科幻小说"这一核心知识，以"科幻小说"的"科学""想象""真实"三大特点作为《海底两万里》名著导读教学展开的重点，最后以总结科幻小说的三大特点并给出定义的语言运用形式结课，既总结了核心知识，又让学生自主地构建起科幻小说的核心知识，真可谓"别有洞天"。

整本书阅读的时段不是课堂，不是课堂教学，而是学生能从课内的导读拓展到课外充分阅读。我们再来欣赏一下徐老师的课堂结语："这个任务就请同学们到课后去完成吧！大家给科幻小说下定义，意思基本对了，但表达上还不够严密。如果你觉得自己说得不好，可以网络搜索一下呀。"这是徐老师使出的"四两拨千斤"的教学秘籍，既明确了技巧——上网搜索，又完善了课堂环节——作业设计，更将整本书阅读的核心——课外阅读融入其中。

三、注重思维生长，助力深度阅读

深度阅读，是整本书阅读的必然方向。读后的总结提升课，要通过多角度、多层次的活动，促进学生阅读思维由"浅表"向"深层"的品质提升。

本节课的三个主活动"印象深刻的场景、细节""想象缘何真实""主人公真实吗"，构成了科幻小说的"阅读场"。几个活动既前后关联，又逐层推进，最后通过给"科幻小说"下个定义，巧妙地收束全课。这既发展了学生的聚合思维与结构思维，又让学生对科幻小说阅读的方法、规律有了深刻、透彻的认识，对整本书的理解更立体、系统。

"想象缘何真实"这一活动更是饱满而极具张力，纠正了学生整本书阅读只"过眼"而不"入心"、只关注"内容"而忽视"形式"的阅读偏差。在活动过程中，徐老师将学生感性的认识，适时进行理性的提炼，"叙述视角"的引入更是匠心独运。故事讲述者的选择，是学生初阅读的"盲点"，学生在比较、辨析、评判中，阅读收获由简单渐趋丰富，思维亦渐趋开阔而深入。

思维生长更体现在"主人公真实吗"这一课堂活动里。这里从"尼摩艇长真实与否"的论辩出发碰撞出主人公形象的辩证思考，由立体的人物形象又回扣艺术的真实，从两个译本的比较又读出人物独特的个性与气质。这个课堂活动，立足"形象"，生与生在思辨与碰撞中，阅读的体验渐趋准确、丰盈而深入，思维走向灵活、辩证与创造。

思维，简而言之，就是发生"联结"的过程。徐老师的这节课，以轻巧、简单的设计，深度揭秘整本书的个性，通过"科幻小说"阅读场的建立，让各个活动产生联结，学生思维的广度、深度、灵活度、逻辑性都得到了很好的生长与发展，也实现了整本书的深度阅读。

汪曾祺先生在《人间烟火》中追求简单、纯粹、率真，贾平凹先生曾用"文狐"形容过他。当我欣赏完徐杰老师的这节《海底两万里》导读课，真想用"课狐"来形容徐老师教学的简单、纯粹与率真！

11.《骆驼祥子》导读实录

背景：2023 年 3 月，全国名师优课名著导读专题活动，执教示范课。

班级：武汉经开区外国语学校初一（5）班。

课型：总结性导读。

师：上课。

生：起立。

师：同学们好！

生：老师好。

师：请坐。咱们今天上一节名著导读课，课题叫"《骆驼祥子》导读"，书都读过了吗？（生点头）

师：读一本书有的时候要关注这本书中反复出现的东西，你们说对不对？这本书中出现次数最多的是什么？

生：祥子。

师：对呀，祥子，他是主人公。还有呢？来，你说说看。

生：我觉得应该还有车和车夫。

师：好的。有车当然就有车夫，但其中车出现的次数更多一点。还有什么？请你来。

生：我觉得还有钱。

师：你太厉害了。是的，还有钱。大家知道在《骆驼祥子》这本书里面，钱一共出现了多少次？共有 58 处，那么哪一个写"钱"的片段给你留下了特别深刻的印象呢？咱们去书里翻一翻，把那个片段找出来，我们等会儿进行分享、阅读。

出示PPT：

本书中，写祥子与"钱"的文字，共有58处，哪个片段给你留下了特别深刻的印象？

（生寻读，师提示。）

师：现在去找你印象最深的写"钱"的语段，找到以后咱们应该做一件什么事？把那段用括号标注出来，在那一页的右下方小小地折一下。折页、圈点都是很好的读书习惯。

师：哪位同学愿意把你找到的那一段读一读？

生：我找到的是第8页。"祥子的脸通红，手哆嗦着，拍出九十六块钱来：'我要这辆车！'铺主打算挤到个整数，说了不知多少好话，把他的车拉出去又拉进来，支开棚子，又放下，按按喇叭，每一个动作都伴着一大串最好的形容词；最后还在钢轮条上踢了两脚，'听听声儿吧，铃铛似的！拉回去，你就是把车拉碎了，要是钢条软了一条，你拿回来，把它摔在我脸上！一百块，少一分咱们吹！'祥子把钱又数了一遍：'我要这辆车，九十六！'"

师：（微笑）这段写到了祥子买车，你没有说到钱啊。

生：有。"祥子的脸通红，手哆嗦着，拍出九十六块钱来。"

师：关注到了，很好。哪一个字用得特别好？

生：拍。

师：做一做那个动作看看，这个"拍"是什么样的啊？（生做动作）你们觉得拍出那个钱的感觉怎么样？

生：他心里面是非常激动的，也是下定决心的。

师：非常好。不仅是激动，更是他全部生活的期望。祥子拍出钱来，这个"拍"还是很有意思的。（板书：拍）继续，谁再来读？请你来读。

生：祥子看着那些钱撒在地上，心要裂开。"就是这点？"祥子没出声，只剩了哆嗦。"算了吧！我不赶尽杀绝，朋友是朋友。你可也得知道，这些钱儿买一条命，便宜事儿！"

师：这一段是写到了钱，是写祥子和孙侦探，这是买命钱。但是孙侦探是不是真的为了救他的命，拿这个钱去的？

（生摇头）

师：不是，你们都摇头。孙侦探讹诈他的钱，是吧？所以徐老师把它提炼成一个被动的表达"被讹钱"。（板书：被讹）

生：我找到的是第159页。"把钱放在炕砖上，他瞪着它们，不知是哭好，还是笑好。屋里没有人，没有东西，只剩下他自己与这一堆破旧霉污的钱。这是干什么呢？"

师：我现在考考你，这一段是发生在什么背景下？

生：应该是虎妞死后。

师：是的，请坐，真是认真读书的孩子！虎妞死后，祥子其实已经一贫如洗了，他把虎妞留下的那些破烂家具，捆捆扎扎的，卖了一点钱。（板书：卖）

生：我找的是在第29页。"祥子没了主意。对于钱，他向来是不肯放松一个的。可是，在军队里这些日子，忽然听到老者这番诚恳而带有感情的话，他不好意思再争论了。况且，可以拿到手的三十五块现洋似乎比希望中的一万块更可靠，虽然一条命只换来三十五块钱的确是少一些！就单说三条大活骆驼，也不能，绝不能，只值三十五块大洋！可是，有什么法儿呢！"

师：好的，请坐。他在这里说祥子的车被大兵抢去，但所幸的是他得到了三条骆驼，于是用三条骆驼去换了钱，是吧？（板书：换）很好。继续来，请你来说。

生：他的心完全为那点钱而活动着：怎样花费了它，怎样不教别人知道，怎样既能享受而又安全。他已不是为自己思索，他已成为钱的附属物，一切要听它的支配。这点钱的来头已经决定了它的去路。这样的钱不能光明正大地花出去。这点钱，与拿着它们的人，都不敢见阳光。

师：谢谢你，请坐。这是祥子拿别人的命去换了一笔钱，如果用一个字来提炼一下，徐老师用的是"谋"，谋财害命的"谋"。（板书：谋）还有没有啦？

生：我找到的是第47页。"祥子的脸忽然紫了，挺了挺腰，好像头要顶住房梁，一把抓起那张毛票，摔在太太的胖脸上：'给我四天的工钱！'"

师：你发现了祥子在那个时候是有尊严的，是不容冒犯的。即使他把钱看得很重，但是有比钱更重的东西，那是他的尊严，于是他把这笔钱摔在了太太的脸上。这个"摔"字很好。（板书：摔）

师：再找一位。

生：第19章。"她去了有一点钟。跑回来，她已喘得说不上来话。扶着桌子，她干嗽了半天才说出来：医生来一趟是十块钱，只是看看，并不管接生。接生是二十块。要是难产的话，得到医院去，那就得几十块了。'祥哥！你看怎办呢？！'祥子没办法，只好等着该死的就死吧！"

师：这里写到了祥子在虎妞难产的时候，即使舍不得花钱，但是仍然把最后的一笔钱花了出去。（板书：……）我们就加个省略号吧。祥子对花出去的每一分钱，其实都非常节省，如果用一个"省"字，我觉得力度不够。你觉得把这个"省"改成哪个字更好？你想他连花一毛钱都在动脑筋，都要从牙缝里省出来。

生：我觉得这个"省"字可以换成"惜"字。

师："惜"好像比"省"要更省一点，有没有更省的？省到了极致。

生：我觉得可以换成"爱"字。

师：因为"爱"才"惜"的，但这个"爱"钱太宽泛。咱们这边如果有一个人舍不得花钱，我们说这个人比较抠。我觉得咱们要补一个字在这里面。（板书：抠）祥子是那样抠门，一毛钱一毛钱地节省，想要买车。那祥子有没有慷慨的时候？

生：他在买车的时候是非常慷慨的，之前他攒了足足三年的一百块钱，一次性就去买车花掉了，所以那个时候他是很慷慨的。

师：你的意思是慷慨不慷慨跟花钱多少有关？我个人觉得并不能以花钱多少来论。我口袋里只有两块钱，我一下子把它花掉，我认为也是慷慨的。

生：我觉得是在老马很累，饿急了，在茶馆里晕倒了，祥子出去把自己仅有的钱买了十个羊肉包子给老马充饥。

师：你看，这个女生书读得多细致入微啊！是的，祥子在这本书当中唯一一次痛痛快快地、真心实意地为别人花钱，就是这个地方。（板书：花钱）现在就很奇怪了，作者花那么多的笔墨写祥子的省钱、抠门，这里忽然又写祥子很慷慨地花掉钱，为别人买包子吃，你觉得矛盾不矛盾呢？

生：我觉得其实不矛盾。作者前面写省钱，情况是不一样的。当时是老马已经饿得晕倒了，非常危险，这个时候写祥子慷慨地为他花钱，其实就是为了对比，更加衬托出祥子的心地善良。

师：这是其中的一种答案。也就是说，在那个时候，祥子的心里面还是有着善良、可爱的一面的。有没有人补充？

生：我觉得是反映当时底层社会的人民，他们即使自己很痛苦，也互相关心、同情着他人。

师：你的意思是要给祥子评一个"北京好人"？在这里不是的，祥子还没有那么高的境界。好，请你来说。

生：我觉得不矛盾，因为人总是会有慷慨的时候，也会有抠门的时候。这样写就可以让祥子这个人物更立体。在他救老马的时候，他从老马的身上看到了他今后要经历的影子，所以他很可怜老马。

师：这位同学其实说到了两层意思。第一层，一个非常抠门的人偶尔也会有慷慨的时候，他说是立体，徐老师认为这是人物的真实表现，真实的人性。

第二层，我很欣赏他说"他从老马的身上看到了他今后要经历的影子"这句话。你们有没有读到啊？是的，他在老马的身上看到了自己的未来，这个时候给老马买包子吃，其实更多的是在同情未来的自己啊！

师：同学们书读得非常透彻。祥子挣钱就是为了买车，买了车是为了挣钱再买一辆车赁出去，是吧？这是一个刚刚到城市打拼的热血青年最淳朴的生活理想，他无非就是想靠自己的力气去拉车，攒一点钱，买一辆车，拉自己的车，再攒点钱，再买第二辆车。这是一个很淳朴的人生理想。他这个很淳朴的人生理想被谁打破了呢？

出示 PPT：

> 谁打破了祥子"拉车—攒钱—买车"的人生理想？

师：想一想再告诉我。请你来说。

生：我觉得应该是大兵还有孙侦探打破了祥子的这种理想。祥子买到了第一辆车之后，他想以后还能开车厂，但是后来因为冒险接了一单去清华的生意之后，他的车还有他自己的所有东西都被大兵抢劫了，自己也差点命悬一线。回来之后，他到曹宅拉车，被孙侦探敲诈，他那些本来想买第二辆车的钱也被敲诈走了，他的第二次想买车的理想也破灭了。所以，我觉得应该是大兵和孙侦探打破了祥子的人生理想。

师：好的，谢谢你。有其他同学补充吗？

生：我觉得是那种位高权重既得利益者。刚刚同学说了孙侦探还有大兵，其实我觉得还有刘四爷、虎妞这类人。他们虽然不是非常直接地打破了祥子的人生理想，但也是间接的。

师：好的，现在你能不能告诉我，虎妞嫁给了祥子，怎么就间接打破了祥子的人生理想呢？能不能阐述一下？

生：虎妞首先是给祥子买了车，但是那个车不符合祥子的心意，最后那个车也被卖掉了给虎妞办葬礼，虎妞的钱最后归还给了虎妞，也导致了祥子的堕落。

师：我觉得她补充得很好。虎妞其实是用她的方式吓唬祥子，勾引祥子，然后成了家，但是她没有真正地给祥子一个温暖的家，最后因为她的难产，祥子又到了贫困的境地。刘四爷为什么也打破了祥子的人生理想呢？我就不问你了，我找一个没有举手的同学，你说说看。

生：我觉得是因为祥子在车厂拉车，这个地方应该是打破了他的人生理想。

师：这个道理说不通啊，刘四爷可是给了他住的地方，赁给他车啊？

生：虎妞和祥子结婚之后，刘四爷差不多把他们赶出家门，所以我觉得他也应该是打破祥子攒钱买车的这种愿望。

师：这个倒是有道理的，请坐。虎妞一定要嫁给祥子，但是刘四爷不同意，把他们赶了出去，一分钱都没有给。要是给一笔嫁妆，祥子说不定就能买上车了，是吧？还有没有同学补充？

生：虎妞嫁给祥子以后，刘四爷把车厂卖了。他把钱拿走了，拿钱享福去了。祥子以后没办法拉车了，他得自己买车。

师：刘四爷是釜底抽薪，把车厂给卖掉了，拿了一笔钱，出去享福去了。所以尽管虎妞后来遇到那么大的困难，也没有人能帮助她了。

生：虎妞和祥子结婚之后，祥子仍然想通过自己的努力去买车，创造机会。但是虎妞认为他是想去骗刘四爷的钱。就像刚才您说的，祥子是一个对未来充满期望、来城市打拼的农村小伙，正是他与城市的这种对立面，导致了他道德上的堕落和思想的腐朽。

师：祥子真诚地付出，虎妞却是步步设防。还有其他人吗？

生：有，我认为是老马。首先，老马跟祥子一样，都是北京的底层劳动人民，祥子也在老马身上看到了自己未来的模样。老马用的也是自己的车，并且他也是非常勤快地去拉车赚钱，但是他最后的生活并不像祥子想象中的那样美好。所以我觉得祥子在某一方面可能是因为老马而打破了他这个人生理想。

师：请坐，说得真好。祥子人生的梦被打破了，那个梦想的肥皂泡被戳破了。攒钱买车又能怎么样呢？有自己的车拉又怎么样呢？老马不还是那样贫穷困苦吗？很好。

生：老师，我想先说一下，我觉得我的想法不一定正确。我觉得也有可能是祥子自己打破了他的人生理想，因为他在这个过程中受到了一些人的影响。比如，第三次卖车，他是为了葬虎妞，他也可以选择不去卖车，然后去给虎妞下葬，是他自己做出的一个选择导致他最后的结局。

师：这个徐老师要补充一下。虎妞难产死了，祥子怎么可能不给她下葬呢？无论是从当时的风俗来看，还是从祥子为人的底线来看，这都是必需的，不能让虎妞暴尸街头，对不对？必须这样的。没有钱怎么办，只能是卖车。所以祥子有的时候是没有办法。还有没有人？来，请你说。

生：我觉得还有小福子，最后使他放弃生路选择死路的。因为他本来是想要跟随曹先生，再娶小福子，一起开始全新的生活。但小福子的死让他对这个社会、当时的世道很绝望，所以才放弃了生路，选择了死路。

师：请坐，说得真好。小福子如果不死，祥子对生活还是有希望的。而且又重新遇见了曹先生，他们有住的地方，可以凭自己的努力去混一口饭吃。还有没有了？有一个被大家漏掉的人，找一位男生，请你说。

生：我认为其实还有一个很重要的人，就是他自己。祥子买了三次车，他的车或被抢走，或被卖掉，在最后一次虎妞死了以后，小福子想要和他一起，但是因为虎妞的死，祥子一蹶不振，非常犹豫，所以导致小福子的绝望以及毁灭。祥子也因为小福子的毁灭，自己走向了毁灭，所以从某一方面讲，是祥子造成了自己的毁灭。

师：你的意思我明白了。祥子遭遇了那么多的灾难困苦，你的意思是要给他多喝一点"鸡汤"？但凡还有一点出路，祥子怎么会放弃呢？还有一个人你们可能没有关注到。

生：我觉得我可能是错的，但是我也觉得是祥子。一开始祥子甘愿踏进虎妞圈套的时候，他就已经开始落败了。到最后虎妞死了，就给了他一次最严重的打击，他就开始颓废，从此变得一蹶不振。

师：你们都觉得是祥子，你们觉得祥子有这样的事情，都是他自己的问题，他活该，是甘愿的。注意祥子在这里面，回到虎妞的车厂，愿意跟虎妞成为夫妻，你觉得他是甘愿的吗？

（生摇头）

师：对，不是甘愿的。徐老师补充一下，你们还漏掉一个人，谁呢？夏太太。你们想想有没有道理？还记得那个人吗？一个暗娼夏太太，夏太太勾引了祥子，并且把脏病传染给了祥子。祥子以前是不屑于这样勾当的，但是他现在能够笑着把这些事情讲给他的朋友们听。你想想看，一个人人生理想的堕落，不就是其中一个很重要的表现吗？这样看来，有这么一些人，打破了祥子纯正美好的人生理想。现在徐老师请大家思考一个问题：是谁彻底打破了祥子的人生理想，从那以后，他不再好好地拉车了？

出示 PPT：

谁彻底打破了祥子"拉车—攒钱—买车"的人生理想？

生：我觉得可能是小福子。因为当时祥子在知道小福子死之前的那一段时间，他是准备要重新生活的，就还可以重来。但是小福子的死让他彻底陷入了颓废和悲痛之中。

师：这个答案非常好，我建议把它改为悲痛和颓废，悲痛放在前面可能更好一点，谢谢你。是的，我也觉得是小福子。小福子的死真的彻底打破了祥子拉车—攒钱—买车的人生理想。这是一段小福子死了，祥子去树林里的坟地看小福子，作者写的旁白。哪位同学来帮徐老师读一读？

出示PPT：

> 他坐在地上，地上有些干草与松花。什么声音也没有，只有树上的几个山喜鹊扯着长声悲叫。这绝不会是小福子的坟，他知道，可是他的泪一串一串地往下落。什么也没有了，连小福子也入了土！他是要强的，小福子是要强的，他只剩下些没有作用的泪，她已作了吊死鬼！一领席，埋在乱死岗子，这就是努力一世的下场头！

（生读略）

师：好的，谢谢你。这段话当中，徐老师标出了一个很重要的字——"泪"。现在请同学们自己把这段话轻轻读一读，告诉老师你读到了祥子怎样的"泪"。

（生思考）

师：谁先来？

生：我觉得应该是绝望的"泪"。他在这一段后面说："什么也没有了，连小福子也入土了！他是要强的，小福子也是要强的，他只剩下些没有作用的泪。"他就觉得自己已经什么都没有了，就感觉像没有活下去的希望了。

生：我觉得是悔恨不已的"泪"。第一点就是他没有把小福子带在身边，让小福子不见了，进了白房子。第二点是祥子如果再努力一点，再赚得多一点，再有钱一点，再去得早一点，小福子也不会入了土，他也可以跟小福子过幸福的生活。

生：我觉得是悲愤的"泪"。因为小福子一死，祥子的生活就是一点希望也没有了，而且小福子努力了一世，最后却被埋在了乱死岗子，这是社会的一种不公，就是他有点恨恨的那种感觉。

师：你觉得这段话当中哪一句最应该读出悲愤的感觉？

生：我觉得是最后一句："一领席，埋在乱死岗子，这就是努力一世的下场头！"

师：好像悲愤的味道还不太浓。你帮他再重新读一读，读出悲愤的感觉来。

生：一领席，埋在乱死岗子，这就是努力一世的下场头！

师：我觉得在这里同学们要注意的是，读这句话的时候，停顿很重要。"这就是"还是"这——就是"，哪一种更能表现出悲愤的感觉？第二种。"努力一世的——下场头"是不是也要注意停顿？还是请你读。

生：一领席，埋在乱死岗子，这就是努力一世的下场头！

师：感觉好多了。一个农村青年无非就是想出卖体力，能混口饭吃，但是现在连这一点儿希望都没有了，因此，他是悲愤的、绝望的。

生：我觉得他流下的可能也是无助的"泪"，因为现在他对生活已经失去了任何的希望，他也不知道他的未来要怎么做，要干什么，所以我觉得他流下的是无助的泪。

师：你觉得哪一句话，无助的感觉很强？

生：我觉得应该是"可是他的泪一串一串地往下落。什么也没有了，连小福子也入了土"！

师：本来以为可以跟小福子相依为命的，现在连相依为命的人都没有了，自己不知道后面该怎么办。徐老师觉得还有一处——"他只剩下些没有作用的泪"，你觉得这句话中的哪个字重读，也能读出无助的味道？

生：只。

师：对，你读读看。

生：他只剩下些没有作用的泪。

师：非常有道理。还有什么泪？请你说。

生：我觉得这个地方有点自嘲。因为祥子是个农村的，他一进城就到刘四爷的人和厂，结婚后搬到贫穷的大杂院，走进了白房子。一开始他就是想混一口饭吃，想拼搏一下，赚点钱。可现在除了一场空，什么都没有得到。我觉得祥子的人生旅途每经过一站，就更加堕落一层，最后被物欲横流的黑暗社会吞没，这个泪是自嘲的。

师：是的，祥子在这里其实是有自嘲的味道。奋斗一世又有什么用呢？到最后还不是一领席埋在乱死岗子呀。但明明知道是这样的结局，又不得不硬着头皮往这样的结局走下去。我觉得同学们把这个"泪"读得真好。徐老师读下来以后，觉得这还是一个告别的"泪"。（板书：告别）你们觉得徐老师这么写有没有道理？

生：我觉得是有道理的。这个告别有两种意思：第一种是表象意思，对小福子的死感到十分的绝望、悔恨，向小福子告别；第二种是向之前的祥子，也就是之前的那个有可爱精神的祥子告别，变成了后面这个低等车夫。

师：这位男生说得真好，他把我想说的话都说出来了，向小福子告别，也向过去的自己告别。从此，那个什么样的祥子不见了？

出示 PPT：

> 祥子变了：从前的祥子……，后来的祥子……

师：能不能在前后省略号中填相对的一些词语？我给大家一分钟时间，你们考虑一下，不一定找到一组就满足了，可以多想一想。等会儿分享的时候，是说一组对举的句子。

（生思考）

师：好，你先来。

生：从前的祥子要强、自信，后来的祥子自甘堕落、麻木不仁。

师：答案是可以的，但是我刚才说了要对举。前面是两字的词语，后面变成四字短语了。再提炼一下好不好？

生：从前的祥子是体面的，是要强的，是健壮；后来的祥子是堕落的，是自私的，是不幸的。

师：她说的是三字的短语，而且是对举的形式，非常好。

生：从前的祥子是努力上进的，后来的祥子是甘愿堕落的。

师：努力上进，甘愿堕落，可以。

生：从前的祥子努力要强，后来的祥子坠落绝望。

师：是堕落，不是坠落，坠落是东西从高处落下来。

生：从前的祥子是精神抖擞的，后来的祥子是自暴自弃的。

师：好，再找一位，请你说。

生：我认为从前的祥子是淳朴善良的，后来的祥子是麻木狡猾的。

师：我们就不再分享了，同学们说得都对。祥子变了，在祥子这么多的变化当中，有一种变化特别让人心痛。一个人他自己可以躺着，可以摆烂，但假如他通过不择手段地靠出卖别人的生命来谋钱的话，是不是很恐怖？祥子的这处变化最令人痛心，我们来看看。

出示 PPT：

坐了许久，他偷偷地用那只大的黑手向腰间摸了摸。点点头，手停在那里；待了会，手中拿出一落儿钞票，数了数，又极慎重地藏回原处。

师：这里还写到了钱，这段是出现在哪个章节？

生：这段话出现在第24章，这里写的是他出卖了别人，获得了六十元。他想的是准备怎么把这些钱花出去。

师：我觉得他前半部分说的是对的，出卖了阮明，阮明后来被枪毙了，他因为告密有功得到六十块钱。但是他后面一句话说他想着怎么把钱花出去，在这里有没有说到是怎么把钱花出去？没有。但是他把钱藏回了原处，你觉得祥子这里的目的是藏钱还是为了花钱？

师：首先是为了藏钱，但是现在的祥子藏钱是为了买车吗？为了什么？为了享受。你们说得太对了，所以今天这节课最后一个活动，是请大家来想一想祥子会怎么花这笔钱？写一段话，这段话当中要有祥子花钱时的细节和心理。

出示 PPT：

祥子会怎么花这笔钱？请你写一段话，写出他花钱时的细节和心理。

师：祥子有可能去买什么呢？花几笔钱？首先要确定下来买什么，其次是怎么买，最后是买的时候心里怎么想的。就这三个问题。拿起我们的笔。

师：这样吧，还有几分钟就要下课了，把它作为课后作业好不好？回去写，写好以后交给你们的语文老师。

师：祥子花这笔钱啊，他可以买很多的东西，但是一定要符合小说的前后内容。比如，写祥子去买一个游戏机就不对了，要注意契合。接下来徐老师想要问问同学们，刚才在讨论的时候我们也说到这个问题。

出示PPT：

> 匹夫兴亡，天下有责。一个人堕落的道路，总是自己一步一步走下去的。

师：刚才有三位同学一直念念不忘说打破祥子人生理想的是他自己，祥子得为自己的堕落负责。但是还有另外一些人认为祥子的堕落是这个社会造成的，因为"匹夫兴亡，天下有责"。你认为谁应该为祥子的堕落负责呢？来，你说说看。

生：我认为祥子当时所处的黑暗社会应该为祥子负责。因为他当时是一个年轻力壮的乡下小伙，来到城市打拼，当他在城市里过久了以后，就慢慢堕落成了城市车夫的样子。

师：是这个社会让他一步一步堕落下去的。

生：我也觉得是这个社会使祥子堕落下去的。因为在这个病态的社会里，只有所有的无产阶级联合起来，才能改变无产阶级的命运。而祥子恰好是个人主义，想要靠自己的力量去获得成功，这正好与病态的社会处在一个对立面，导致后面发生了一系列的事情，加剧了祥子的堕落。

师：你的意思是祥子想靠一个人的力量去改变，最终失败了。有没有不同的观点？

生：我觉得纵使这个社会是黑暗的，但这个路是他自己走下去的。在当今社会，也有很多人是堕落的，但是跟这个社会无关，即使有关系，如果祥子在最开始改变思想，抱团，自尊心没有那么强，自己去顺应这个社会，去改变自己，终究他可以守住自己的底线，至少不会像现在这样堕落，把自己的底线也给磨灭了。路是一个人自己走下去的，当今社会也有堕落者，所以说社会对一个人的影响并不是很大。

师：社会的大环境对于人是有影响的，但是人的堕落是自己一步步走出来的。

生：我也认为是祥子自己使他堕落的。不管他遭受了多么大的打击，他面前都还有那条努力的道路，但是他自己并没有选择那条道路，这就导致了他最后的堕落，变成了非常自私的人。

师：好的，我们就不讨论了。大家猜猜看，咱们这本书的作者老舍的观点倾向于哪一种？他要批判这个堕落的车夫，还是要批判那个社会呢？要说理由。

生：他是都有的。他的意思是这个社会是黑暗的，是无情的，也影响了祥子。最后一章的最后一句说："社会病胎里的产儿，个人主义的陌路鬼。""社会病胎"就是社会，"个人主义"就是祥子。社会对祥子产生影响，祥子也对自己的未来负责任。

师：真好，她是从原著的内容当中找到依据的。

师：我现在问一下同学们，祥子姓什么，他有大名吗？没有。那么，老舍为什么要塑造这个连姓和名都没有的人呢？

生：因为祥子他本来是一个乡下小伙，他的认知是非常低的，不可能像一些受过教育的人一样认知很高。

师：你没听懂我的问题，老舍为什么要塑造这么一个连姓名都没有的人？乡下小伙就不配有姓名了吗？徐老师也是从乡下来的啊。请坐。来，请你说。

生：我觉得老舍塑造了一个非常普通的人。

师：是那么个意思。

生：我觉得祥子在当时的社会是一个底层人物，作者塑造这个人物的形象以及书中其他众多人物的形象就是控诉这个黑暗的社会，表达对底层人民的同情。

师：听起来都对，如果考试就是零分。（众生笑）

生：我觉得《骆驼祥子》写出了祥子的悲剧，也写出了整个车夫的阶级。文中出现的人物如二强子、小马的祖父，他们有车，但是都不能养家糊口。有车都尚且如此，如果没车呢？没车的是不是更惨呢？在这个没有公道的世界里，坏人横行霸道，好人受灾受难，所以这是祥子的悲剧，也是整个世界、整个阶级的悲剧。

师：如果是一个5分题，大概可以拿0.5分。（众生笑）0.5分体现在哪里？他说到了那一群人，那个阶级，就少了一个很关键的字，那个字出现了就是5分。他是那个阶级的——

生：代表。

师：你的那个"代表"出来了，就值5分了。所以，老舍在这不是只写了那一个车夫，他需要写那一群底层人的生活，祥子是他们的"代表"。（板书：代表）"代表"这个词一出现，我就觉得你读懂了。也就是说，如果只是那一个车夫变坏了，那是那个车夫的坏；如果有成千上万的车夫变坏了，那就是社会的问题。所以，徐老师就觉得"匹夫兴亡，天下有责"。这就是读这本小说我们要关注的，一个人和一个社会的问题。好，下课！

生：老师，再见。

师：同学们，再见。

○ 评 课

苦心经营的随便
——徐老师执教《骆驼祥子》导读实录评点

安庆市怀宁县振宁初中　郑　丹

帕尔默认为"真正好的教学不能降低到技术层面"，徐杰老师执教的《骆驼祥子》导读课也不应从技术层面观照，而应从艺术层面来品评。徐老师两次执教，不断优化教学设计，践行精致语文的追求，上出了名著交流课的新高度。这看起来轻松随意，实则苦心孤诣。

一、交流课的价值定位：开展主题探究

进入课程视野的整本书阅读和单篇一样，承担着教学价值和教育价值的双重功能。教学价值主要指向语文要素，教育价值主要指向人文主题。整本书导读按照不同阶段可分为起始、推进、交流三种课型，其中，起始课和推进课更多承担着教学价值功能，交流课更多承担着育人价值功能。这是由课型的阶段性决定的。交流课是在学生读完整本书的基础上开展的，此时学生熟悉文本内容，也能提出自己的看法，因此适合开展主题探究。

借用第三只眼看社会，在别人的故事里体验生活，思索人生，获得启迪，这是阅读小说的主要目的。徐老师两次设计的落脚点在于探讨祥子堕落的原因，这是非常精准的。王荣生教授说，教什么比怎么教更重要。小说正是通

过祥子的堕落引发人们对个人命运及社会的思考。徐老师第一次执教的终结问题是"谁应该为祥子的堕落负责",第二次执教的是"匹夫兴亡,天下有责。一个人堕落的道路,总是自己一步一步走下去的。""你认为谁应该为祥子的堕落负责"?第一次比较笼统;第二次具有思辨性,更易激起学生思考,既提示了思考的方向,又缜密了思考的维度。吃苦耐劳的祥子堕落成偷奸耍滑如行尸走肉一般的人,有个人的局限,更有社会的原因,仅仅从一个方面思考失之偏颇。前者会让人走向反思和警惕,后者会让人怨怼、放纵和堕落。时代的一粒灰落到个人身上就是一座山。一个人的命运既与自身的抗争与坚守有关,更与所处社会息息相关。徐老师优化后的主题探究更能使学生在反思祥子性格缺陷的同时思考个人命运与社会的关系,从而培养学生全面看问题的眼光。

横看成岭侧成峰,一千个读者就有一千个哈姆雷特。多元解读是由经典作品的经典决定的。然而,庐山还是庐山,哈姆雷特还是哈姆雷特,经典作品的核心还是不变的。这也是名著交流课的教育价值所在,也是徐老师的匠心所在。

二、交流课的问题设计:遵循发展规律

怀特海认为人的心智发展有三个阶段:浪漫阶段、精确阶段和综合运用阶段。浪漫阶段是对事实的直接认知的自由阶段;精确阶段是对事实进行分析阶段;综合运用阶段是在事实分析基础上的自由综合阶段。这三个阶段循环往复。这三个阶段在阅读上对应了检视阅读、分析阅读和主题阅读三个层次,由浅入深读透一个主题,符合深度阅读的规律。徐老师问题的设计也暗合这种规律,以学为中心,导而弗牵,水到渠成。

徐老师独具慧眼,选点精妙,两次都从"钱"切入,串起全书情节,贯

穿祥子一生，反映祥子的变化，揭示小说主题。相对于第一次执教时开篇"有人说《骆驼祥子》就是祥子一个人的攒钱史"的单刀直入，第二次执教更自然无痕，从学生的阅读初感谈起，问"书中出现次数最多的是什么"，然后慢慢过渡到钱，再到提出问题："哪一个写'钱'的片段给你留下了特别深刻的印象呢？"这个浪漫期必不可少，一方面，创设了自由交流的氛围；另一方面，让学生回归文本，回顾相关情节，更重要的是为后面讨论做足铺垫。在学生找出拍钱、被讹钱、换钱、谋钱、摔钱、抠钱、花钱后，相机提问："作者花那么多的笔墨写祥子的省钱、抠门，这里忽然又写祥子很慷慨地花掉钱，为别人买包子吃，你觉得矛盾不矛盾呢？"很自然地进入精确期。没有前面浪漫期的自由，就没有精确期的深入思考，学生的回答全面而深刻，既丰富了祥子的形象，又看到祥子的未来。在此基础上，徐老师总结祥子挣钱、攒钱无非是想拉车攒钱买车，再拉车攒钱买车，这是一个刚到城市打拼的热血青年的淳朴理想。这个总结是老师的示范，承上启下，经历浪漫期的泛读、精确期的分析、综合运用期的提炼，完成祥子一生的概括，开启课堂下一部分。这个小循环构成整个课堂的浪漫期，为祥子堕落原因的主题探究做铺垫。诚如怀特海所言：没有浪漫的冒险，你最多不过得到了一堆枯燥无味的知识。

第二部分顺势提出"谁打破了祥子'拉车—攒钱—买车'的人生理想"的问题，开启了祥子与社会、与他人、与自我的浪漫追问——大兵和孙侦探是显性的，虎妞、刘四爷、老马、夏太太、小福子是隐性的，他们都属于社会原因，还有祥子自身的原因。再精确分析"谁彻底打破了祥子'拉车—攒钱—买车'的人生理想"，聚焦小福子之死对祥子的最后一击，细读祥子在乱死岗子落泪片段，揣摩祥子泪中的情感，挖掘祥子堕落的心理密码，掌握精确的知识细节进而领悟原理。最后以"祥子变了：从前的祥子……，后来的祥子……"进行总结，让学生综合领悟祥子的变化，并出示想象训练——想象祥子会怎样花谋来的钱，作为课后作业，强化祥子的堕落。这一部分的内循环构成整个课堂的精确期，引导学生分析祥子的堕落原因。

第三部分讨论祥子堕落的原因在于社会还是自己就水到渠成了。怀特海认为，综合运用阶段是抛弃细节而积极使用原理的阶段，这时知识的细节退却到下意识的习惯中去了。学生经历自由、精确再回到自由阶段，比以往任何时候都活跃，更理性。

由此观之，徐老师每一个问题都环环相扣，层层递进，却不旁逸斜出，不刻意雕琢。就像汪曾祺先生追求小说结构"苦心经营的随便"，这正是徐老师的苦心所在。

三、交流课的对话原则：隐喻作用逻辑

名著导读不同于自然状态下的阅读，是教师、学生、文本之间的相互对话，是师生围绕文本这一伟大事物编织的精神之网。意义不是从文本中提炼出来的，它是我们通过与文本的对话出来的，因此具有开放性、动态性。而教师是以资深读者的身份参与对话，是平等的首席。美国的小威廉·E. 多尔在《后现代课程观》里这样说：就激发对话而言，隐喻比逻辑更有效。隐喻是生产性的：帮助我们看到我们所没有看到的。隐喻是开放性的、启发性的、引发对话的。逻辑是界定性的：帮助我们更清晰地看到我们已经看到的。它旨在结束和排除。隐喻和逻辑是相互作用的。要将这种相互作用引入课程建设中。换句话说，隐喻的开放性导致不确定性，逻辑的界定性导致确定性，对话就是由不确定性走向确定性。徐老师的课堂就充满了这种不确定和确定之间的张力。

这种张力与开放性的问题有关，更与老师的教学机制相关。如徐老师带领学生揣摩祥子的"泪"中蕴含的情感，就充满不确定和确定的张力。这个"泪"是祥子人生的节点，是前期挣扎的终结和后期放逐的开始，隐含着祥子

对社会、对人生的认识。老师不点出来学生很难发现，这是隐喻性的。徐老师引而不发，让学生自己去揣摩，导向不确定。学生的领悟丰富多彩，绝望的泪、悔恨的泪、悲愤的泪、无助的泪、自嘲的泪。对学生已确定的"悲愤的泪"，徐老师敏锐地抓住，追问学生"哪一句最应该读出悲愤的感觉"，这是帮助学生将模糊的感觉清晰。学生读了但味儿不浓，徐老师再请人读还是不够，接着具体指导停顿，最后再请学生读，从而帮助学生准确理解并清晰表达祥子的悲愤，这是逻辑性的。帮助学生理解"无助"也是这样，在学生确定但模糊的时候助推。在学生不确定的地方，徐老师不是强势灌输，而是以商讨的口气提出自己的观点，请学生裁断，将话语权交给对方。如在讨论"泪"的情感尾声，徐老师说自己"觉得这还是一个告别的'泪'。你们觉得徐老师这么写有没有道理"，马上就有学生呼应"告别"的两层意思。徐老师以平等参与者的身份将不确定又变成了确定，让隐喻作用逻辑。

怀特海说，教师有着双重作用，他以自己的人格和个性，使学生产生共鸣而激发热情；同时创造出具有更广泛的知识、更坚定的目标环境。这也是徐老师的慧心所在。于是，我们总是看到这样的对话场域，学生在课堂中积极参与、自由舒展，他俯身课堂闲庭信步、信手拈来，一起走向天光云影的阅读方塘。

汪曾祺先生谈到他的小说结构尤其随便时说："我这样做是有意的（也是经过苦心经营的）。我要对'小说'这个概念进行一次冲决：小说是谈生活，不是编故事；小说要真诚，不能耍花招。小说当然要讲技巧，但是：修辞立其诚。"所以，我们读汪先生的小说就像和一位慈眉善目的老人聊天。我们看徐老师的名著交流课不像是上课，而是像和一些朋友谈天，不知不觉中，自己的认知提升了，思维缜密了，见解深刻了。匠心、苦心、慧心合一，这是交流课的最高境界。

○ 教学反思

明明知道这个环节能出彩，但我还是果断跳过去
——《骆驼祥子》导读课教学感言

徐 杰

上第二稿《骆驼祥子》导读课，走一步，再走一步，课堂行进得比较顺利。

到了这个环节：祥子出卖阮明，用阮明的命换了六十元。你觉得祥子可能怎样花这笔钱？写一段话，这段话当中要有他当时的细节和心理。

这个环节，在第一稿上的时候，学生的"写"是非常出彩的。教学实录片段摘录如下：

生：我写的是祥子去买酒。祥子的手向黑暗的口袋伸去，私下看看，飞快地摸出一沓钱，捂在胸前的小褂上，向柜台上一推，又看了看周围，小声地说"来一碗酒"。钱花出去，祥子觉得似乎可以大胆一些，便把身子挺直了些，接过酒碗拖着脚一步一步踱到店门口。一仰脖，喉咙里火辣辣的感觉，祥子觉得……后面还没有写完。

师：写这么多已经很好了，我们要不要给她掌声？（全体学生鼓掌）

师：第一，买酒这个情节是合理的。第二，买酒的细节她写得很好。"看了看周围"，是因为他花的是昧良心的钱；"摸出一沓钱"，这是细腻的动作描写；把酒喝下去，"火辣辣的"，写得特别好，他要用酒来麻醉自己。好，继续。

生：祥子站在那处破旧的转角，向店里小声招呼了两下："鸦片还有

余货吗？"他说这话时反复左右打量，好似生怕有警察奔出来。当然，祥子并不怕这个，就是警察来，拔腿跑不过，塞几根烟便是了。他是不忍看到手中的钱，他清楚这来历，不过又何妨呢？阮明又不是个好货色。尽管这样想着，祥子拿着钱的手却依然颤抖着。

师：好不好？（全体学生鼓掌）

师：我也很欣赏这位男生所写的文字。祥子的心理很复杂，既有害怕，又要为自己开脱：阮明也不是好东西，"我"谋了他的命，是不该有心理负担的。他把祥子那种微妙、复杂、矛盾的心理写得很透彻。刚才我看到有位同学写的是买棺材，请你分享一下。

生：祥子指着一个木棺材说："我要。""六十五元。"老板没抬眼。"六十元。"祥子把钱往桌上一扔。老板斜眼看了看祥子，叹了口气，说："行。"祥子已经不怕阮明的鬼魂了，他就要死在这个用出卖阮明赚来的钱买的棺材里。阮明的鬼魂要来就来吧，反正他也没什么可还阮明的，他现在是个身无分文的无赖。

师：怎么样？（全体学生鼓掌）

师：以前在我老家也有这种风俗，人还没有死的时候，老人会把一辈子积攒的钱拿来买一口好一点的棺材。我们再来找一位同学分享。你写祥子买了什么？

生：烟酒。

师：来，请你读一读。

生：祥子有些犹豫，他几次摸到了纸币，又像是烫手般缩了回来，手心上全是黏腻而温热的汗，这让他想起阮明被处决时溅出的鲜血。"这……这不能怪我……"祥子已经疯魔地喃喃自语道："他以前也是这么做的，对，他出卖了那么多人，就要做好自己也被出卖的准备。"于是，祥子冷静下来了，"有这么个下场是他活该，如果我不提前下手，叫别人抢了先才是吃亏，我没什么可害怕的……"他自我催眠道。这钱终是心安理得地花了出去。

师：好不好？

生：（齐）好。（鼓掌）

师：同样是写买烟酒，但是她更多地写了祥子的内心独白，表现了他由恐惧到心安理得的心理变化过程。

当学生埋头开始写作的时候，我转到讲台，看了一下时间，距离下课还有几分钟。

我立刻在心里盘算，写至少三分钟，然后分享交流请3~4名同学，至少四分钟，后续一个总结提升环节，还需要三四分钟。怎么办？

我面临的选择有三个：或拖课，或跳过"写"的环节，或删掉最后一个活动。

拖课，我是不愿意的。因为这是示范课，既然计划里是一节45分钟的课，就要按时下课。我在一线教学的时候，就很反感拖课。在巡课时，如果发现有老师拖课超过三分钟，我就要去敲门，"强制"打断。

删掉最后一个活动呢？好像也不行。最后一个活动，既带有思辨性质的阅读交流，又引导学生从书里走出来，思考人生和社会。这是整节课的高潮，绝不能删。

那就只好跳过"写"和"交流"的环节了。于是，我跟同学们说把它作为课后作业。

下课后，有个老师问我："徐老师，那个'写'的环节可以预见到精彩，你为什么跳过去了呢？"

我说："我反感拖课。"

那个老师又说："你能不能把前面第一个环节缩减一下呢？'朗读写祥子与钱有关的语段'，只做祥子的省钱、攒钱、抠钱，而把'祥子慷慨花钱为老马买包子'这个语段的朗读和追问省掉呢？"

我说："不能省。一则，这是阅读求异思维训练的需要；二则，是探究小说人物形象塑造'真实'的需要；三则，也为后面祥子的人生之'变'进行铺垫。"

那个老师说："这么精彩的生成，没有呈现，有点可惜。徐老师，现在名师上课，很少有不拖课的，你拖个五分钟，我们也不会苛责你啊！"

我说："你们放过了我，可是，我不能放过我自己啊！"

12.《夏洛的网》导读实录

背景： 2016 年 4 月，成都市新都区锦门小学名著导读专题活动，执教
示范课。

班级：锦门小学六（1）班。

课型：总结性导读。

师：同学们，读完了《夏洛的网》，你知道书中那只猪的名字吗？

生：威尔伯。

师：除了这只猪，你还知道哪些有名的猪？

生：猪八戒。

师：注意，叫"猪八戒"的时候它已经不是"猪"了，它已经做了唐僧的徒弟。它叫什么呢？

生：天蓬元帅。

师：叫"天蓬元帅"的时候是在中央做干部。这只猪的名字叫"猪刚鬣"。继续，你们还知道哪些有名的猪？

生：小猪佩奇。

师：对。今天这个故事其实不纯粹是威尔伯的故事，还可能是其他人的故事。可能是夏洛的故事，也可能是弗恩的故事，还可能是老鼠的故事。现在请同学们在其中选一个角色，以他的口吻来讲故事。比如，我是坦普尔顿，我正在偷偷地吃东西，忽然听到一只猪跟一只蜘蛛在聊天……讲的时候不需要面面俱到，只要讲他所知道的事。徐老师给大家三分钟时间，你们先自己讲，

然后我请同学起来讲。

（生自己讲故事）

师：大家如果实在回忆不起来情节，可以翻翻书。

师：（提醒）应该是"讲"故事，而不是读书。

师：谁愿意先来讲故事？

生：我是一只蜘蛛，我叫夏洛。我和威尔伯是好朋友。我用蜘蛛网织出字，让人类觉得威尔伯并不是一只普通的猪。我还救了它的性命，让它不被人类吃掉！

师：真好，讲得非常清晰明了。如果再加一些内容就更好了。请问，夏洛给这只猪织了几次字呢？

生：织了四次字。

师：第一次织的是"王牌猪"，第二次织的是"了不起"，第三次织的是"光彩照人"，第四次织的是"谦卑"。你把这些内容补充进去，连起来说一遍。

生：我是一只蜘蛛，我叫夏洛。我和威尔伯是好朋友，我四次织字来帮助它，第一次织的是"王牌猪"，第二次织的是"了不起"，第三次织的是"光彩照人"，第四次织的是"谦虚"。（同学纠正：谦卑）这样，人类就觉得它不是一只普通的猪，就不会把它吃掉了。

师：说得真好。还有谁愿意来试试？

生：我是一只猪，我叫威尔伯。我一生下来就是一只落脚猪，面临着被杀的命运。我有一个好朋友叫夏洛，它是一只蜘蛛，它织了四次字，分别是"王牌猪""了不起""光彩照人"和"谦卑"。这让大家觉得我不是一只普通的猪，也让我逃离了被杀的命运。它生下来的几只小蜘蛛，每次都会有两三只留下来陪着我。但它织了四次字后，自己却面临着死亡的危险。

师：不仅是它的孩子，它的子子孙孙都有人留下来陪着"我"。所以你还要加上一句，"我要细心照料我好朋友的孩子"，这样才是一只懂得感恩的猪。

你来说。

生：我叫坦普尔顿，我是一只老鼠。我是一个旁观者，一天天吃着威尔伯剩下的食物。有一次，我不经意间发现威尔伯和一只蜘蛛在说话。它竟然夸这只蜘蛛美丽，它到底是怎么想的呀？这只蜘蛛长得灰溜溜的，一点儿也不好看。昨天我听说他们要把威尔伯杀掉了，我看它的样子可伤心了，在地上滚来滚去，耍着孩子脾气。蜘蛛夏洛分别为它织了四次字，保住了威尔伯的性命。这次过后，我就改变了对夏洛的看法。夏洛是一个好人，它为了保护威尔伯的性命，把自己都牺牲了。威尔伯为了报恩，辛苦照料它的子子孙孙。我这个老鼠也是值了，懂得了这么多人生的道理。

师：看来这只老鼠很懂事。但是你说这只老鼠仅仅是个旁观者，事实上，它也参与到了拯救威尔伯的行动中。谁来补充？

生：夏洛让这只老鼠去垃圾场找些字过来，还有，威尔伯让它把夏洛的卵袋从箱子上带下来。

师：对了，在挽救威尔伯生命的过程中，这只老鼠虽然很自私，但它也做了一点贡献。它从垃圾场找字，帮夏洛取下卵袋，还陪它们去集市。这位男生补充得特别好。我们继续刚才的话题，选一个书中的角色来讲故事。

生：我叫弗恩，是一个八岁的小女孩。一天，我从爸爸的手上救下来一只差点被杀的小猪。它很可爱，我给它取名叫威尔伯，并喂养了它一段时间。但是，爸爸却把它卖到了朱克曼伯伯的农场里。开始，我每天都只能去农场坐在一个破的挤奶凳子上看着它，但是后来我发现它和一个名叫夏洛的灰灰的蜘蛛成了好朋友，这样我也不必担心它在农场那边太过孤单了。一天，夏洛的网上突然出现了"王牌猪""了不起""光彩照人""谦卑"这些神奇的字。这些字居然让威尔伯在集市上获得了特别奖，真是太令人高兴了！再后来，威尔伯就在朱克曼伯伯的农场里一直照顾着夏洛的子子孙孙，我真为它高兴。

师：老师纠正一点，朱克曼是弗恩的舅舅。舅舅和伯伯不一样。伯伯是爸爸的哥哥，舅舅是妈妈的兄弟。总的来说，她讲得不错。作为弗恩，夏洛是怎么织那些字的，她看不到，所以她没有讲。她只是说网上有这样的字。所以，由谁来讲这个故事最好？或者说，这个故事为什么不让威尔伯来讲？来，你说说看。

生：我觉得应该是威尔伯在各个角色故事中起串联作用。

师：不仅起串联作用，它还是故事的主人公。但是，如果让威尔伯来讲这个故事的话，蜘蛛织网的整个过程，它是看不见的。如果让夏洛来讲这个故事的话，我们就知道了织网的过程，知道吐出卵袋之后，夏洛就死了。但是后面的故事，夏洛就讲不下去了。所以，需要有一个能把所有事情都讲出来的人来讲故事。坦普尔顿可不可以？这只老鼠晚上去偷吃东西了，也没看到织网。所以还是让怀特来讲比较好。怀特很了不起，他不仅讲好了"夏洛的网"的故事，还讲了另外两个好听的故事——《斯图尔特鼠小弟》《吹小号的天鹅》。你们可以去买来读一读。同学们，《夏洛的网》讲的是谷仓底下动物们的故事，这些动物给你留下了怎样的印象呢？看屏幕，请你找一些修饰语填在括号里。三分钟时间准备，可以翻书，可以讨论，也可以自己独立思考，笔要拿在手里。开始。

屏幕显示：

（　　　　）夏洛　　（　　　　）威尔伯　　（　　　　）费恩

（　　　　）鹅　　（　　　　）老羊　　（　　　　）坦普尔顿

（生准备）

师：谁先来？

生：伟大的夏洛，可爱的威尔伯，自私的坦普尔顿，傲慢的老羊。

师：徐老师对你说的"自私的坦普尔顿"比较满意。"伟大的夏洛"，"伟大"这个词比较空泛。说老羊是"傲慢"的，我也不大同意。你们再想想看，你来说。

生：舍己救人的夏洛。

师：“舍己救人”比“伟大”要好，指向比较明确。其他同学呢？

生：聪明的夏洛、结巴的鹅、爱睡的威尔伯。

师：猪的天性就是喜欢睡，“爱睡的威尔伯”，说得很直接。“聪明的夏洛”也说得非常好，因为它想到了救自己好朋友的方法。说“鹅”“结巴”不太好。“结巴”不是鹅的性格特点。想一想，你读到了怎样的鹅？

生：我觉得鹅是“吵闹的鹅”。

师：它也没怎么吵，它就是喜欢那样说话，喜欢把话重复说三遍。

生：见过世面的老羊。

师：老羊有两片山羊胡，以前有一些有学问的人也留山羊胡。“见过世面”，有道理。再想想看，你读到了怎样的鹅？

生：鹅是热情的。

师：对。除了“热情”外，还有什么？徐老师在读这个故事的时候，总觉得这只鹅值得关注。

生：我认为是助人为乐的鹅。

师：是的，还有人补充吗？

生：鹅是负责的。因为母鹅一直专心地孵蛋，公鹅认真地保护蛋。

师：说得太好了。虽然它们不关心外面的大事，也做不了什么大事，但是尽职尽责地做着自己该做的事，并且做得很好。好的。我们现在来看看谷仓外面的人的世界。我想问问大家，哪个人给你留下了最为深刻的印象？

生：弗恩给我留下了最深刻的印象。

师：弗恩这个小女孩你们喜欢吗？说说喜欢她的理由。不要只讲一个理由，要说出1，2，3。

生：我喜欢弗恩的理由，第一个是她爸爸要杀一只刚出生的落脚猪，她听到之后马上就去阻止。第二个是在她阻止爸爸杀猪的过程中，爸爸说落脚猪麻烦很大，为什么还要救它？弗恩说不管麻烦大不大，它是一条生命。这说明她热爱生命，尊重生命。第三个，她把威尔伯救下来以后，不但没有不管它，还给它取了名字，给它喂奶、喂食，很负责任。

师：说得太好了，这三点也正是徐老师特别欣赏弗恩的地方。这个小女孩怜悯生命，平等地对待生命，尤其是自己还要担负起照顾生命的责任。弗恩跟其他人有什么不同？

生：别人养猪都是为了吃猪肉，而她是为了保护生命。

师：对了，这就是最大的不同。哪怕猪肉不吃，也要把它养好。这本书里面有很多人，你觉得谁最懂弗恩？

生：多里安医生最懂她。因为弗恩的妈妈找到多里安医生，说对弗恩听动物说话这件事感到担心，但是多里安医生却劝说了弗恩的妈妈，并且表示愿意相信弗恩，她觉得动物也会说话。

师：对。她不仅安慰了弗恩的妈妈，还说如果心里面没有爱和懂得，是听不懂动物说话的。现在徐老师要问大家，这个故事向我们展现了谷仓底下的动物世界，也向我们展现了谷仓外面人的世界。那么，动物的世界跟人的世界有没有相同的地方？想三分钟，答案不唯一，可以翻书，也可以讨论。

生：里面的鹅妈妈和弗恩非常像，因为她们都很负责任。鹅妈妈要照顾自己的蛋，弗恩要照顾威尔伯。

师：好，动物和人都需要负责任。

生：我觉得她们都有善良的心。

师：坦普尔顿有的时候不善良，朱克曼总是想着把猪杀掉卖钱，也不是很善良。

生：在动物世界中，夏洛所代表的是非常善良忠实的人，威尔伯代表的是懂得感恩的人，坦普尔顿代表的是自私、只为自己的利益着想的人。

师：你的意思是说，人类社会中这些类别的人都有？对，动物世界有形形色色的动物，人类世界也有形形色色的人。还有补充吗？

生：动物们互帮互助。母鹅想让威尔伯出去玩，朱克曼太太看见了就让人去抓它。母鹅看到了就想着帮助威尔伯逃跑。

师：好的，她说是"互帮互助"。大家注意，刚开始鹅、羊叫威尔伯逃跑，真的是为了帮助它吗？其实是它们在里面待得太久了，想看笑话，看热闹。所以，我们读动物小说其实就是在读什么？

生：人。

师：对，这句话我想送给同学们。"读动物小说就是在读人"，这句话要记下来。人的世界里有的东西在动物世界里也有，但用动物世界来表现人的世界会更加形象，更加好玩。那么，在动物的故事里，我们读到了人类世界的哪些东西呢？请用一个词语来回答。比如，徐老师填的是"友谊"。为自己的朋友两肋插刀，为自己的朋友夜不能寐，绞尽脑汁地想各种办法挽救朋友的生命，这就是"友谊"。准备两分钟再回答。

生：我在这本书里读到了"感恩"。理由是威尔伯将夏洛的卵袋带回了谷仓，并且一直照顾它的蜘蛛宝宝。

生：我在这本书里读到了"贪生怕死"。威尔伯听到猪长胖之后就会被做成熏火腿，就一直在那里哭闹，直到夏洛说救它，它才不闹了。

师："贪生怕死"是人的本性，也是动物的本性。

生：我在这本书里读到了"关心"。坦普尔顿一直在吃，吃到肚子很大了。夏洛就对它说："你要注意不要吃太多，吃太多会死掉的。"

师：对，即使对我们所讨厌的人，我们也不要吝啬关心。

生：我在这本书里读到了"互帮互助"。夏洛一直在帮助威尔伯，等夏洛死后，威尔伯就帮助夏洛抚养它的子孙后代。

师：没有哪一种帮助是从天上掉下来的，帮助总是相互的。

生：我在这本书里读到了"负责"。鹅妈妈对她的八个蛋很负责，威尔伯叫她去玩她也没有去，她一直守护着这八个蛋。

师：鹅是负责的。负责的还不仅有鹅，还有谁也很负责？坦普尔顿有没有负责的地方？

生：它帮威尔伯去房梁上把夏洛的卵袋给安全地带了回来。

师：虽然它去取卵袋是有条件的，"下次吃饭你让我先吃"，但是它作出了承诺，就认真地去做了。承诺很重要，答应帮别人的事情一定要办到。在这里，"承诺"要比"负责"更准确一些。

生：我读到了"善良"。夏洛为了让威尔伯活下来，不顾一切织出字，从而改变了威尔伯的命运。

师：是的，我们帮助别人，就是源于我们的善良。

生：我在这本书里读到了"舍己为人"。夏洛为了让威尔伯继续生存下去，就在蛛网上织了四次字。在第四次织字的时候，它的生命在不断地衰竭，最后就死了。

师："舍己为人"这个词用得挺好，到最后说"死了"，不大好，可以改成"牺牲"。"舍己为人"的第一种境界是自己帮助别人做事，第二种境界是在帮助别人时把自己的命送掉了。这种精神很可贵，所以用"牺牲"比较合适。

生：我在这本书里读到了"思念"。在夏洛牺牲之后，威尔伯并没有满不在乎，而是在思念着它，怀念着它。

师：对，对那些帮助过我们的人，我们要经常地想起他们，想到他们的好。在以后的日子里，当威尔伯躺在太阳底下晒太阳的时候，它可能会想到那只蜘蛛。威尔伯喜欢睡觉，那它睡着的时候，有没有可能想起夏洛？睡觉的时候怎么想？

生：梦里想。

师：对，你们太厉害了。可能有一天，小猪威尔伯做了一个梦，在梦里见到了它的好朋友夏洛。

生：我从这本书里读到了"文化"。当夏洛第一次织出字的时候，不少人前来观看，而且还在聊天。我关注到了其中的一句话——"我读十年级还认不得'了不起'这三个字"。

师：你这真的是石破天惊的想法。没有文化真可怕。要是夏洛织不出那些字来，就救不了威尔伯。当然，我们在书中还可以读到很多。你们都是善良的，大多数同学还是从正面去解读的。老师再问一问，坦普尔顿除了自私，还有什么特点？

生：狡猾。

师：人有的时候也狡猾，甚至比动物还要狡猾。书中的老鼠除了自私、狡猾外，还比较贪婪。在它的身上，集中体现了我们人类人性中的弱点。我希望同学们读这本书，还要关注一段话。这段话是夏洛在临死之前对威尔伯说的，哪位同学来读一读？

生：（读）这件事本身就是一件了不起的事。我为你结网，因为我喜欢你。再说，生命到底是什么啊？我们出生，我们活上一阵子，我们死去。一只蜘蛛，一生只忙着捕捉和吃苍蝇是毫无意义的。通过帮助你，也许可以提升一点我生命的价值。谁都知道人活着该做一点有意义的事情。

师：好的，谢谢你。大家自由地把这段话读一读，要读出深情，读出这只蜘蛛话里面的深意，读完后说说你读到了什么。好，读起来。

（生读书）

师：大家在这本书中读出了蜘蛛的奉献、牺牲，帮助朋友尽心尽力，很好。但反过来看，正是威尔伯给了夏洛生命的意义。生命的意义在于通过帮助别人来提升自己，成全自己。大家知道这本书已经被拍成电影了吗？今天晚上回去可以在网上搜一搜，看看这部电影。看完后想一想，电影的导演和编剧对这本书的哪些故事情节进行了改编；哪些故事保留了原样；哪些故事在书里面有，电影里没有。

好了，下课。同学们再见！

○ 评 课

导读课导什么

——徐杰老师执教《夏洛的网》导读实录评点

苏州市教师发展学院　王开东

徐杰老师，我亦称其为杰哥，是江阴语文教研员。他好好的"裁判员"不做，非要经常下场做"运动员"，一下场把人家打得"丢盔弃甲"，全国大奖拿到手软，俨然成了获奖专业户。

我听杰哥的课印象最深的是《乡愁》。因为老师传话错误，学生带错了课本，这是一个意外的挑战。杰哥并不慌张，施施然引导学生熟读背诵，把《乡愁》抄写在黑板上。有了这个诵读的基础，他反而高质量地完成了课堂教学。这就是课堂教学，有很多意外，也有很多惊喜，或者说意外就是惊喜。

名著导读课者，其立足点和着眼点在于指导学生自主阅读名著。既然是"导读"，就得在"导"上下功夫。"导"有诱导、指导、引导之分，那就至少有三方面的考虑。一是要有"诱导力"，在"想要读"上做文章，使学生产生阅读名著的兴趣和冲动。二是要有"指导力"，在"怎么读"上做文章，让学生获得阅读名著的方法和本领；不是讲授方法，而是创设实践活动，让学生在"玩水"中学会游泳，真正纠正学生阅读名著的偏差和顽瘴痼疾。三是要有"引导力"，在"读的意义"上做文章，引导学生提高阅读品位，涵养精神生命，使学生成为气象万千的人。这才是名著阅读追求的所求之法、所立之德、所树之人。

对于这节《夏洛的网》导读课，杰哥导读的程序大致有五部分：

1. 由天蓬元帅、小猪佩奇等引入小猪威尔伯。

2. 请同学们在其中选一个角色，以这个角色的口吻来讲故事。

3.《夏洛的网》讲的是谷仓底下动物们的故事，这些动物给你留下了怎样的印象呢？看屏幕，请找一些修饰语填在括号里。

（　　　　）夏洛　　（　　　　　）威尔伯　　（　　　　　）弗恩
（　　　　）鹅　　（　　　　　）老羊　　（　　　　　）坦普尔顿

4. 这个故事向我们展现了谷仓底下的动物世界，也向我们展现了谷仓外面人的世界。那么，动物的世界跟人的世界有没有相同的地方？

5. 读动物小说就是在读人。那么，在动物的故事里，我们读到了人类世界的哪些东西呢？

从整体来看，这五部分内在逻辑清晰，针脚绵密。阅读程序本质上就是阅读方法的指导，先引出主人公威尔伯，围绕着威尔伯自然有一群角色，再选择一个角色讲有关威尔伯的故事。这些故事是谷仓下动物世界的故事，世界是联通的，谷仓外面就是人的世界，那么这两个世界有何关系？

事实上，动物就是人，人也是动物，读动物就是读人，处处写动物，处处都在写人。动物之间的故事，都是人的故事。我们在动物身上读到了人的什么？这是阅读的价值、人生的启迪，生命的无限丰富和精神品质的提升都在于此。

从整体结构来说，作为导读课，这样的程序安排非常高效，但我们还需深入每一个环节看得失。由一大堆猪引入威尔伯有意思吗？从激发兴趣、活跃课堂气氛、消除陌生感等方面来说是有意思的，但仅仅如此就够了吗？是不是还要和后面有所关联？比如，猪八戒是猪，又是天蓬元帅，事实上既是猪也是人。动物就是人的典型，为后面读动物就是读人张本。

任选一个角色身份讲故事，这个活动设置非常精彩。日本《罗生门》就以这种方式结构电影，扑朔迷离，成为世界影史上的不二经典。这里以不同的视角叙述同一个故事，互相遮蔽，互相补充，整个故事一下子变得饱满，变得细节丰富起来。更重要的是，这个环节相当于对整个故事做了多遍梳理，成了后面进一步导读的必要基础。况且，这也是引导写作的好方法，同一个故事涉及多人，就可以通过这种方式描述故事。把故事想透了，最终写出来的故事就会充满张力和真实的力量。电影中每个演员都会以自己的角色身份重新讲述故事，就是为了在表演时找到细微感觉。

杰哥问："作为弗恩，夏洛是怎么织那些字的，她看不到，所以她没有讲。她只是说网上有这样的字。所以……，这个故事为什么不让威尔伯来讲？""如果让威尔伯来讲这个故事的话，蜘蛛织网的整个过程，它是看不见的。如果让夏洛来讲这个故事的话，我们就知道了织网的过程，知道吐出卵袋之后，夏洛就死了。但是后面的故事，夏洛就讲不下去了。所以，需要有一个能把所有事情都讲出来的人来讲故事。坦普尔顿可不可以？这只老鼠晚上去偷吃东西了，也没看到织网。所以还是让怀特来讲比较好。"

对于这些话，我有几个疑问。作者怀特来讲固然是好，因为怀特是全知视角，或者说是上帝视角，无所不知，而其他人是有限视角，但有限视角未必不好，有时候反而充满悬念，扣人心弦。比如，我们看悬疑电影，之所以感到里面步步惊心，就是因为我们处在有限视角之中。再如，鲁迅的小说《孔乙己》，就采用了小伙计的有限视角来写，他也看不到孔乙己是怎么从摆出九文大钱到用双手走来的。另外，以是否看到织网作为判定叙述好不好的依据有点奇怪。更重要的是，杰哥本来就设置了让学生根据多个视角来讲述这个故事，现在又否定这个视角讲述的合理性，我觉得有点得不偿失。

第三到第五部分，先是对动物特点的把握，然后迁移到人，再到对人的认识。这三个部分看上去很美，遗憾的是有交叉现象。因为学生填写对某个动物的认识，事实上就是写生活中某一类人的特点，这岂不就是对人的认识？

感觉这三部分有点纠缠不清。但也不是说这样处理不好，个人觉得对动物特点的把握，这里完全可以作为学生的阅读初感，师生不必进行深入辨析，但可以记录下来。这个环节所起的作用能够引出动物的故事就是人的故事，写动物就是写人，谷仓内和谷仓外是紧密关联的就足够了。等到对动物对应人的关系分析时，在原先的阅读初感上不断深化，不断辨析，不断清晰，不断提升，这才是导读的妙处，也是阅读深入以至豁然开朗的妙处。

"伟大的夏洛，可爱的威尔伯，吵闹的鹅，自私的坦普尔顿，傲慢的老羊……"这就是学生的阅读初感。但在后面问"读到了人类世界的哪些东西"时，学生回答有"感恩、贪生怕死、互帮互助、舍己为人、思念……"说明了什么？说明前面仅仅是对个性上的把握，后面则是从人与人的关系上把握。这很了不起。

结构主义告诉我们，世界不是由物组成的，而是由物与物之间的关系组成的。这既是阅读方法的传授，也是阅读效果的呈现，更是对人生认识的深化，甚至还是思想境界的提升。何乐而不为？

当然，导读只是一个开始，后面学生持续地研讨和精读才是关键，对这些认识的不断丰富才是最重要的。比如，弗恩身上最可贵的是什么？一是公平，小姑娘有一种大地伦理观，以及物我同一的朴素思想。她责问爸爸为什么要杀死威尔伯。"'可是这不公平，'弗恩叫道，'小猪生下来小，它自己也没有办法，对不对？要是我生下来的时候很小很小，你也会把我给杀了吗？'"二是爱。光有同情心和责任心还不够，对于一只落脚猪，还需要有足够的耐心和爱。弗恩给这头小猪取名威尔伯，"弗恩爱威尔伯胜过一切。她爱抚摸它，喂它，把它放在床上。每天早晨一起来，她就去热牛奶，给它围上围脖，拿着奶瓶喂它"。当老师问弗恩，宾夕法尼亚的首府在哪里，弗恩回答说是"威尔伯"！

弗恩之所以有朴素的大地伦理观，之所以同情心和责任心爆棚，很可能仅仅因为她是一个孩子。有一天她会长大，她的兴趣会发生变化。难道不是吗？在威尔伯生死存亡的时候，她被一个男孩亨利吸引，多次请求妈妈给她钱去玩？拿到钱后，"弗恩跑开了，在人群里左钻右钻，寻找她的亨利"。

对威尔伯来说，如果把它看成一只落脚猪，看成一个弱者的话，威尔伯最需要的是什么？也许威尔伯被救下来了没有死，但仍然不过是一只猪。但夏洛在网上给它织了"王牌猪""了不起""光彩照人"。自从夏洛开始扶助它，它就尽力活得跟它的名声相衬。夏洛说它是"王牌猪"，威尔伯就尽力让自己看上去是只王牌猪。夏洛说它是只"了不起"的猪，威尔伯就尽力让自己看上去是只了不起的猪。现在网上说它"光彩照人"，它就尽力让自己光彩照人。即便真正光彩照人之后，它还学会了"谦卑"。夏洛的网本来是杀生的，现在却为了救人，威尔伯本来是一只猪，现在却成了一个真正了不起的人，成为自我确认、自我鞭策的人。

夏洛死后，威尔伯非常感恩，它照顾夏洛的子子孙孙，但它觉得它们都没有夏洛那么好。为什么？所以我认为这并非完全是友谊，而是生命的彼此成全和升华。

夏洛和威尔伯诀别时说："生命到底是什么啊？我们出生，我们活上一阵子，我们死去。一只蜘蛛，一生只忙着捕捉和吃苍蝇是毫无意义的。通过帮助你，也许可以提升一点我生命的价值。谁都知道人活着该做一点有意义的事情。"夏洛帮助了威尔伯，没有向威尔伯索取"感激"，反过来却认为这是自己该做的。真正的友谊绝非单纯地付出，或者奉献、牺牲那么简单，我们帮助朋友，实质上也是在提升自己的道德境界，获得一种生命的意义。这种意义是一种双向奔赴，既成全了威尔伯的生命，也升华了自己的精神。威尔伯是夏洛塑造的，它在感恩，还代替夏洛在活……

好的课堂充满了无限的想象力，如梦亦如幻，春风十里不如你。

13.《红星照耀中国》导读实录

背景： 2019 年 10 月，苏州中学附属苏州湾学校名著导读专题活动，
执教示范课。

班级：苏州中学附属苏州湾学校初二（1）、初二（2）班。

课型：总结性导读。

（课前学生自由朗读目录）

师：好，大部分同学已经读完了目录。大家不要往后翻了，老师要考考你们，书中有没有给你留下深刻印象的人或事？先说目录，然后再说给你留下深刻印象的人或事。你先来。

生：第四篇《一个共产党员的由来》中的第一章《童年》，讲的是毛泽东的童年，我感觉非常有趣。

师：毛泽东的童年是"事"吗？

生：呃……毛泽东是"人"。

师：好的，你印象最深刻的是书中的人。

生：这里也有事，童年时期发生的事情。

师：对，人是离不开事的。当然，事也离不开人。在毛泽东的童年时期，哪一件事情给你留下了最深刻的印象呢？

生：我记得最清楚的是他们家分成两派，他和他的母亲联合对抗他的父亲。有一次他和父亲因为一件事争吵起来，就跳到河里去了。（其他学生提醒：威胁他的父亲要跳到河里。）对，是威胁他的父亲要跳到河里，后来他的父亲

还让他下跪了。

师：她的这个回忆很有价值。童年毛泽东通过斗争，使父亲的"霸权主义"让步了。徐老师在读这一部分内容的时候，印象最深刻的事情是他父亲的很多财产被佃户抢走了，童年毛泽东就说："我不同情我的父亲，但我认为抢我们家东西的人也不对。"你们有印象吗？谢谢这位同学。还有哪些印象深刻的人和事呢？请你说一说。

生：第二篇第一章《遭白匪追逐》。斯诺去安塞的路上，发现有一个国民党人在后面跟着他。到了安塞之后，队长就以为斯诺也是国民党人，最后还是周恩来出面进行了解释。

师：嗯，请坐。这是一个小小的误会，后来他们之间建立了深厚的友谊。最后一排那位男生，请你来回答一下。

生：第二篇《去红都的道路》，第二章《造反者》中斯诺向两个小孩要冷水，说："喂！"小孩不理他，旁边的李克农说："你可以叫他们'小鬼'，或者叫他们'同志'。"

师：你关注到了细节，那些小孩也是要尊严的，必须很好地称呼他们。这件小事让踏入红区的斯诺第一次感受到了这些小孩子也需要被尊重。请你旁边的女生来回答一下。

生：我印象最深的是第二篇中的第三章《贺龙二三事》，里面讲了贺龙小时候的事。他爸爸是武官，有一次带贺龙一起去赴宴。客人听说贺龙很勇敢，想试试他的胆量，就在桌子底下开了一枪，而贺龙连眼睛都没有眨一下。

（其他学生附和）

师：你们也想起这个细节了吗？

生：（齐）嗯。

师：是的，贺龙小时候就很厉害，遇到宴席上打枪居然岿然不动，看来他就是一个当将军的料。

生：第八篇的第二章《彭德怀印象》。宁夏盛产瓜，好吃惯了的作者发现彭德怀在吃瓜方面并不是什么对手，但是在参谋部里的一位医生面前他只好低头认输，他的吃瓜能力为他博得了"韩吃瓜的"这样一个美名。

师：嗯，对的。我还要补充一个小细节，有个红军战士用两只小兔子去换瓜吃，吃完了瓜后，又舍不得这两只兔子了，（生笑）想把它们要回来。书中还有很多故事，再找一位同学来说一说。

生：第十篇中的《那个外国智囊》，里面讲了苏区里为数不多的一个外国人——李德的故事。他为红军做了很多事，虽然做得不怎么好，比如，他带领红军打了败仗，但他是一个对战事特别了解的人。他每次对国民党战事的分析都非常好，非常准，总能猜到国民党下一步的行动计划。

师：李德是不是一位非常优秀的军事指挥家？

（有的学生说"是"，有的说"不是"。）

生：不是，因为他不能准确地判断形势。

师：很显然，斯诺对李德既有肯定的一面，也有批评的一面。他不懂中国的国情，盲目地指挥红军打正面战。但是红军装备不行，正面战是打不了的。所以，斯诺对事情的分析是很客观的，不会偏袒任何一方。通过刚才的回忆，徐老师发现大家关注到了书中很多有价值的人和事，你们已经读得很不错了。

接下来，我再来考考大家。我想请一位同学读片段，其他同学不看书，但可以看目录。大家来猜一猜，这些文字属于哪个小标题。

生：（读）在吴亮平翻译、我做记录的时候，他时而在两个小房间之间踱步，时而坐下，时而躺下，时而靠着桌子读一沓报告。突然他们两人都弯下身子，看着一只飞蛾在蜡烛旁边逐渐衰弱死去，高兴得叫出声来。这个小东西确实很可爱，翅膀是淡苹果绿的，翅膀边缘有一道橘黄色与玫瑰色相间的"彩虹"。（　　）打开一本书，将这片薄纱般的彩色羽翼夹在里面。

师：这段文字属于哪个小标题？

生：《论抗日战争》。

师："（　　）"处的人物是谁？

生：毛泽东。

师：你们读得不错。继续。

生：（读）我住在（　　）设在预旺堡司令部的院子里，所以在前线见过他许多次。顺便说一次，这座司令部——当时指挥三万多军队——只是一间简陋的屋子，里面有一张桌子和一条板凳、两只铁皮文件箱、红军自己绘制的地图、一条毛巾、一只脸盆，还有一张炕。他和他的部下一样，只有两套军服，而且都不佩戴军衔领章。他还有一件自己的衣服，让他感到孩子般的自豪。这是在长征途中击落敌机后，用缴获的降落伞做成的背心。

生：我觉得这是《彭德怀印象》。

师：是不是《彭德怀印象》？

生：（齐）是。

师：好，接下来这段，我想请大家一起来读，要求读出这段话应该有的味道。

生：（齐读）南京方面悬赏 10 万美元要他的脑袋，他们认为它的价值不亚于彭德怀的脑袋。

他 10 年战斗 8 次负伤，有一颗子弹曾从他的眼下穿过头部，又从耳后穿出。

有一天，他骑马在路上飞驰，马蹄踢着了一名战士。他在马鞍上勒马转身，想看看那名战士是否受伤。马受了惊，把他撞在了一棵树上。他两周以后才重新恢复意识，却发现自己的门牙已经嵌在那棵树上了。

师：最后这一句，大家读出了一点调皮的味道。这里写的是谁？

生：徐海东。

师：属于哪个小标题？

生：《红色窑工徐海东》。

师：你们挺厉害的啊！下面这段请大家快速自由朗读。

生：（自由读）一天夜晚，（　　）留宿在一家旅馆，只有40名随从，遭到政变头目胡其朗率部袭击。枪战立刻打响，但在黑暗之中，暗杀者无法看清面目。有几人将手枪对着（　　）的脑袋，他激动地大喊："别向我开枪，我只是个伙夫。别杀一个给你们做饭的人！"这些士兵摸了摸肚子，难以下手（　　）他拔出武器，打死了这个人，打败了他的卫兵。正因为这次事件，（　　）的诨名"伙头军"在红军部队中广为人知。

师：这段文字说的是谁？

（学生回答不一）

师：大家再想一想，这是谁？

生：朱德。

师：在哪个小标题中？

生：《关于朱德》。

师：你看，堂堂红军总司令居然也曾经被俘过。这里的朱德，是一个真实的人，一个甚至有点小计谋、小狡猾的人。所以，斯诺笔下的红军领袖人物，都是有血有肉的人。好，刚才大家所说的都是红军的领袖人物，但是"红星照耀中国"的"红星"不仅仅是那几颗最亮的星，还有满天的繁星，是谁？

生：战士。

师：对，既有领袖，也有普通的红军战士。现在老师给大家三分钟时间，再读一下目录，拿起笔，回忆一下哪些目录是写普通的红军战士的？请你在这些目录的旁边画个小圆圈。

生：《贺龙二三事》里的李长林向导，那个向导比较可爱。

生：《红军剧社》里写到了很多红军在表演节目，很多将领也在那里观看。

师：是的，我读那一章的时候，特别感动。红军的领袖、将领、高级领导人和普通战士都坐在草地上，大家一起看演出。

生：向小孩要水，需要喊他们"小鬼"或"同志"。

师：是的，刚刚我们说过，其实后面也有专门讲小孩的内容。他们穿的衣服非常大，都是从各自家庭跑出来的。有些小孩才 16 岁，但是已经经历过战争了。很好，继续。

生：《遭白匪追逐》中，村主任带他躲避白匪的追击。

师：村主任算不算战士？不算，应该叫进步群众。

生：有个老太太杀一只鸡招待斯诺，觉得"不能让洋鬼子小瞧我们"。

师：对，他们家一共没几只鸡，却专门杀了一只鸡招待斯诺。

生：第五篇《长征》中的《大渡河英雄》，讲到了英勇的战士。

师：你所理解的战士既是指不打仗时和平年代的战士，更是指战斗中的战士。非常好。我们下面就来看"大渡河的英雄"。现在我给大家十分钟的时间读书，其间需要做两件事：第一，将这部分内容划分成四五个层次，用斜杠直接在书上标注；第二，给每个层次拟一个小标题。请大家快速浏览。

师：大家现在看黑板，这是两位同学的分层和层次大意，我请同学们来评价一下。

（生板书，内容略。）

生：我觉得第一个同学分得很细，其实第四层次和第五层次可以合并。

师：是的，我也觉得可以合并。战斗的"胜利"和"结束"是可以合在一个层次中的。后面那位男生来评价。

生：第二位同学没有第一位同学分得那么清晰。

师：对，小标题要指向核心事件。"渡河"已经有了，但核心事件不只是有"渡河"，还有什么？抢船渡河。他们一天一夜只渡过了一个师，红军还有好几个师来不及渡河，真正渡完河要一个礼拜，所以才有后面的"夺泸定桥"。继续。

生：我觉得第一个"背景讲述"，要不要再详细一些？

师：嗯……大家觉得要不要详细一些？

生：（齐）不用。

师：嗯，不用啦，你请坐。我认为这两位同学都是读了目录中的小标题以后受到启发。"顺利出临"和"过境"，你们觉得哪个好？

生：顺利出临。

师："过境"的指向不大明确。"铁索渡河"和"夺泸定桥"都是可以的，但哪一个更好呢？

生："夺泸定桥"好。

师：为什么呢？因为"夺泸定桥"有战斗的气息，"铁索渡河"好像让人觉得是去旅游的。（生笑）在这个"夺"字前面如果再加一个字，你们会加哪个字？

生：飞。

师：为什么？

生：因为课本里学过。

师：对，"飞夺泸定桥"。"飞"字一加，这个小标题立刻就亮了。看来，读本书的目录不仅有助于帮助我们回忆所读的内容，也能够训练我们迅速概括的能力。下面我们来看两个版本的目录：一个是徐老师读的版本，长江文艺出版社的；一个是人民文学出版社的。其实还有第三个版本，就是你们手里的董乐山译本。现在请看屏幕，评价一下这些小标题。

出示PPT：

12. 再回白色世界	12. 回到白色区域
一、兵变序幕	一、"叛变"的序幕
二、蒋介石被扣留	二、委员长的被扣
三、蒋介石、张学良和共产党	三、蒋、张和中国共产党

四、"针锋相对"　　　　　四、"针锋相对"

五、友谊地久天长?　　　　五、破镜重圆

六、红色的地平线　　　　　六、未来展望

生:我觉得左边的好,比如第二个,"蒋介石"比"委员长"更具体。

师:"委员长"的指向不大明确。好的,你说了一个理由,其他同学有补充吗?

生:第三个也是左边比右边具体。

生:我也觉得整体来说左边要好一点。

师:请问,左边一列有没有不大好的?

生:有,我觉得第一个还是右边的好。

师:你的感觉和我是一样的。"兵变"的指向是比较宽泛的,"叛变"加了引号,说明是他们内部的人有了不同的动作。

生:第二个,如果说"蒋介石",更像是共产党在说;如果说"委员长",更像是国民党在说。

师:对,立场不同。说"蒋介石",说明这个作者是倾向于共产党的;说"委员长",说明这个人是倾向于国民党的。这倒是蛮有道理的。

生:老师,我觉得应该说"委员长",因为他们已经"叛变"了。红军其实归入了国民党领导,所以红军应该叫蒋介石"委员长"。

师:那个时候红军还没有归入国民党。

生:但是兵变之后就归入国民党了。

师:兵变之后过了很长时间才建立国共统一战线的,这段历史我得补充一下。现在我想问一下,第六个哪个更好?

生:左边的。

师:是的,"红色的地平线"要好。现在大家看一下总标题,是"再回白色世界"好,还是"回到白色区域"好?

生：右边的。

师：对，"白色区域"的"区域"，表达比较准确；"白色世界"则不能指代当时的国统区。所以，通过对比我们会发现，作为翻译作品，标题有时候还是需要推敲的。现在，请你们再读标题，看看有没有哪个小标题不吻合、不贴切的，请你改一改，只改一个。

（生读小标题）

师：好，现在请大家前后左右交流一下。你觉得别人改得对，就立刻把它记在你的标题上；别人改得不对，你就和他探讨一下。

（学生交流两分钟）

师：好，刚刚大家交流的时候，我参与了两位同学的讨论。一位同学说要把"悬赏两百万元的脑袋"改掉，你们觉得要不要改？

（有的学生答"要"，有的答"不要"。）

师：我觉得不要改，这个标题特别有吸引力。至于血腥的问题，我觉得是另外一个话题。第二位同学发现了"汉代青铜"，这个和内容有什么关系呢？没有啊。你们有没有发现呢？

生：（齐）嗯。

师：你是怎么知道的啊？

生：因为我做《红星照耀中国》导学案时，看见了一个很神奇的标题，叫"大汉的子孙"。

师：不错，你这个题目太好了。老师读的这个版本第一篇第三章就叫"大汉的子孙"。因为时间关系，课上我们就不再讨论了。本节课最后一个任务，是请大家写一段目录导引。因为这本书的目录上少了这项内容。什么是"目录导引"呢？就是在目录上面写一段很简洁的话，它告诉我们这本书的主要内容、阅读价值，并且为读者指引阅读方向。现在请大家写一写，80个字左右。大家想现场写还是带回去写？

生：带回去写。

师：（调侃）说带回去写的都是没有出息的。老师给大家降低一下要求，50 个字左右，现在开始写。

（生动笔写）

师：大家说，目录导引应该写在哪里呀？肯定是写在目录上面。有的同学写在封底就不对了。你来读一读吧。

生：美国记者斯诺在陕北苏区的所见、所闻、所感，向世人展现了真正的红军将领与平凡的红军，带读者走进了红色革命。

师：第二句话改为"向世人展现了红军将领和红军战士真实的精神面貌"会更好，第三句话要为读者指引阅读方向，我建议改为"读这本书的时候要思考，红星为什么能照耀中国"，现在的共产党员都需要读这本书和思考这个问题。红星能照耀中国，需要有高瞻远瞩的领袖，需要有精忠报国的将领，需要有浴血奋战的战士，更需要有要求进步的广大群众。好啦，今天这节课我们就上到这里。最后布置一项作业：徐老师读这本书时发现了一段话，请你找出和这段话类似的其他几段话，多多益善。

师：（读）"这片令人惊叹的黄土地，覆盖了甘肃、陕西、宁夏、山西四个省份的大部分地区。雨水充足时土地异常肥沃，因为这种黄土是一种多孔浮层土，深至几十英尺。正因为如此，此地呈现出一派千奇百怪、山丘环绕的景象——有的山丘像巨大的城堡，有的像成群的猛犸象，有的像圆圆的烤饼，有的山丘像被巨掌撕裂，还留有愤怒的指印。这些奇形怪状、令人难以置信、让人惊恐的山丘好似一个疯魔造就的世界，有时却又是鬼斧神工，奇幻瑰丽。"好啦，同学们再见。

生：老师再见！

○ 评　课

用"目录"撬动整本书阅读
——徐杰《红星照耀中国》导读实录评析

苏州中学附属苏州湾学校　徐　飞

"整本书阅读"是《义务教育语文课程标准（2022 年版）》六大学习任务群之一，成为初中语文教学的重要内容。但在整本书阅读教学中，不少老师往往陷入"老虎吃天，无从下口"的困境，或大而无当、腾云驾雾，或"只见树木，不见森林"，凡此种种，皆因未能准确把握整本书阅读教学的精髓。课标明确提出设计整本书阅读活动的教学要求："引导学生了解阅读的多种策略，运用浏览、略读、精读等不同阅读方法；通读整本书，了解主要内容，关注整体与局部、局部与局部之间的关系；重视序言、目录等在整本书阅读中的作用。"课标中的教学要求为整本书阅读教学提供了策略支持，可惜很多老师对此视而不见。徐杰老师则以典型课例为课标要求做了生动的注脚。徐杰老师的这节课，以"目录"撬动整本书阅读，成为整本书阅读教学中不可多得的典型案例。

一、让"目录"成为整本书阅读教学的共生原点

徐杰老师的课堂深受黄厚江老师共生教学的影响，这节课同样体现出鲜明的共生教学特点。简言之，共生教学的特点就是"一个点，一条线，分层

推进，多点共生"。这个"点"即"共生原点"，具有生长功能和生发态势。徐杰老师的这节课巧妙地借助"目录"作为整节课的共生原点。这节课的教学流程有：（1）结合目录，让学生说说留下深刻印象的人或事；（2）出示书中相关片段，让学生寻找对应的目录；（3）再读目录，圈画出写普通红军战士的小标题；（4）细读《大渡河英雄》，划分层次并给每个层次各拟一个小标题；（5）比较不同版本的目录；（6）找出目录中不贴切的小标题，试着修改；（7）给全书写目录导引。这七个活动基本都是围绕"目录"展开的，且体现了严谨的教学逻辑：活动（1）与活动（2）主要是借助目录激活学生对全书的阅读体验，属于整体感知；活动（3）与活动（4）引导学生关注书中对普通战士的书写，属于局部赏析；活动（5）与活动（6）引导学生辨析小标题，既训练了语言敏感度，也培养了思辨意识；活动（7）是全课的收结，是对前面学习活动的成果呈现与能力提升。围绕"目录"这一原点和主线，分层推进，课堂生动丰富，充分体现了"一个点，一条线，分层推进，多点共生"的课堂形态。

《如何阅读一本书》中指出："每一本书的封面之下都有一套自己的'骨架'。"作为读者，任务就是要找出这个"骨架"，也就是一本书的脉络。因此，教师在进行整本书阅读教学时，不妨以脉络来勾连，从而使学生轻松走进整本书的内核。目录、序言往往具有此种功能，它们是整本书的组成部分，是与单篇文本的主要区别之一，因此在教学中不可忽视目录、序言等教学功能的开发。就长篇作品而言，目录概括了全书的梗概，目录阅读可以成为重要的阅读策略。如阅读《西游记》《水浒传》《儒林外史》等长篇小说，我们可以借助目录温习主要情节，还可以迅速找到相关人物、情节在文中的位置。徐杰老师这节课不仅借助"目录"让学生温习人物、事件，还以"目录"编织起整本书阅读这一学习任务群，建立起整体与局部、局部与局部的关系，打通读与写的通道，并且渗透了思辨意识的培养，可谓匠心独运。

二、目录研读与文本精读相结合

著名画家徐悲鸿先生曾提出绘画要"致广大，尽精微"，即在绘画创作过程中，首先要从整体入手，观察绘画对象，进而抓住具体精神实质、内在特点。绘画如此，整本书阅读教学亦如此，需要宏观把握与微观体察相结合。

要做到宏微结合，首先要对全书有精准的宏观把握。孟子曰："先立乎其大者，则其小者弗能夺也。"在整本书阅读中，教师应有宏大视野，立足整本书的主要脉络、突出手法、主旨情感等来挖掘整本书阅读的核心价值，进而引导学生执大御小，充分吸收全书精华。一些教师在整本书阅读教学中往往会如盲人摸象般缺少整体意识，只抓一点不及其余。但是仅有宏观把握还不够，宏观把握必须与微观体验相结合，应引导学生深入文本，进行局部赏析，并将局部与整体、局部与局部建立深厚的关联。

在整本书阅读教学中，以目录为抓手有"四两拨千斤"之妙，可以让学生鸟瞰全书。但如果只是盯着目录，则容易"凌空蹈虚"，在书外转圈而未能真正走进书本深处。徐杰老师的这节课是宏微结合，既有对全书的整体把握，也有对局部内容的具体赏析。比如，活动（3）要求学生再读目录，并圈画出写普通红军战士的小标题，这个活动便是立足对全书的整体把握。因为《红星照耀中国》一书以写人为主，书中既讲述了毛泽东、周恩来、朱德等革命领袖，也讲述了一些普通平凡的红军战士，正是这些大大小小的"红星"才组成了红军的群体形象。寻找目录中写普通战士的小标题这一学习活动，既能使学生理解全书的人物大致可分为两类，而且加深了对忽略的小人物的认识。活动（4）紧承活动（3），细读《大渡河英雄》，划分层次并给每个层次各拟一个小标题。如果说活动（3）属于空中侦察，观其大概，那么活动（4）则是地面搜索，深入里。活动（4）引导学生深入书本，细读文本。让学生拟小标题这一活动，也是目录研读的活动。

此外，活动（1）"结合目录概述"与活动（2）"根据文本内容猜测对应的目录"，都是宏微结合的学习活动。南宋人陈善认为："读书须知出入法。始当求所以入，终当求所以出。见得亲切，此是入书法；用得透脱，此是出书法。盖不能入得书，则不知古人用心处；不能出得书，则又死在言下。唯知出知入，得尽读书之法也。"陈善的出入读书法，强调的正是宏微结合。徐杰老师的这节课便是宏微结合最好的例证。他通过引导学生在书本中反复出入，从而探得整本书的要义。

三、目录串起的活动始终指向核心素养培养

确定整本书阅读的价值，不能脱离语文课程视野。"整本书阅读"作为课标中的六大学习任务群之一，必须服务于义务教育语文课标的要求："义务教育语文课程培养的核心素养，是学生在积极的语文实践活动中积累、建构并在真实的语言运用情境中发现出来的，是文化自信和语言运用、审美、创造的综合体现。"徐杰老师的这节课，体现了对培养学生语文核心素养的自觉追求。

这节课的活动（5）是让学生比较不同版本的目录，这一活动看似只是对个别词语的斟酌，其实教学价值很丰富。比如，"兵变"与"叛变"、"再回白色世界"与"回到白色区域"的两组比较，既有引导学生回顾书本内容，又能指导学生准确使用语言；再如"蒋介石"与"委员长"、"红色的地平线"与"未来展望"的两组比较，引导学生体悟了话语主体的情境及语言的形象性。总之，引入不同译本的课程资源，让学生在目录的比较中，既加深了对书本内容的理解，又训练了学生语言运用的准确、得体与生动。

在活动（5）的基础上，活动（6）引导学生再读目录，从而找出目录中

不贴切的小标题，并试做修改。有学生发现"汉代青铜"这一小标题不够贴切，并与"大汉的子孙"进行了比较。这一活动引导学生与书本平等对话、重构文本，训练了思辨能力，且很自然地在学生心中播下了"文化自信"的种子。活动（7）是写全书目录导引，这是引导学生将厚书读薄，训练学生筛选信息及表达的能力。

概言之，徐杰老师的这节课不仅让学生读懂了《红星照耀中国》这本书的内容，而且引导学生知晓了这本书的结构大纲。最可贵的是，他在这一过程中始终将学生核心素养的培养渗透其中，体现了知识获得、能力提升与素养形成过程的有机统一。

14.《朝花夕拾》导读实录

背景：2023 年 3 月，江苏省南菁高级中学实验学校语文教研活动，执
　　　教示范课。

班级：南菁高级中学实验学校初一（6）班。

课型：总结性导读。

师：今天，我们一起来上一节《朝花夕拾》导读课。书都读过了吧？老师来检查一下，请说说《朝花夕拾》中鲁迅恨过的人。你先来。

屏幕显示：

　　《朝花夕拾》中，鲁迅恨过的人。

生：老师，我记得在《范爱农》一篇中，鲁迅一开始是很恨范爱农的。

师：好，请坐。继续，请你来说一下。

生：恨过衍太太。

生：恨过陈莲河。

生：《五猖会》中恨过父亲。

师：有没有恨过父亲？你告诉他。

生：我认为应该没有恨过父亲，他可能是要表达对父亲让他背书的不理解。

师：对，这篇文章中最后有一句话——"我至今一想起，还诧异我的父亲何以要在那时候叫我来背书。"所以，用"恨"不太妥当。请坐。

生：恨过长妈妈。

师：好，继续来。

生：恨过叶天士。他跟那两个名医都和他父亲周旋过。

师：确实恨过，我们可以把陈莲河作为一个代表，他们都属于庸医这一类。来，请你来说一下。

生：我觉得他可能还恨过自己。

师：说说看。

生：在《父亲的病》一文中，他没有让父亲安安静静地走，而是给他徒增了很多的痛苦，他说他到后面都是一直带着悔恨的，所以我觉得他恨过自己。

师：恨过自己，他觉得自己没有能够治好父亲的病。好的，请坐。有道理的，因为带着这种恨，后来他走上了一条学医的道路，想要救治那些像父亲一样被误诊的人。还有吗？请你说说看。

生：他恨过藤野先生。

师：你的理由是——

生：他之前让鲁迅给他看讲义的时候，鲁迅心里是很不服气的。

师：不服气不能等同于恨，是吧？请坐。还有没有了呢？

生：恨过猫。

师：屏幕上写的是"鲁迅恨过的人"，你现在又去恨猫啦？要求没看清，请坐。打开课本，我给大家三分钟时间，你们把书再翻一翻，看看有没有补充的。有补充的就可以举手。来，请你来说。

生：我想会不会是《二十四孝图》中"郭巨埋儿"的郭巨和"老莱娱亲"的老莱？

师：这两者中他更恨哪一个？

生：郭巨。

师：恨的理由是——

生：因为郭巨把亲生儿子给埋了。

师：对，他的祖母当时家境也不太好，他担心父亲会不会把他也埋了，是吧？其实呢，徐老师要补充一下，他先是恨郭巨，长大以后转而又恨谁？

生：作者。

师：应该叫编者，对吧？这个图是编出来的，这个编者用心是很险恶的。

生：鲁迅在《二十四孝图》的开头说，他想得到一种最黑最黑的咒文来诅咒一切反对白话者。我觉得鲁迅还恨那些觉得他写白话不对还要去议论白话的人。

师：恨一切反对白话者。原文还有个句子，叫"妨害白话者"。你看，重新读书，就读出了新的东西。还有啊，要不要徐老师提示一下？青年鲁迅在日本留学，明明是凭自己的本事考出成绩的，考到一个中游，却有人说他是抄袭的，是藤野先生给他泄露了题目。

生：日本青年。

师：看看文章里面怎么说的，"日本青年"中还有一个修饰。

生：日本的"爱国"青年。

师："爱国"要加引号，是吧？还有没有了呢？我再提示一下。范爱农后来死了，鲁迅先生觉得他是自杀的。一个自杀的人往往是对前途失去了信心和信念。是谁让范爱农对他的前景失去信心了呢？是谁毁灭了他的理想呢？翻到《范爱农》这一篇，我们再读读。

师：请你说说看。

生：我认为是孔教会的会长傅力成。

师：孔教会的这个人，他打着"革命"的旗号。当时打着"革命"旗号的人还有谁？

生：还有军政府的那些人。

师：对，军政府的那些人。领头的人叫王金发。我把这些人称为"王金发们"。孔教会的、军政府的，这一类打着"革命"的旗号，其实做着贪腐事情的假革命者，他们是凶手。鲁迅先生对他们也充满了"恨"。

师：我建议大家再读一读《藤野先生》。青年鲁迅除了恨那些污蔑他的日本"爱国"青年以外，还有没有恨过其他的人？来，请你说一下。

生：我觉得鲁迅还恨过中国留学生，他们在观看自己国人被枪毙时还欢呼雀跃。

师：请坐，他发现了这一段文字。但是我要纠正一下，观看自己的同胞被杀还欢呼雀跃的，是不是他的同学——中国留学生？不是，但这些人的确是他的同胞。看着同胞被日本人砍头，他们还要喝彩，鲁迅对他们也是痛恨的，叫恨其不争。这一类人，鲁迅把他们称为看客。大家可以记一下，等会徐老师还会再提到这些看客。大家先来看一看，看客是怎样的人？

屏幕显示：

> 但我接着便有参观枪毙中国人的命运了。第二年添教霉菌学，细菌的形状是全用电影来显示的，一段落已完而还没有到下课的时候，便影几片时事的片子，自然都是日本战胜俄国的情形。但偏有中国人夹在里边：给俄国人做侦探，被日本军捕获，要枪毙了，围着看的也是一群中国人；在讲堂里的还有一个我。
>
> "万岁！"他们都拍掌欢呼起来。
>
> 这种欢呼，是每看一片都有的，但在我，这一声却特别听得刺耳。此后回到中国来，我看见那些闲看枪毙犯人的人们，他们也何尝不酒醉似的喝彩，——呜呼，无法可想！但在那时那地，我的意见却变化了。
>
> ——《藤野先生》
>
> 老栓也向那边看，却只见一堆人的后背：颈项都伸得很长，仿佛许多鸭，被无形的手捏住了，向上提着。
>
> ——《药》

师：哪位同学能把鲁迅对这类看客"恨"的感觉读出来？

（一生读）

师：谢谢你，她这个"呜呼"读得非常好。"呜呼"转化为一个叹词就是"哎"，真是没办法呀！鲁迅先生在他的另一篇小说《药》里面也对这种看客进行了无情的嘲讽。（师读）"老栓也向那边看，却只见一堆人的后背：颈项都伸得很长，仿佛许多鸭，被无形的手捏住了，向上提着。"你看，鲁迅把这群看枪毙犯人的人，称为"鸭"。好了，现在我们看黑板，鲁迅恨的人一共有几个？这么多恨的人如果要将其分两类，应该怎么分？允许讨论，也允许独立思考。（板书：范爱农、衍太太、陈莲河、长妈妈、郭巨、《二十四孝图》编者、反对白话且妨害白话者、日本"爱国"青年、王金发们、看客）

屏幕显示：

如果要把这些被恨的人分为两类，你准备怎么分，说说理由。

生：我觉得可以分为两类。一类是具体的某个人，比如范爱农、衍太太等；另一类是一群人，比如日本"爱国"青年和反对白话且妨害白话者。

师：还有王金发们。这种分类有没有道理？有的是单个的人，有的是一类人。

生：我觉得可以分为两类：一类是一开始是恨的，但后来和解了；还有一类是一直都恨的人。

师：这有点意思，一直恨的人和刚开始恨但后来不恨的人。那么我问你，刚开始恨后来又不恨的人是谁？

生：是范爱农、长妈妈。

师：可以的。我们可以称为"真恨"和"假恨"。刚开始对长妈妈的恨、对范爱农的恨，都起了什么作用？衬托。这种手法叫作欲扬先抑。（板书：真恨　假恨　欲扬先抑）还有什么分法？

生：我觉得可以按照他们的亲疏程度分为两类，像范爱农、衍太太以及长妈妈，是他经常要和他们打交道的；而后面的日本"爱国"青年一类的，他们是交集比较少的。

师：嗯，按照关系的亲疏，可以的。

生：还可以按照年龄去分类，一类是同龄的或者说是一辈的，还有一类是长辈。

师：如果这些人按照年龄来分的话就有点麻烦，比如"王金发们"，有可能孔教会的年龄要大一点，王金发的年龄小一点，不太好分。但是他说的年龄倒提醒了我，我们能不能按照鲁迅的年龄来分？也就是分为鲁迅小时候恨过的人和鲁迅长大后恨过的人这两类。你来分分看。

生：鲁迅小时候恨过的人是衍太太、长妈妈，还有陈莲河、郭巨和《二十四孝图》的编者。鲁迅长大后恨的人是范爱农、看客、王金发们、日本"爱国"青年和反对白话且妨害白话者。

师：好的，请坐，基本上是对的。这样的"恨"，体现了鲁迅的成长轨迹。（板书：小时恨　长大恨　成长轨迹）但是刚才这位男生的分类中，有一个地方分得不大对，你们听出来了吗？

生：我认为是《二十四孝图》的编者。因为鲁迅小时候只在意了故事的情节，觉得郭巨这些人残忍，长大以后，他才关注到编者的用心十分险恶，要让这些年幼的儿童去模仿他们。

师：嗯，长大后知道编这些故事的人用心险恶，他们是为了戕害儿童、奴化儿童。这样一来就很有意思了，同样是《二十四孝图》这篇文章，鲁迅对郭巨的恨是那时的恨，长大以后对《二十四孝图》编者的恨就是现时的恨。我们就称为：那时"我"的恨与现时"我"的恨。请问，那时读《二十四孝图》的"我"是什么时候的"我"？

生：儿时的"我"。

师：《二十四孝图》这篇文章，是鲁迅45岁的时候写的。也就是说，现在的"我"也出现在这篇文章中了。那么，在这篇文章中有两个"我"存在，一个是当时的"我"，一个是现在的"我"。我们把它称为"双视角"。（板书：

那时"我"恨的人　现时"我"恨的人　双视角）比如，徐老师2010年到2013年曾经在这里教过书，现在要写一篇"菁园之梦"，里面要写2010年徐老师在这里看书院古藤的内容。写到这篇文章结尾的时候，我又写了如今我再重新回到南菁初中，想起那些古藤，想起以前的岁月，想起那个时候徐老师很年轻啊！我这样的感慨是现在发出来的，所以在这篇文章中有两个徐老师，这就叫"双视角"。还有没有不同的分类了？

生：我认为可以按照出国前和出国后分类。

师：按照经历来分，跟"小时""长大"属于同一种分法，请坐。能不能有这样一种分法，徐老师把它称为"小恨"和"大恨"，你们觉得可以吗？

生：可以。

师：可以的话，那谁来说说哪些属于"小恨"，哪些属于"大恨"？

生：他对范爱农、长妈妈、王金发们和看客、郭巨是"小恨"；对衍太太、《二十四孝图》的编者和反对白话且妨害白话者是"大恨"。一开始因为范爱农比较傲慢无礼，所以他很憎恨范爱农，但后来他们俩第二次见面的时候，就变得没有那么拘束了，而是变得热情，逐渐聊到了一起，我觉得他对范爱农心底里不是非常憎恨。

师：好的，你这样一解释我就知道了。对范爱农和长妈妈的"恨"是"小恨"，这个大家都能够认同。那对衍太太的"恨"怎么就是"大恨"了呢？

生：应该也是"小恨"。

师："小"和"大"应该怎么来区分？"小恨"是指"小我"。

生：我认为只有对范爱农和长妈妈这两个人是"小恨"，因为他们两个是"小我"，都是生活琐事。对衍太太的话，他其实是在痛恨封建迷信，是有民族大恨的。

师：衍太太这里有封建迷信吗？

生：有，比如在《父亲的病》里，父亲临终前她让"我"大喊父亲，这是当时的一种社会风气。鲁迅恨陈莲河这些名医，是在恨庸医误人。

师：那你觉得陈莲河害死他的父亲，是算"小恨"还是算"大恨"？

生：我觉得算"大恨"，其实鲁迅不只是恨他害死自己的父亲。文章有一段说：他坐着轿子，在街上飞一般跑过，又去害其他人了。再如对郭巨、编者之类，他其实也是在说明封建社会对儿童的残害、迫害，也就是整个民族风气不良。

师：她改变了我原先的一个看法，非常好。我原先以为鲁迅先生恨陈莲河是"小恨"，属于个人之恨。现在她一解释，我也同意了她的看法。因为她关注了一个细节，这个庸医不仅害了"我"的父亲，也害了很多人家的父亲和儿子，很多人家的母亲和女儿。庸医害人的现象再上升一下，就到了国家、民族层面，这是可以的，谢谢你。

从"小恨"和"大恨"，我们可以看到鲁迅身上的"小我"和"大我"。（板书：小恨　大恨　小我　大我）同学们读得非常到位，接下来我们讨论一个问题，你认为童年鲁迅最恨的人是谁？

屏幕显示：

　　你认为，童年鲁迅最恨的人是谁？

师：注意看清问题。不着急，徐老师给大家三分钟时间，大家可以翻翻书。

师：今天这一排男生还没有人说过话呢。你们这排五个男子汉派个代表，先做做准备。

生：我认为是衍太太。在《琐记》中，他写了衍太太的三件事情。一是教唆孩子打旋，二是把淫秽的画塞给"我"，三是教唆"我"去偷母亲的首饰。

师：不仅教唆"我"偷母亲的首饰，还把流言散播了出去，这很恶劣。

师：（询问另一生）你同意吗？

生：我也同意是衍太太。因为她不仅让孩子们做一些坏事，而且在《父亲的病》中，当父亲即将离世的时候，她还让"我"在父亲耳边大喊，让"我"

的父亲不能平静地离开。

师：你前面说的我觉得有点道理，但是在一个人离世之前，让他的儿子拼命喊他，使他的灵魂不要走散，这是出于好意。她最多只不过是迷信而已，没有恶意，不是为了让他的父亲走得不平静。

生：我不同意他们俩说的。我认为对于衍太太，鲁迅小时候是没有感觉的。就算衍太太让他做坏事，他也喜欢在她家附近玩。小时候的鲁迅不理解衍太太的用心险恶，我认为他最恨的人应该是陈莲河。

师：她的话表达了两点意思。第一个，鲁迅即使恨衍太太，也是成年以后恨的。《琐记》里的衍太太已经不是童年时候的了。第二个，她认为最恨的人是陈莲河。我来统计一下，认为童年鲁迅最恨的是陈莲河的请举手（七人举手），认为是恨衍太太的请举手。

师：有时候真理还真掌握在少数人手里。为什么？有人来给我解释了，请你来说一下。

生：当时陈莲河是来治他父亲的病的，却没有治好，以致父亲因病去世。对于童年的鲁迅来说，父亲是一个非常重要的人物。所以我觉得他最恨的应该是陈莲河。

师：对，请坐。这位男生说得很有道理。陈莲河是一个庸医，不断欺人，骗钱，最后把人治死了。至于衍太太，只是鲁迅小时候的一个邻居，鲁迅最多对她有一点恶感，说"最恨"是谈不上的。我们现在来看一看《父亲的病》。你能不能把那些最有恨意的句子画出来？注意，每个人只能画一两句。"最恨"嘛，要遴选一下。

屏幕显示：

　　重读《父亲的病》，哪些句子里的"恨意"最深？

师：我们来交流一下，你先来读。

生："从此我便不再和陈莲河先生周旋，只在街上有时看见他坐在三名轿夫的快轿里飞一般抬过；听说他现在还康健，一面行医，一面还做中医什么学报，正在和只长于外科的西医奋斗哩。"我从"飞一般抬过"看出陈莲河先生还在忙着骗人和害人，"还康健"是为了和父亲对比。

师：很好。请坐，还有吗？

生："'我这样用药还会不大见效，'有一回陈莲河先生又说，'我想，可以请人看一看，可有什么冤愆……。医能医病，不能医命，对不对？自然，这也许是前世的事……。'""冤愆"这个词是迷信说法，意思是"冤鬼作祟"。陈莲河他自己医不好鲁迅的父亲，还要扯到一些迷信上面，这是推卸责任。

师：一副明明是自己无能，却又不肯承认自己无能的丑恶嘴脸。很好。

生："不肯用灵丹点在舌头上，又想不出'冤愆'来，自然，单吃了一百多天的'败鼓皮丸'有什么用呢？依然打不破水肿，父亲终于躺在床上喘气了。还请一回陈莲河先生，这回是特拔，大洋十元。他仍旧泰然地开了一张方，但已停止败鼓皮丸不用，药引也不很神妙了，所以只消半天，药就煎好，灌下去，却从口角上回了出来。"我从中看出陈莲河先生本来就是一个很无能的医者，他草菅人命。

师："草菅人命"这个词用得特别好。"败鼓皮丸"有没有用啊？你想想看，打破的鼓皮就能把胀肚子的病治好吗？其实这个胀肚子的病现在来看，有可能是肝腹水。陈莲河很无知却又煞有介事，所以说他"草菅人命"。文章中还有一些句子是通过写药来表现"我"对陈莲河的"恨"的，你们发现了没有？请你来说一下。

生："'我有一种丹，'有一回陈莲河先生说，'点在舌上，我想一定可以见效。因为舌乃心之灵苗……。价钱也并不贵，只要两块钱一盒……。'"本来是要治病，他却把丹点在舌头上，说是心之灵苗，我们可以发现他是非常无知的。这里也可以体现出他的"草菅人命"。

师：好的，请坐，可以的。这个舌头跟心之间究竟有多大的关联我们尚且不论，将一个灵丹妙药点在舌尖上，就能立即治好病吗？他的重心不在于能不能治好病，而在于这个药要多少钱？

生：两块钱。

师：对啦，骗子呀。还有没有关于写药的？请你来说一下。

生："似乎昆虫也要贞节，续弦或再醮，连做药资格也丧失了。"他这里写用昆虫做药。虽然说是用昆虫，但要求也是很高的。从这里可以看出鲁迅对这个药已经非常质疑了，但因为自己幼年时不懂医术，所以只能听他的。

师：对。一是对药质疑，二是通过写这种很无理的、很滑稽的、很奇葩的配方，来表现这个医生的丑陋嘴脸。所以大家看，鲁迅先生一提到陈莲河，其实是恨之入骨。因为他治死了自己的父亲，庸医害人啊。但他在行文的时候没有一句恶言，却把这种恨意写得很深。这就是鲁迅写"恨"的笔法，他善于用一种冷静的描述来达到辛辣嘲讽的目的。

屏幕显示：

> 鲁迅写"恨"：冷静的描述，辛辣的嘲讽。

师：童年鲁迅最恨的人大家已经说过了，青年鲁迅最恨的人我们其实刚才在课堂中也已经议论到了，是谁啊？

屏幕显示：

> 猜猜看，青年鲁迅最恨的人是谁？

生：看客。

师：对于日本"爱国"青年，鲁迅已经回国了，就不恨他们了。他们只是他生命中无关紧要的一群人，是过客。鲁迅最不能忍受的是看客，是自己同胞的愚昧和落后。童年鲁迅最恨的人是害死了父亲的庸医，所以他后来从南京去日本留学，学的是医学。因为那个时候鲁迅坚信，做一个好医生能救人性命，能医治人身体上的疾患。但他后来为什么又不做医生了呢？在哪篇文章里有记录？

生：《藤野先生》。

师：你们猜猜看，鲁迅后来为什么又不做医生了？

生：他可能意识到他最需要救治的不是人的身体，而是人的精神。

师：说得太好了，你再补充一下。

生：是思想。

师：她说的是精神，他说的是思想，都是一样的。鲁迅先生自己也说，我做医生拯救的是别人的身体，有的人身体很健壮，但思想很落后、很愚昧，这样的人只配去做看客。所以他要拯救国人的精神，用文学来救国，即弃医从文。所以，鲁迅先生人生中最重要的两次经历，两次职业选择，都是因"恨"的结果。大家说这个"恨"是"大恨"还是"小恨"？

生：大恨。

师：当然是"大恨"了。我们一起把这段话读一读，预备起——

屏幕显示：

> 恨庸医，远赴日本学医，要救治国民身体的疾病；恨愚民，决定弃医从文，去救治国民精神的愚昧。

（生读）

师：鲁迅先生因为这种"大恨"，才走上了弃医从文的道路。那现在同学们是不是觉得鲁迅这个人很不近人情，心中只有"恨"呢？不是。所以，徐老师要把这句话送给鲁迅先生——

屏幕显示：

> 他恨过许多人，但他绝没有一个私敌。

师：一个人心里有多恨，正源于他心里有多爱。鲁迅先生的"恨"，根植于他对我们这个民族最热切的爱。有一副对联是这样说的：横眉冷对千夫指，俯首甘为孺子牛。上联写"恨"，下联写"爱"。鲁迅为我们这个民族辛勤地耕耘，正是因为他内心深处最深沉的爱。艾青有一首诗说："为什么我的眼里常含泪水？因为我对这土地爱得深沉。"如果把这话转为鲁迅的口吻来说，就是——为什么我的文字里常常有恨，因为我对这片土地爱得深沉……

好，下课！

○ 评 课

任务型教学助力名著导读有效实施
——徐杰老师执教《朝花夕拾》导读实录评点

深圳市龙华区教育科学研究院　向　浩

《义务教育语文课程标准（2022 年版）》指出：义务教育语文课程结构遵循学生身心发展规律和素养形成的内在逻辑，以生活为基础，以语文实践活动为主线，以学习主题为引领，以学习任务为载体，整合学习内容、情境、方法和资源等要素，设计语文学习任务群。由此可见，义务教育语文课程内容主要以学习任务群组织与呈现。

那么，在具体课堂中，任务型教学将如何助力名著导读呢？在徐杰老师执教的课例"《朝花夕拾》导读"中，我们得见端倪。

一、内容整合重组策略

"任务型教学法"的实质是以"任务"为核心，以任务执行为途径，通过自主学习、合作学习、探究学习，带动所有学生参与到课堂实践中。任务不是一个，而是多个综合性的真实活动贯穿课堂的始终。在学科大概念统整下，为突出知识结构的主要性，使教学的整体性更强，教师需要围绕教学情境，设计相应的核心任务。

（一）以"恨"串问，巧设线索

在备课中，对教材的分析及教学内容的选择直接关系到教学的效果、教学的质量。《朝花夕拾》是鲁迅的散文集，由十篇文章组成。正所谓一篇文章有一篇文章的读法，一本书也有一本书的读法。在课例中，徐杰老师在文本分析的基础上进行重组、提炼，以"恨"作引，设置了三个学习任务，借由三个主问题循序推进：

1. 读书交流——找找《朝花夕拾》中鲁迅恨过的人。

2. 小组讨论——如果要把这些被恨的人分为两类，你准备怎么分，说说理由。

3. 举手表决——你认为童年鲁迅最恨的人是谁？

徐杰老师另辟蹊径，第一问中，"恨"字便调动了学生思考的积极性和课堂的参与度。在学生的回答中，鲁迅恨过的人一次次增加，便是问得巧妙、引得自然的结果。"恨"的抛出只是引子，徐杰老师继而以"恨"为线索，引导学生将这些被恨的人分为两类并说明理由。学生发现、概括"真恨、假恨""小时恨、长大恨"；老师总结、补充"那时'我'恨、现时'我'恨""小恨、大恨"，从而进一步深挖，提炼出相应的写法"欲扬先抑、成长轨迹、双视角、小我、大我"等。

在分类的基础上，徐杰老师以"恨"为中心，继续追问："童年鲁迅最恨的人是谁？""青年鲁迅最恨的人是谁？"看似未设置情境，却处处是情境，引出答案"陈莲河和看客"。答案只是支点，以答案为支点撬起的深刻认知才是重点。

"恨庸医，远赴日本学医，要救治国民身体的疾病；恨愚民，决定弃医从文，去救治国民精神的愚昧。"徐杰老师用"恨"总结，一"恨"贯之，层层叠加。在这三个学习任务的完成过程中，学生高、低阶思维融合，逐步走向深度学习。

（二）以"爱"收束，呈现大"我"

"恨"的梳理不是目的，"爱"的收束才是意义。在课例中，徐杰老师把导读的主题确定为鲁迅的"恨"。主题是学习任务的统领，教师的教学、学生的学习都以此展开。围绕这一核心，徐杰老师把任务划分为三大板块：寻恨、分恨、释恨。最终指向鲁迅的大"我"和大爱。

任务板块一是"寻恨"，目的是引导学生深入文本，勾连人物与情节，通过读书交流消除学生与经典读物的隔膜，降低学生对鲁迅作品的畏惧感。

任务板块二是"分恨"，从"鲁迅恨过的人"这一个发散的问题过渡到分类的整合训练，引导学生在不同的思维训练中获得精读的能力。

任务板块三是"释恨"，从童年恨过的人，到童年最恨的人，再到青年最恨的人，引导学生在学习任务中由一个点延伸出一条线，抽丝剥茧般射向本课的主题：他恨过很多人，但他绝没有一个私敌。看似矛盾，实则背后是鲁迅先生忧国忧民的公恨，而每一次恨的转身都有一份爱的深化。

整本书就像一组群文，需要执教者用专业的眼光把群文中的同类信息进行整合。徐杰老师用鲁迅的"恨"这个话题整合十篇散文，引导学生对整本书内容进行筛选、梳理、提炼，不知不觉中统揽全局，对全书内容了然于胸，并形成自己的观点。任务板块的划分体现了对教学内容的整体安排，为后续围绕目标展开有梯度、有层次的教学奠定了基础。文本内容的整合重组有利于学生知识的衔接、能力的有序培养，素养的螺旋上升。

二、任务关联驱动策略

新课标强调，学习任务群的安排，注重整体规划，突出学生核心素养发展的要求，体现连贯性和适应性。围绕语文要素，徐杰老师运用纵横交错、建构经纬网的方式导读。在三大板块学习任务的驱动下，每一个具体的学习任务相互关联，并有层次地引领学生能力提升。

（一）横向建构，勾连文本

语文学习任务设计的第一层次关联是横向的。徐杰老师从鲁迅先生的"恨"切入，引导学生寻找《朝花夕拾》中鲁迅恨过的人，并板书学生的回答：范爱农、衍太太、陈莲河、长妈妈、郭巨、《二十四孝图》编者、反对白话且妨害白话者、日本"爱国"青年、王金发们、看客。

此任务通过"恨过的人"这一引导性问题，引导学生将名著中的人物横向串联。作者的观察视角为学生提供了学习观察的路径，给学生搭建了迁移运用的桥梁，帮助学生在头脑中形成人物与情节的思维建构，为形成自主的观察思路奠定了基础。

继而，徐杰老师提出给"恨过的人分类"，引导学生筛选、梳理、提炼，在不同的分类标准中得出"真恨、假恨""小恨、大恨"等富有张力的回答，激活思维，锻炼表达。

一堂课的基本问题除了激发思考和探究外，还可以用来有效架构学习任务的内容目标，不仅能够促进对某一特定主题单元的内容理解，而且能激发知识间的联系和迁移。

在课例中，徐杰老师设置的学习任务以开放型问题为主，具有关联性，内涵指向学生的核心素养，体现出学生深度探究问题的可能。学习任务的展开，既能激发学生关联已学知识、生活体验与当前学习内容之间的意义，又涵盖了具体且很重要的问题，最终引导学生理解文本核心内容并获得素养的提升。

（二）纵向迁移，呼应主题

语文学习任务设计的第二层次关联是纵向的。课内的学习支架逐渐向课外迁移，以文本阅读为基础，通过朗读体味、连读拓展等活动，在原有的认知基础上进行延伸。

基于对引导性问题"鲁迅恨过的人"的探究，随着阅读的深入，徐杰老师循序提出专题性问题"如果要把这些被恨的人分为两类，你准备怎么分"和综合性问题"童年鲁迅最恨的人是谁""青年鲁迅最恨的人是谁"。这两个问题的指向是建立在前期横向阅读基础之上的纵向阅读。

纵向关联更需要学生的自主意识、自我观察、自我记录，在分类整合中梳理整本书的内容，在对比延伸中直探情感源头。支架型的学习任务，使学生的思维由碎片化走向结构化，由点走向线和面，由狭窄走向宽泛，思维品质在完成挑战性任务的过程中获得提升。

基于此，借由任务的推进，横向与纵向交错式阅读全面展开，教学回归到"我"，"我"的"恨"是显性的，而"爱"是隐性的。爱之深，恨之切。本节课的主题——感知鲁迅先生的家国大义也便呼之欲出了。

任务型教学法必须完成一系列任务，进而达到教学的目标。各项任务之间相互衔接，且有严密的逻辑联系，但它们又指向同一个方向，只是侧重点有所差异。目标性原则不是有目标就行，而是要把一个大的教学目标分解细化成小目标，任务设计时需充分考虑每个目标，让学生通过完成任务来增强对学习内容的感受与理解。

常见任务关系有总分式和递进式两种形式。徐杰老师的导读课采用的是递进式任务驱动形式，通过横向建构勾连文本，通过纵向迁移呼应主题。在纵横交错的阅读体系中，各个任务环环相扣，螺旋式上升，学生更容易接受，操作性也更强。

三、主体自主实践策略

在语文学习任务的完成中，在学习任务的驱动下，引领学生改变学习方式，学会自主、合作、探究，是提高学生语文学习力的必经之路。在教学中，为了激发学生的认知内驱力，徐杰老师以学生的生活经验和兴趣为出发点，设计教学任务。在阅读与鉴赏、梳理与探究、表达与交流等任务的推进过程中，徐杰老师相应地提供了策略支架和程序支架，帮助学生完成主体的自主实践。

（一）策略支架，设问解疑

在学习过程中，学生针对真实且富有挑战性的问题设计解决方案。在设计方案前，教师需要搭建策略型学习支架，根据学生可能遇到的问题，提供方法指导；在解决问题的过程中，根据学生的发展变化，选择相应的方式方法予以指导，最终帮助学生解决问题。

策略型学习支架有多种呈现形式，提出问题是学习过程中最常见的学习支架形式。在学生学习目标和现有认知水平之间的"最近发展区"内，教师通过设置问题，帮助学生搭建思维阶梯，驱动其进行思考和探究。作为学习支架的问题，应有较强的引导性和可操作性。

徐杰老师在"鲁迅恨过的人"这个主题之下，设计了三个议题，三个由"恨"组成的"问题链"前后勾连，梯度上升，通过学生聚焦主问题的交互活动支撑课堂。学生始终围绕一个"靶心"进行深入阅读，锻炼高阶思维。教师引导、学生研讨的创新型教学方式，凸显了学生在课堂学习中的主体地位。

此外，徐杰老师通过举例说明，提供具体范例引导学生进行认知和理解。例如，当学生在"恨"和"不理解"的情感指向中摇摆时，老师找出《五猖会》中的关键句"我至今一想起，还诧异我的父亲何以要在那时候叫我来背书"启发学生厘清概念；当学生对鲁迅的恨意体会不到位时，老师屏显《藤野先生》《药》等选段，利用范例将思维过程结构化、具象化，促使学生在感知的基础上再次朗读，进行表现性评价，从而实现应用迁移。

（二）程序支架，明文析义

任务教学主要呈现出四个层次：（1）教师引入任务；（2）学生执行任务；

（3）学生报告任务完成情况；（4）师生评价任务执行成果，教师指导温习重难点。

在课例中，引入任务指向于徐杰老师设计的三个主问题"寻恨—分恨—释恨"。问题导向，一线串珠，在学习任务的完成中对教学内容进行重组，满足了学生认知的需要。

学生执行任务、报告任务的过程便是解答问题的过程。徐杰老师要求跳读"寻恨"，细品"看客"，引导学生深入文本；朗读再现，选段品析，在培养学生语言运用能力的基础上，多角度训练学生的思维能力。

评价任务执行成果的环节在师生对话中得以呈现。徐杰老师拓展看客文字资料、"双视角"、"小'我'大'我'"写作手法、对偶式总结，最后点拨——鲁迅先生的民族大爱，吸引学生课下主动阅读、解惑，给学生留下了思考的空间。难能可贵的是，徐杰老师从鲁迅先生的"恨"切入，不动声色地引领学生品味"恨"背后的仁与义。整本书阅读教学对学生家国情怀的培养和文化自信的树立也便有迹可循。

经过这四个层次的学习，徐杰老师将学生作为完成任务的主体，引导学生在任务驱动下自主读书、自行对比、自信展示，在完成任务的过程中发现、提炼、总结、迁移。同时，提出合理化的建议，促使学生的观察与思考更加细致、全面、有条理，有利于学生学习知识、发展语言技能、提高语言应用能力。

任务型教学法以"任务"为核心，以任务执行为途径。教者从整合的内容重组策略、关联的任务驱动策略、主体的自主实践策略三个方面展开，将理念转变、策略探索等融入名著导读，让育人的价值在语文教学中真正发挥作用，让语文教育真正发生。任务驱动的学习过程激发了学生自主参与的意识，引导学生初步掌握了自主学习的方法，从而在完成学习任务的过程中学语文、用语文，将自身经验与语文学习及生活有机关联，实现语文素养的真正提升。

15.《水浒传》导读实录 1

背景：2017 年 8 月，常熟市初中语文教师暑期全员培训，执教示范课。

班级：常熟实验中学初二（6）班。

课型：总结性导读。

师：上课，同学们好！

生：老师好！

师：《水浒传》这本书有很多可以聊的话题，但我们今天只选一个话题。这个话题就是《水浒传》中英雄人物的绰号。（板书：绰号）你们在读书的时候有没有关注到这些英雄的绰号？

生：关注到了。

师：那我来考考你们，大家把书本合上。

出示 PPT：

（　　　　）关胜　（　　　　）呼延灼

（　　　　）李忠　（　　　　）李俊

（　　　　）陈达　（　　　　）解珍

（　　　　）杨雄　（　　　　）曹正

（　　　　）阮小二　（　　　　）戴宗

师：来，你填第一个。

生：抱歉，我不知道。

师：不知道，很诚实。（点另一位学生）你知道吗？

生：大刀关胜。

师：你来，（　　）呼延灼。

（无人回答）

师：有没有谁知道？

生：双鞭呼延灼。

师：对。好，（　　）李忠。

生：打虎将李忠。

师：好，下面一个。（　　）李俊。

生：混江龙李俊。

师：好。（　　）陈达。请一位女生来回答。

生：跳涧虎陈达。

师：好，不错。（　　）解珍。这个姓读"xiè"。

生：双尾蛇解珍。

师：注意，是两头蛇，不是双尾蛇。（　　）杨雄。我找不举手的人来回答。

生：不好意思，不知道。

师：108 个好汉，偶尔有些小众的人记不住也正常，有没有人知道？

生：病关索杨雄。

师：好的。我想问一下，"病关索"的"病"是什么意思？你知道吗？

生：不知道。

师：请坐。有没有人知道？这是不是说他生病了？其实不是。咱们在读《水浒传》的时候，对有些绰号探究一下是挺有意思的。关索传说是关羽的一个儿子，武艺高强，讲义气，忠勇无双。那这"病关索"是说杨雄比关索厉害还是不如关索？

生：厉害。

师：是的。"病"在这里是"超过""胜过"的意思。现在你们有没有想起《水浒传》里其他带"病"字的绰号？

生：病尉迟孙兴，病大虫薛永。

师：呀，真好。那么，"病尉迟"的意思是——

生：超过尉迟。

师：对。下面我们继续，（　　　）曹正。

生：操刀鬼曹正。

师：对。下一个，（　　　）阮小二。

生：立地太岁阮小二。

师：太厉害了，请坐。"太岁"是谁都惹不起的，所以中国有句老话叫"太岁头上动土"。好，（　　　）戴宗。

生：神行太保戴宗。

师：什么叫"神行太保"？

生：他有神行术。

师：对，他借助神行术跑得特别快。下面大家看看这十个绰号分别与哪些元素有关？比如，大刀关胜，跟什么有关？

生：（齐）兵器。

师：好。接下来你们来说。

生：不知道。

师：一个都不知道？那这就不对了。"双鞭呼延灼"，"双鞭"不也是兵器吗？

生：鬼神。

师：你是说"操刀鬼"吧？是的，其实"太岁"也跟鬼神有关。

生：身份。

师：哪个？

生：打虎将。

师："打虎将"是不是身份？这个绰号更偏重表达的是什么？

生：能力。

师：对，有没有跟特长有关的？

生：操刀鬼。

师：嗯，擅长使刀。"混江龙"呢？

生：水性好。

师：对，水性特别好。在《水浒传》中还有没有水性特别好的？

生：张顺。

师：张顺的绰号是什么？

生：浪里白条。

师：嗯，请坐。"白条"是一种鱼，白鱼。说他像在浪花里飞蹿的白鱼，意思就是水性特别好。所以，《水浒传》给人物起绰号是有由来的。接下来，我们来看军师吴用，他的绰号叫什么？

生：智多星。

出示PPT：

> "智多星"吴用
>
> 为什么称他为"智多星"？
>
> 你怎么看待吴用的"智"？

师："智多星"是什么意思？

生：很聪明。

师：对，特别聪明。你能不能结合书里的某个故事来说说，吴用为什么被称为"智多星"？

生：智取生辰纲。

师：可以说得稍微详细一点吗？

生：吴用料定杨志那帮人在路上会忍饥挨饿，就把下了蒙汗药的酒卖给他们，盗取了生辰纲。

师：嗯，大致意思是对的。吴用用计把蒙汗药下在酒里，让杨志等人昏迷，然后智取了生辰纲。谁能补充一下，他们是用什么办法下蒙汗药的？

生：他们先自己买了一桶酒，喝完了以后假装让卖酒的白胜饶他一瓢，然后真的去舀了一瓢，先当着杨志他们的面喝了，然后又在瓢里面放了药，再去舀，被白胜倾在了里面。

师：这位同学注意到了一个很重要的细节。他们想要白胜再饶一瓢，但这瓢舀了之后没有喝，而是端着走，端到树林里，把蒙汗药下在瓢里面。这个时候白胜假装追过去，把那一瓢加过蒙汗药的酒拿回来又扣在这个桶里。这位同学记住了主要的细节，非常好，读书就应该这样。还有没有补充的了？

师：好，你来。

生：在梁山上，一行人即将招安的时候，吴用做好了招安失败的准备，可见他深谋远虑，并且能居安思危。

师：他做了什么样的准备，是怎么做准备的？

生：为防止朝廷变卦，他做好了与朝廷继续抗争的准备，还筹划了后事——那些招安后的事。

师：请坐。这位同学说吴用做好了招安不成功的准备。以当时吴用的眼光来判断，招安能不能成功？来，你说说看。

生：能成功。

师：声音大一点嘛。

生：能。

师：说说理由。

生：我说不出理由。

师：对于招安这件事，吴用是有很大的把握能够成功的。他和宋江已经把梁山好汉的座次都安排好了，一一对应着天上的星宿，是吧？还有没有同学补充了？

生：他用计去北京把卢俊义抓上了山。

师：好的。卢俊义武艺高强，而且影响力很大。为了让这个有本事的人入伙，吴用用了什么样的计策？

生：他扮作道士去北京，李逵扮作道童。卢俊义请吴用给他算命时，吴用写了四句反诗留在他家中。然后吴用让卢俊义到梁山去烧香、避难。卢俊义去了以后，他再用车轮战的办法，先消耗卢俊义的体力，再让张顺和李俊在船上把卢俊义捉上山，留他住了几个月，才让他回京。这样，卢俊义就被人误会背叛了朝廷。

师：是的。为了让卢俊义上山，吴用把他害得家破人亡。为了让某一个英雄上山，故意陷他于不仁不义的局面，让他走投无路，不为官府所容，最终把他逼上山来，这样的伎俩，在《水浒传》中不止出现一次。你们有印象吗？

生：霹雳火秦明和金枪将徐宁两个人。秦明要回青州，宋江他们带人装作秦明的样子去攻打青州，知府就把秦明的家小都杀害了。徐宁也是，汤隆披了他的衣甲假装是他，去打家劫舍。

师：这位同学读得真好。《水浒传》里还有一个人叫朱仝。他本来是一个很正直的人，因为私放一个犯了罪的叫雷横的梁山英雄，被发配到沧州。沧州知府很喜欢朱仝，敬重朱仝是个英雄，不让他到牢里去服役。他只要朱仝天天帮他带好公子小衙内就好了。有一天，朱仝抱着这个孩子出去逛，被李逵骗了过去，李逵一刀就把孩子的脑袋砍为两段，这样朱仝就回不去了。现在，对"智多星"吴用的"智"，你觉得应该怎么看？

出示PPT：

如此智慧的人，作者为什么给他取名"吴（无）用"？

师：一个有智慧的人，作者为什么说他"吴（无）用"呢？

生：不知道。

师：你说说看。

生：不知道。

师：大家想一想，怎样的智慧是"无用"的？毒计。毒计是无用的，是害人的。真正的好计谋应该是能兴国安邦、扶危济困、除暴安良的。所以，在给吴用取绰号的时候，作者其实暗含了自己的价值判断。现在徐老师想问一问，书中还有哪个英雄的绰号给你留下了深刻的印象？

出示PPT：

还有哪个英雄的绰号给你留下了深刻的印象？

生：及时雨宋公明。

师：及时雨，谁有困难他就送银子。

生：黑旋风李逵。

师：这个人的颜值不高，是个黑大汉。

生：不知道。

师：想不起来没关系，允许你翻书，我先问其他人。

生：豹子头林冲。

师：为什么"豹子头"会给你留下深刻的印象呢？

生：因为他很正直。

师：是正直吗？你再读一读书，好不好？

生：小旋风柴进。

师：为什么你对他的印象深刻？

生：他接济了很多受难的英雄。

师：对，他家里就是一个避难所，很多英雄投奔到他那里。我感觉同学们读书时还要再仔细一点。继续。

生：小霸王周通。

师：为什么呢？

生：因为他跟李忠占山为王。

师：占山为王的人多了，为什么你对他这个绰号感兴趣？

（生摇头）

师：这个人叫小霸王，但他身上的气质跟霸王是不太相符的，不信你去读读书。你来说。

生：我不知道。

师：不知道？我来问问你，武松你知道吗？

生：知道。

师：那武松的绰号呢？

（生沉默）

师：也不知道吗？有谁知道武松的绰号是什么吗？

生：忘了。

师：现在大家翻书看。

（生翻书，师巡视。）

生：行者武松。

师："行者"是什么意思？

生：不知道。

师："行者"是"头陀""游方道人"的意思。

生：宋江义小李广。

师：啊？

生：宋江小李广。

师：小李广可不是宋江。小李广是谁？

生：（齐）花荣。

师：花荣比李广的本事稍微小一点，所以叫"小李广"。如果说他的本事比李广还高一点，他的绰号应该是——

生：病李广。

师：这回你们很厉害，回答得很好。据说李广走夜路时看见一只老虎，于是拉弓射箭。第二天早上一看，这箭射到了哪里？

生：射到石头里了。

师：对，太厉害了。刚才老师检查了同学们的读书情况，有些同学书读得不错，有些同学读得不怎么样，课后还要下功夫。现在，大家看屏幕上的三段描写。请说说看，它们对应的分别是哪三个英雄人物，并说说他们的绰号。

出示PPT：

蝉鬓金钗双压，凤鞋宝蹬（dèng）斜踏；连环铠甲衬红纱，绣带柳腰端跨；霜刀把雄兵乱砍，玉纤将（jiāng）猛将（jiàng）生拿，天然美貌海棠花，一丈青单枪出马。

系一条鲜红生绢裙，擦一脸胭脂铅粉，敞开胸脯，露出桃红纱主腰，上面一色金钮。眉横杀气，眼露凶光。

眉粗眼大，胖面肥腰。插一头异样钗环，露两臂时兴钏（chuàn）镯。红裙六幅，浑如五月榴花。翠领数层，染就三春杨柳。有时怒起，提井栏便打老公头。忽地心焦，拿石碓（duì）敲翻庄客腿。

师：来，你说。

生：第一个是扈三娘。

师：是的。她的绰号是什么？

生：一丈青。

师：对的。大家知道吗，"一丈青"是一种蛇。第二位是谁？

生：母夜叉孙二娘。

师：第三位是谁？

生：母大虫……嗯。让我想想。

师：母大虫，说对了。不着急，我提示一下，这个人姓顾。

生：顾大嫂。

师：不错。这些是《水浒传》里的女英雄。请大家放开声音把这三段文字读一读。

（生小声齐读）

师：不要齐读，各人读各人的，让我听到你们读书的声音。

（生自由朗读，师巡视。）

师：请说说你对她们的印象。

生：英勇。

师：喜不喜欢这三个人？

生：喜欢。

师：喜欢哪？想不想做像这三个人一样的英雄啊？

生：想。

师：为什么想？

生：我觉得她们既有女子的美貌，又有男子的英勇。

师：我来问问咱们班的男生，这三个女英雄美不美？

生：不太美。

师：不要给我打马虎眼，美还是不美？

生：不美，太粗犷。

师：如果必须让你选一个比较美的人，你选哪一个？

生：一丈青。

师：徐老师也喜欢一丈青。你看，孙二娘满脸杀气。顾大嫂呢？胖面肥腰，眉粗眼大，关键还动不动就打老公头。扈三娘真的是一个不错的女英雄。但是扈三娘的绰号叫"一丈青"，我不喜欢。"一丈青"是蛇，一般来说，蛇是比较阴险、毒辣的。现在请同学们前后左右商量一下，重新给扈三娘取一个绰号。徐老师给大家三分钟时间，大家可以商量，可以翻书。

（生讨论，师巡视。）

师：好了，请这位男生先说，你想给她取一个什么绰号？

生：猛海棠。

师：嗯，海棠很美丽，前面的"猛"是什么意思？

生：她比较勇猛，能单捉王矮虎。

师：非常好，猛海棠。美丽的容貌有了，勇猛的力量也有了。不错，还有吗？

生：双刀巾帼。

师：双刀？

生："巾帼女将"的"巾帼"。

师：你是从兵器的角度来取的。她用的是双刀，倒也挺有意思的。还有吗？咱们可以从"病尉迟"这个绰号上得到一点启发呀。

生：病木兰。

师：好，你想到了女英雄花木兰。我们还可以叫她什么木兰？

生：小木兰。

师：可以的，还可以叫"赛木兰"，是吧？你们想不想看一看扈三娘在电视剧里长的是什么样子？（图片展示）同学们看，她是不是挺美的？她边上那个男人是谁啊？

生：王矮虎。

师：王矮虎的绰号叫什么？

生：矮脚虎。

师：这个男人其实是挺不招人喜欢的，长相不好看，品行也不好，武功也是稀松。你觉得这两个人站在一起般配吗？

生：不般配。

师：我每次读《水浒传》，读到这个地方都为扈三娘感到不值。现在我们来讨论一个话题：如果扈三娘可以重新选择，你觉得她和哪个英雄更般配？

出示PPT：

> 如果扈三娘可以重新选择，你觉得她和哪个英雄更般配？

生：双鞭呼延灼。

师：为什么？

生：扈三娘是"双刀"，呼延灼是"双鞭"，比较配。

师：你是说他们两个兵器比较配？

生：嗯。

师：兵器比较配，可以一起上阵杀敌，在一起过日子不能用兵器相配吧？这个理由站不住脚。不过，我挺喜欢双鞭呼延灼的。还有吗？

生：没（méi）羽箭张清。

师：没（mò）羽箭。为什么？

生：因为张清和扈三娘如果在战场上一起杀敌的话，可以更好地合作。

师：战场上可以合作，不等于家庭可以合作。你来。

生：不好意思，没想好。

师：来，你说说看。

生：神算子蒋敬，因为他算术比较好，肯定比较持家。（生哄笑）

师：好的。因为扈三娘有男人的豪爽、义气，可能不太会持家，所以要找个精打细算一点的男人，性格互补。有道理。如果真从性格互补的角度来看，谁更合适一点？男人的性格有几分懦弱，和扈三娘才能互补。

生：柴进。

师：柴进可不懦弱。有一个人，当别人去调戏他老婆的时候，他举拳就要打。后来一看那个人是高官公子，他的拳头就落下来了。

生：林冲。

师：我刚开始读《水浒传》的时候，觉得林冲真的是有几分懦弱的。朝廷发配他的时候，他不知道反抗，还想着服刑期满可以回去团聚。同学们再仔细地读一读《水浒传》，看看林冲跟扈三娘有没有交集？

生：有。

师：交集在哪里？

生：他捉了扈三娘。

师：对，扈三娘是林冲捉过来的。当时他一把抓住了扈三娘横在马鞍上，但他们两个后来没有发生什么故事。我们来揣测一下，扈三娘在心里看得起林冲吗？可能看不起。好，我再找一位同学说一说，你觉得她嫁给谁比较合适？

生：吴用。

师：嫁给吴用？

生：因为吴用聪明，善于用计谋，扈三娘擅长杀敌。

师：你的意思是，扈三娘欣赏有计谋的男人。请问，扈三娘一家是被谁杀掉的？

生：李逵。

师：李逵杀掉扈三娘全家，背后是谁出的主意？

生：吴用。

师：所以，如果要把她许配给吴用，可能第二天早上吴用的头就不见了。你们想不想知道，徐老师把扈三娘许配给谁了？其实这个人就是浪子燕青。他是《水浒传》的英雄中徐老师最喜欢的一个人。最后，当其他人都羡慕着回去可以有高官厚禄的时候，燕青却隐姓埋名，视金钱和高官如粪土。他甚至还劝说他的主公卢俊义跟他一起隐姓埋名。这个人有眼光、讲义气，当然也有颜值、有担当。下课以后，大家可以再读读《水浒传》，聊聊这个话题。好了，下课，同学们再见！

生：老师再见！

○ 评 课

寻一根生长的藤蔓

——徐杰老师执教《水浒传》导读实录 1 评点

成都七中育才学校　陈　珊

《水浒传》是语文统编教材九年级上册的必读名著，但此书背景广阔，情节错杂、人物众多，学生阅读时往往走马观花，不求甚解。熊十力先生指导青年学子阅读经典名著时曾说："寻玩义理，须向多方体究，更须钻入深处，勿以浮泛知解为实悟也。"徐杰老师善于从纷繁的故事中寻出颗粒饱满的种子，精心栽培，孕育出绿意盎然的藤蔓，在课堂上带着学生摘叶问花、顺藤摸瓜，多方体悟，深入文本深处，从而洞见一个更广阔、更丰润的水浒世界。现在，我们一起来欣赏徐老师的课堂教学艺术。

一、选种催芽

绰号，是徐老师精心选择的一颗种子。《水浒传》中的英雄不仅有绰号，且个个响亮。好汉们的绰号类型驳杂、各有特色，天文气象、飞禽走兽、古人神怪等意象应有尽有。为什么要选"绰号"这颗种子呢？因为它有极强的爆发力、生长力，像一颗火种，可以兴起燎原之势。绰号背后是什么？是人物，是情节，是小说的主旨。对人物绰号的研究，是把握人物性格、分析人物命运走向、体悟小说主旨、剖析作者价值观的重要手段，也是洞察中国传统社会文化心理的一个独特窗口。

于是，课堂伊始，徐老师开门见山，直奔话题"英雄人物的绰号"，用填空的方式，引导学生分享交流了十位英雄的绰号。大刀关胜、双鞭呼延灼、打虎将李忠、混江龙李俊……英雄的选择，辐射整本书的不同篇章，涉及大人物，也关注小人物，充分考查了学生对名著人物形象的初步感知。

但是，即使是作为"前奏"的课堂活动，也一定要有充足的生长空间，才能催生思维的种子萌芽。徐老师是如何把一个简单的填空活动做饱满、做丰厚的呢？有几次课堂追问值得关注。

第一次是在填空任务推进过程中，当学生回答杨雄的绰号时，徐老师追问了"病关索"中"病"的意思。为什么选择"病关索"的"病"来展开教学呢？正所谓"不愤不启，不悱不发"，这个"病"字恰好是学生自主阅读时的知识盲点，徐老师找准学生困惑，塞者凿之，陡者级之。然而，徐老师并没有止步于对"病"字的正解，而是顺势发问"有没有想起《水浒传》里其他带'病'字的绰号"，从而引导学生寻找整本书中含有"病"字绰号的其他英雄形象。这一问，连点成线，实现了知识的勾连，丰富了学生的文言积累，提高了语文素养。

第二次是在填空任务完成后，大家都以为板块一的学习任务已圆满完成时，徐老师进一步追问："这十个绰号分别与哪些元素有关？"在老师的循循善诱下，学生发现绰号与人物使用的兵器、能力、特长以及敬畏鬼神的原始宗教信仰等相关。这样一来，学生不仅重温了一群英雄的绰号，还探究了绰号的由来，甚至隐约洞见绰号背后中华民族尚武任侠、敬畏鬼神的传统社会文化。不难看出，学生思维能力的训练已从识记走向了理解，层层深入，螺旋上升，这就是课堂活动的梯度。

二、摘叶问花

如果说活动一是借绰号初步感知英雄群像，那么活动二就是借绰号聚焦品读英雄个像。这就好比种植瓜果，蔓叶繁茂，若任其生长，瓜蔓重叠，便会影响结果。这时果农就会整枝摘叶，去除侧蔓，保留主蔓。而"智多星"吴用就是徐老师在众多英雄中留下的"主蔓"。徐老师围绕"智多星"吴用设计了两个讨论话题：（1）结合小说情节，说说为什么吴用被称为"智多星"；（2）该怎么评价吴用的"智"？这么一个"智多星"，为什么作者给他取名吴（无）用？这两个话题是有层次的：一个是从绰号出发，引导学生深入文本理解分析"智"；另一个是将绰号和人名联系起来鉴赏评价"智"。这么一联系，世界就大了，"及时雨"宋（送）江、"豹子头"林（零）冲、"玉麒麟"卢俊义、"花和尚"鲁智深……原来都暗含了作者的深意！徐老师独具慧眼，敏锐地捕捉到这一点，并通过玩味绰号与名字的关系，引导学生深入理解作品的思想感情和价值取向，实在是精妙！

作为语文老师，文本的解读有多深，在课堂上站得就有多高。老师只有先破译了文本的语言密码，发现了文本的教学价值，才能将学生的阅读引向更深处。所以，徐老师扣住"智"这个点，联系教材与原著，让学生在文字里沉潜往复，在细节里从容含玩，学生的阅读也由感性共鸣走向了理性反思，由阐释性阅读走向了思辨性阅读，思维的藤蔓在用力生长。

有了这浓墨重彩的细读活动之后，徐老师接下来就放手让学生交流自己印象深刻的英雄绰号，自主思考、独立表达。有了前面环节的示范与铺垫，学生便能畅所欲言、各抒己见。精致的课堂是疏密有致、收放自如的，"聚"是一团火，"散"成满天星。而"点亮星星"的，正是课堂对话中老师的教学语言。我们选其中几组师生对话来细品：

生：及时雨宋公明。

师：及时雨，谁有困难他就送银子。

生：豹子头林冲。

师：为什么"豹子头"会给你留下深刻的印象呢？

生：因为他很正直。

师：是正直吗？你再读一读书，好不好？

生：宋江小李广。

师：小李广可不是宋江。小李广是谁？

生：（齐）花荣。

师：花荣比李广的本事稍微小一点，所以叫"小李广"。如果说他的本事比李广还高一点，他的绰号应该是——

生：病李广。

……

师：对，太厉害了。刚才老师检查了同学们的读书情况，有些同学书读得不错，有些同学读得不怎么样，课后还要下功夫。

在这几组师生对话中，徐老师敏锐地捕捉到学生的信息，并作出积极回应，有及时地补充，如"及时雨，谁有困难他就送银子"；有精准的评判，如"是正直吗？你再读一读书，好不好"；有巧妙地点化，如"花荣比李广的本事稍微小一点，所以叫'小李广'。如果说他的本事比李广还高一点，他的绰号应该是——"；有及时的鼓励，如"病李广""对，太厉害了"；也有含蓄的提醒，如"刚才老师检查了同学们的读书情况，有些同学书读得不错，有些同学读得不怎么样，课后还要下功夫"。有效的师生对话，恰到好处地点拨，可以激发学生对名著的兴趣和新的发现，让思维的藤蔓催生出一朵朵智慧的火花。

三、顺藤摸瓜

最后一个导读活动，是将前一个活动撒开的网收回来，把目光又引向了作品中的三位女英雄。徐老师的选点值得玩味，《水浒传》由于时代局限性，有着明显的"重男轻女"的观点。梁山好汉 108 个，女性只居其三。论本事、功劳，她们皆是响当当的英雄，可她们的地位、座次都远远与贡献不符，作者明褒实贬，使其成为异化了的"女好汉"。然而，这些一扫脂粉气、绮靡气，独具阳刚之美的巾帼女英雄，却是作品表现英雄主义不可或缺的重要组成部分。

徐老师敏锐地捕捉到了这一点，并积极为她们发声。阅读活动先由三段外貌描写引出三位女英雄，然后聚焦扈三娘，质疑绰号与人物的不匹配，进而引导学生回归原著，联系与扈三娘有关的情节，为其重取绰号。课堂氛围迅速被点燃，于是，扈三娘就拥有了"猛海棠""双刀巾帼""病木兰""赛木兰"等一连串响当当的绰号，疾恶如仇、不畏强暴、敢于反抗的女英雄形象顿时鲜明、立体起来。课堂活动从初识绰号到探究绰号，再到创作绰号，学生从建构走向了运用，从理解走向了表达，思维的藤蔓已枝繁叶茂。这节导读课，坐果摘瓜的时候到了！

然而，徐老师总能出其不意，于无声处再响惊雷！他先在屏幕上呈现影视作品中扈三娘和王矮虎极不般配的合照，一番评论后顺势发问："如果扈三娘可以重新选择，你觉得她和哪个英雄更般配？"此问一出，如惊涛拍岸，课堂一下就沸腾了！翻书声、讨论声不绝于耳，每个人都饶有兴致地给扈三娘"另觅佳婿"，"呼延灼、张清、蒋敬……"建议层出不穷，氛围空前活跃，老师点化、引导、纠偏，最后分享自己心中的最佳人选——浪子燕青。整节课妙趣横生，既有谐趣，也有情趣，更有智趣，它将《水浒传》整本书的人物、情节、细节、主题、价值观等诸多元素巧妙地串起来，糅合在一起，相互作用。学生在老师的引导下不仅读懂了名著，更在此基础上进行了创意性阅读，在公认的阅读结论之外有了新的发现。师生共读，拓展了一本书的广度，使导读活动的视野更宏阔，内容更丰厚，实现了教师、学生、名著三者之间的共生共长。一切妙境皆由此生！原来，这才是课堂的真正高潮，是瓜熟蒂落的最佳时机。

窦桂梅老师说："细节，往往反映教师的教学水平，折射着教师的教学思想。"那些看似信手拈来、水到渠成的精彩环节，其实都是名师成长过程中厚积薄发的结果。徐老师用自己的言说激发潜伏在学生生命中最本真、最活跃、最积极的言说欲求，用自己的智慧在莘莘学子心中播下一颗颗热爱阅读的种子，悉心呵护，看它发芽、伸蔓、开花，最终成为生命中的绿洲，来抵御学生成长过程中遭遇的流沙。

16.《水浒传》导读实录 2

背景：2022 年 12 月，江阴初语跨年盛典 "主任的语文课" 优质课展
示活动，执教公开课。

班级：江阴市礼延实验学校初三（4）班。

课型：总结性导读。

师：蔡老师刚才介绍过了，同学们怎么称呼我？

生：（异口同声）徐老师！

师：我不太喜欢异口同声的回答，除了喊 "徐老师"，还可以喊什么呢？

生：对您尊敬点的话，就是叫 "老徐"。

师：叫 "老徐" 不是尊敬，是我们关系很亲密了，可以的。你呢？

师：你比较拘谨。我给你一个提示，好不好？你们语文老师是韦军老师，
韦老师喊我 "杰哥"，你觉得你应该喊我什么？

生：杰哥。

师：你说说看，韦老师喊我 "杰哥"，你没大没小的，也喊 "杰哥"。（生笑）
好像也可以，是吧？有没有其他喊法了？来，说说看。

生：徐先生。

师：喊我 "徐先生"，很正规，很文雅。

生：杰叔。

师：叫 "杰叔" 就对了，辈分得搞清。如果我跟同学们一起入了梁山，
我们在水泊梁山的路上遇到了，你们跟我双手一抱拳，喊什么？

生：喊"杰哥"。

师：不对了，喊什么？声音高一点。

生：徐大哥。

师：这同学把《水浒传》读进去了。大家看到宋江，都喊他什么？

生：哥哥。

师：喊"宋大哥"，是吧？喊我"徐大哥"的同学，就是把《水浒传》读进去了。

师：今天我们一起上的这节导读课题目叫"《水浒传》中的'酒局'"。《水浒传》中的"酒局"是非常有意思的。

出示PPT：

> 《水浒传》120回当中，写喝酒的场面共647次，其中联谊209次，慰劳97次，庆贺69次，疏通关系46次，礼节128次，闲饮64次，以酒用计21次，以毒酒杀人有8次……

师：可以说，《水浒传》中几乎每一回中都不离酒。我现在想问问同学们，如果穿越到《水浒传》里，你最希望跟哪个英雄一起喝酒？你说说看。

出示PPT：

> 如果穿越到《水浒传》里，你最希望跟哪个英雄一起喝酒？

生：李逵。

师：喜欢跟李逵一起喝酒，理由是——

生：李逵比较豪迈。

师：我看你也是很豪迈的人，请坐。来，这位同学请回答。

生：我喜欢跟宋江喝酒。因为《水浒传》中有一回写到，宋江在浔阳楼题反诗。他能写下这么壮阔的诗，我觉得他是一个非常有才气的人，也是一个志向远大的人。能跟他喝上一杯的话，我的阅历、见识也会增长不少。

师：请坐。跟有才智者喝酒，自己慢慢也会得到熏陶和影响，很好。

生：我想跟玉麒麟卢俊义一起喝酒。卢俊义是北京的大官人，而且文武双全，有才华，还有武艺在身，我想跟这样的英雄结交。

师：非常好。文武双全，重义气，跟这样的人一起喝酒，我觉得你也能成为这样的人。还有吗？我找个女生，肯定不喝酒的。

生：我想跟鲁智深一起喝酒，因为鲁智深是一个侠肝义胆的人，他当时最出名的就是喝酒之后拳打镇关西，他是一个非常豪迈英勇的人，跟他一起喝酒应该有很多趣事，能更了解到他的豪情。

师：请坐。巾帼不让须眉。是的，跟鲁智深一起喝酒，他的侠肝义胆将会影响着你。你们知道徐老师想跟谁一起喝酒吗？猜猜看。

（生摇头）

师：我给你们一点暗示。徐老师是一个美食家，最喜欢吃的菜是鱼，我在朋友圈里经常发的内容就是做的各种各样的鱼。来，你说。

生：浪里白条张顺。

师：你太厉害了，请坐。我最想跟浪里白条张顺一起喝酒，我只要喊他喝酒，他就拿着鱼过来了。你看，这就多了一道下酒的菜，很有意思。现在我想问问同学们，读完《水浒传》，你觉得《水浒传》中酒量最大的人是谁？来，请你说。

生：应该是武松，因为他喝了号称"三碗不过冈"的景阳冈的酒，喝完之后还打死了一只老虎。

出示PPT：

当日晌午时分，走得肚中饥渴，望见前面有一个酒店，挑着一面招旗在门前，上头写着五个字道："三碗不过冈。"武松入到里面坐下，把哨棒倚了，叫道："主人家，快把酒来吃！"

师：大家看一下屏幕。只是喝了景阳冈"三碗不过冈"的酒，酒量就大了吗？你补充。

生：一般人喝了三碗就醉倒了，过不了冈。武松他喝了十八碗，一样过去了。

师：喝了十八碗，一样过去了，我觉得最后这句话要改一改。喝了十八碗，不仅过了景阳冈——

生：还打死了一只老虎。

师：请坐。这话就对了。别人喝三碗就醉倒了，武松喝了十八碗，不仅没有醉倒，而且还借着酒气打死了一只老虎。徐老师把这叫作"酒见英雄气"。（板书）徐老师在喝酒的时候经常说一句话："酒品就是人品，酒风就是作风。"你们来补充。酒气就是——

生：英雄气。

师：你们太厉害了，酒气就是英雄气。喝十八碗的酒，我考证了一下，这十八碗酒放到现在，有多少量呢？

（一生插嘴）

师：你也研究过？真了不起。这位同学说相当于喝了两三斤的白酒。北宋时，人们喝的酒是米白酒，江阴这里也做米白酒。把它折合成酒精含量，就是将近三斤52°的白酒。这酒量是够大的，是吧？把十八碗的酒喝完，打死了老虎，英雄气概令人钦佩不已。那如果是一顿没有喝完的酒，能不能看出英雄气概呢？大家自由地读一读屏幕上的文字，告诉我。来，读起来。

出示PPT：

> 三个酒至数杯，正说些闲话，较量些枪法，说得入港，只听得隔壁阁子里有人哽哽咽咽啼哭。鲁达焦躁，便把碟儿、盏儿都丢在楼板上。

师：这是一顿吃得不爽的酒，吃了一半的酒。这样吃得半途而废的一顿酒，能见英雄之气吗？说说理由。

生：鲁智深在喝酒的时候，听到别人在啼哭，就去问，发现是镇关西强娶了金翠莲，于是他帮助了金翠莲。虽然酒没有喝成，但是也体现了他的侠肝义胆、乐于助人的英雄气。

师：把酒喝完，喝了十八碗，可见英雄气；喝了半途而废的酒，也能看出英雄气。你说得真好。

师：接下来我们来看这一顿酒，自由地读一读，看看是谁和谁喝酒，在哪里喝酒。

出示 PPT：

> 那妇人嘻嘻地笑着入里面，托出一大桶酒来。放下三只大碗，三双箸，切出两盘肉来。一连筛了四五巡酒，去灶上取一笼馒头来，放在桌子上。两个公人拿起来便吃。武松取一个拍开看了，叫道："酒家，这馒头是人肉的，是狗肉的？"

师：读起来好像有点惊悚，是人肉包子。在哪里喝酒？

生：在十字坡张青的酒店。

师：他说的这句话有两个信息：第一，地点在十字坡；第二，是张青开的酒店。有没有其他的信息补充？

生：这个妇人是张青的妻子孙二娘。

师：好的，第三个信息，这个妇人是张青的老婆孙二娘，绰号"母夜叉"，请坐。有没有谁再来补充的？

师：这是一家黑店，武松有没有被制作成人肉包子？后面的故事是怎样的？你说说看。

生：武松发现了馒头是人肉做的，就假装被孙二娘药倒。

师：说得挺好的。假装被蒙汗药麻倒，进而把孙二娘制服。接下来呢？

生：正巧张青回家，制止了武松，然后两个人相认。

师：两个人相认，张青知道武松是打虎英雄，纳头便拜，两人成了好朋友。武松遇到了知己好友。张青就邀请武松留在这个店里，武松留下来了吗？来，你说说后面的情节。

生：武松没有留在这个店里。孙二娘想要把两个公人杀了，把武松留下。武松没有留下，继续跟着两个公人走了。

师：踏上了流放的道路。

生：武松应该是被刺配去的孟州，到那个地方的时候本来要挨一千大板，是施恩出手救了他。武松是一个有恩必报的人。施恩说他的一家店，应该是他管辖的一个地方被蒋门神给占据了，想让武松帮他出口气，武松就帮他把这块地给赢了回来。

师：这块地叫"快活林"，是一个酒店。请坐。武松帮助施恩抢回了快活林，但是得罪了蒋门神，然后又被蒋门神、张都监等人陷害，大闹飞云浦，血溅鸳鸯楼。这个时候他没地方去了，又到了哪里？

生：到了蜈蚣岭，十字坡。

师：所以在这个喝酒的地方，武松来了两次。第一次来只认识了张青夫妇，第二次来通过他们又认识了谁？

生：他们建议武松扮成"行者"，去二龙山寻找鲁智深投奔。

师：二龙山就在旁边，在这里武松通过张青的引荐结识了二龙山的大当家鲁智深和二当家杨志。所以，《水浒传》里面的英雄一开始有的是单打独斗，慢慢地，一个认识两个，两个认识三个，后来就成了一个团队。二龙山这个团队也是蛮厉害的。十字坡的喝酒，让武松由一个人独闯江湖，到了慢慢地拥有了一批志同道合的朋友。徐老师给这取名叫"酒聚英雄义"。（板书）意气相投的英雄因着义气聚到了一起。二龙山是仅次于水泊梁山的一个团队，后来他们也加入了水泊梁山。我们再看下面这一顿酒，大家自由地读。

出示PPT：

> 七个人立在桶边，开了桶盖，轮替换着舀那酒吃，把枣子过口。无一时，一桶酒都吃尽了。七个客人道："正不曾问得你多少价钱？"那汉道："我一了不说价，五贯足钱一桶，十贯一担。"七个客人道："五贯便

依你五贯，只饶我们一瓢吃。"那汉道："饶不的，做定的价钱。"……

师：这顿酒在《水浒传》中也很有名气。它所在的章回题目叫"智取生辰纲"。在这个故事中，七个人的小团伙劫取了杨志押送的生辰纲，一大笔钱。我想问一下同学们，在"智取生辰纲"这个故事中，最精彩、最高潮的一个细节是什么？

生：我觉得应该是刘唐故意去拿瓢子吃，给那些押送的人看，故意说这桶酒里没有蒙汗药，然后吴用偷偷把蒙汗药从树林里拿出来放到了酒桶里面。

师：像你这样下药不是给别人发现了吗？他说吴用拿着蒙汗药从树林里跑出来，下到酒桶里。有这样下药的吗？来，听听这位同学怎么说。

生：是吴用把药放在瓢里，然后假意要吃另外一桶酒，在把瓢伸到桶里搅拌的同时把药也一起下进去了。卖酒的白胜假意不让他们喝，把瓢拿走，就这样药被下进去了。

师：他对于下药的细节关注得要更准确一点。当时他们是把药放在瓢里，去桶里面舀酒的时候就把药搅在酒里了。但我要补充一个细节，酒舀起来以后，白胜冲过来假装不肯，又把瓢嘬啪一打，扣在了酒桶里，这样的话蒙汗药都融在酒桶里面了。咱们班同学读书读得很用心，这个细节太重要了。以酒下毒那么多次，这一次下毒是下得最有水平的。"智取生辰纲"这个故事也叫"七星聚义"，"义"字通过这一场智慧的酒局表现得淋漓尽致。

师：好，我们继续看一场酒。打开书。

出示PPT：

浏览第十回《林教头风雪山神庙　陆虞侯火烧草料场》，这个故事里一共写了哪几次"酒"？如果不写"酒"，行不行？

师：浏览叫"一目十行"，就是跳读。你们发现一次写"酒"，就把它用笔圈出来，然后想一想，这个地方不写"酒"行不行？

（生读并思考）

师：好，一共写了几次酒？你说说看。

生：写了四次酒。第一次是李小二遇到恩人林冲，请他喝酒；第二次是管营他们在一起喝酒，商议陷害林冲；第三次是在林冲被调到草料场之前，李小二又请他喝了一次；第四次是林冲在草料场要出去打酒，又喝了一次。

师：有没有补充？你自己补充。

生：还有一次是他杀了几个人之后，离开的时候。

师：五次，还有没有了？

生：大雪压倒林冲居住的地方，林冲要躲到旁边山神庙里去。他就躲在庙里一边喝酒，一边准备睡觉。

师：好的，请坐，这样其实就是写了六次喝酒。现在请你来说说，不写"酒"行不行？这六次可以分开说，某一次不写行不行？

生：第一次是李小二遇到林冲后款待林冲喝酒。如果不写，后面李小二听到管营他们的诡计就没有了铺垫，后面也就没有人告诉林冲有人要陷害他。

师：好，这一次喝酒如果不写，就没有了故事的铺垫。请坐，接下来。

生：林冲在山神庙里喝酒那次，如果他不喝的话，可能进去就直接睡觉了，不会发现草料场着火。

师：如果不喝酒他可能就睡觉了，草料场失火就听不见了。这个不一定，失火的声音还是很大的。如果不写林冲在这个破山神庙里喝酒，我觉得不能表现英雄末路的凄惨。你想，在风雪之夜，八十万禁军的教头沦落到在破山神庙里面喝一点冷酒，就着几块牛肉，是不是很凄惨？请坐，来，你来说。

生：我觉得他如果不去山神庙里找酒的话，他回来就不会看到庙。

师：他不是到山神庙里去找酒喝，如果林冲不去镇上打酒喝，可能会被雪压，会被砸死，后面就没有林冲的事了，对不对？所以这个地方的巧合，恰恰是故事最关键的地方。喝酒让他避开了一个灾难，才有了后续的故事。好，继续来。

请你说。

生：我想说李小二和他喝的两次酒。第一次酒是林冲投奔到李小二这边时，李小二给了他一壶酒，这是李小二向林冲报恩的一种方式。后面他等林冲走了之后，又给他设了酒宴，也能看出他们俩的情谊之深。我觉得这正好可以跟陆虞候形成一个鲜明的对比，因为陆虞候自小与林冲相交，却要害林冲。

师：你这样说特别有意思，很好。在凄苦的、惨烈的人情争斗中，让林冲感觉到了人情的温暖。

生：我想说的是最后一次喝酒，就是林冲抢几个庄客的酒喝，这个酒也是比较重要的。如果没有"酒"，林冲就不会被庄客绑到柴进庄上，也就不会顺势走到梁山泊，不会上梁山。而且如果没有这个酒，没有这一堆可以烘人的火，他可能死在寒风暴雪中了。

师：你关注到了风雪山神庙后续的一次喝酒，我们现在说的是这六次喝酒。我觉得有一次喝酒，作者写得比较简单。第六次写林冲杀完了仇人以后，只有一句话："将葫芦里的酒都吃尽了。"如果现在请同学们来拍一个电视剧的镜头，要把这句话拍得有血有肉，你觉得"林冲吃尽酒"这个镜头怎么拍比较合适？我给大家两分钟时间，前后左右商量一下。

（生讨论）

师：有没有商量出方案？我们来分享一下。好，这位女生。

生：我会先拍酒，再给林冲一个手一下端住酒的动作，特别飒气勇猛。就这样一喝，可能酒会漏出来，他再用手猛地一擦，再很用力地摔回去，一转身再走过去。因为他刚杀完两个仇人，心里还是很解气的。

师：我特别欣赏这位女生设计的喝酒动作，请坐。还有吗？来，请你说。

生：我想在最前面再加上一个特写，就是林冲一脚愤愤地踩在供桌上，屈膝，仰头喝酒。

师：你觉得踩在供桌上豪爽的味道就出来了？我要表示反对，因为林冲对山神爷爷还是比较敬重的。他祈祷过，如果这次能够让他过了关，他以后要给山神们重新修庙。你想，他现在报了仇，还要把脚踩在供桌上，是不是不大对？

生：把两个人头放在山神庙的供桌上，应该是供给山神爷爷的。

师：对，把两个人头供在山神爷爷的供桌上面，然后喝酒，这个可以。我想问一下酒葫芦怎么处理？你先说，来。

生：我是这样想的。因为他杀了自幼相交的陆虞侯，心里肯定有万般复杂的心情，在他喝酒之后，可以给他的脸部来一个特写，眼角应会有一些眼泪。因为他也是被逼无奈，忍无可忍了，才被迫反抗。最后他一饮而尽，喝完酒以后会重重地把葫芦摔在地上，扬长而去。

师：这位同学说把葫芦重重地摔在地上，扬长而去，表示一种从此与官场告别的决绝，是吧？请坐。对葫芦的处理有没有其他的方案？

生：可能喝完酒之后会把葫芦放在山神的供桌上。

师：请坐。

生：接着刚才他的话，往地上一摔，重重一摔，可以给葫芦一个被摔碎的特写。碎掉的葫芦更能表现林冲心中的决心，要与官场势不两立。

师：给摔碎的葫芦一个特写，既是葫芦碎，也是心碎，更是决绝，请坐。徐老师想过一个方案——林冲把枪扛在肩上，酒葫芦挑在枪尖上，在风雪中摇啊摇的，渐渐远去。行不行？

生：可以的，这样可以看出林冲的性格，这个酒葫芦有可能还伴着林冲一直到最后。

师：是的，我就是想让酒葫芦伴着这位悲剧英雄一直走啊走啊，走向他人生的最后。所以，林冲的酒局里面，我觉得如果不写"酒"，故事可能就结束了。如果不写"酒"，陆虞侯他们也没办法出现；如果不写"酒"，林冲的凄苦我们就看不到；如果不写"酒"，林冲与这个世界的决绝就表现不出来。所以，酒伴着英雄的人生道路，也就是"酒伴英雄路"。（板书）我更愿意让这个酒葫芦伴着他，走过他的一生。

师：其实，酒不仅陪伴着林冲，也陪伴着《水浒传》里面很多的英雄。下面的文字，请同学们自由地读一读。

出示PPT：

（宋江）独自一个，一杯两盏，倚阑畅饮，不觉沉醉。猛然蓦上心来，思想道："我生在山东，长在郓城，学吏出身，结识了多少江湖好汉，虽留得一个虚名，目今三旬之上，名又不成，功又不就，倒被文了双颊，配来在这里。我家乡中老父和兄弟，如何得相见！"不觉酒涌上来，潸然泪下。临风触目，感恨伤怀。忽然作了一首《西江月》词调，便唤酒保，索借笔砚……

师：谁喝酒？

生：宋江。

师：在哪里喝酒？

生：浔阳楼。

师：如果我说：浔阳楼上的这顿酒彻底改变了宋江的命运，你们同意不同意？

生：同意。

师：你同意吗？说说看。

生：同意的，因为如果没有这一顿酒的话，各路好汉也不会来聚义救宋江。

师：好的，各路好汉来救宋江，把他救到梁山上，使他从一个小吏成为梁山上的带头大哥。

生：如果没有这顿酒，宋江可能就平平淡淡地过完牢狱生活，重新做回他的小官。这顿酒让宋江被误认成了一个叛贼，要被斩头，各路好汉为了救他，杀了很多人，宋江就回不去了。

师：对，宋江回不去了。我要补充一下，这位同学说再回去做官不可能，宋江再回去就是一个刑满释放人员，是吧？最后也就那样过完自己的一生，不可能有这种风起云涌的人生境遇。这顿酒彻底改变了宋江的命运。所以，酒改变了林冲，酒改变了宋江，伴随着他们的一生。我们今天说了这么多《水浒传》中的酒，最后一顿酒你们知道是在哪里喝的吗？

出示PPT：

《水浒传》中英雄的最后一场酒：

自由朗读第一百二十回中"宋江自饮酒之后……数日之后，李逵灵柩，亦从润州到来，葬于宋江墓侧，不在话下"。

师：我听到有个同学轻轻地叹息了一声。是的，最后一顿酒就在这里。请大家读一读，默读，速度快一些。读完后填一个字：酒尽英雄（　　），（板书）作为标题。可以写在书上。我想把最后一次回答问题的机会留给最后一排的同学。谁先来？

生：酒尽英雄泪。

生：酒尽英雄义，"义气"的"义"。

师：与上面的重复了。当然，这里是有"义"，至死兄弟们还要在一起。但我们尽量不要重复。

生：酒尽英雄胆。

师：这里有"胆"吗？他觉得喝毒酒就是要有胆，再想一想。

生：酒尽英雄志，"志气"的"志"。

师：你觉得他们的"志"在哪里？请坐。

生：酒尽英雄念，"思念"的"念"。

师：为什么？

生：因为他们死后就再也无法实现自己原来的这些梦想，比如说宋江，再也无法继续报效朝廷了。

师：也就是说酒喝尽，那份思念始终还在。好，请坐。

生：酒尽英雄梦，"梦"里含着他的梦想。

师：是的。梦往往很多时候实现不了，这个梦就带有几分悲剧的意义。

生：酒尽英雄聚。最后他们还选择聚在一起，不能一起生就一起死。

师：我知道你的意思了，酒尽英雄聚，英雄又聚到一起了，在哪里聚？到天上去聚了，是不是？三十六天罡七十二地煞，其实就是魂归天上去了。所以用"聚"字好还是用"归"字比较好？徐老师觉得用"归"字可能更好一些，他们回到了自己之前来的地方。请坐。

生：酒尽英雄事。

师：很多事情都付笑谈中。请坐。

生：酒尽英雄情。宋江被赐毒酒不久，也让李逵喝下了毒酒，但李逵知道之后，并没有恼羞成怒，反而很情愿，体现了李逵对宋江的这份情谊。

师：即使是毒酒也要喝下去，为了义气，为了再也不分离，这份情谊令人动容。

生：酒尽英雄忆，"回忆"的"忆"。

师：刚才那位女生说"义"，我说重复了。这个"回忆"的"忆"，用得好。

生：因为酒喝尽了，这些英雄的事也就过去了，再提起这些事情只能都是回忆了。

师：对。第一，李逵、宋江他们在喝完毒酒到毒发身亡的刹那间，肯定有很多往事在他们的脑海里浮现。第二，我们读完这本书，这些英雄的事迹如史诗般在我们的记忆中不断地泛活。好，最后一个。

生：我写的是"酒尽英雄传"。这些英雄一杯毒酒喝尽了，梁山英雄的传奇事迹就已经尽了。

师："传"既可以读成"zhuàn"，也可以读成"chuán"，留下他们的传奇故事，非常好。答案还有很多。看来，同学们读《水浒传》是把它读透了，读懂了。好的，下课，同学们再见。

生：老师再见。

○ 评　课

让整本书导读课悠游前行
——徐杰老师执教《水浒传》导读实录2评点

江阴实验中学　胡君华

轻巧、精致，是徐杰老师"《水浒传》中的'酒局'"这节课给人留下的直观感受。整本书厚重、教学资源纷繁，常给人"排山倒海"的压力感，但徐杰老师的这节导读课，用"选点教学"的方式，从"酒局"切入，整节课如同驾着一叶轻舟，在导读课堂中悠游前行。我想，像这样出现在整本书导读课堂上的从容悠游，既是使人向往的远方，也是引人思考的话题。

一、反复出现：选点形成的重要契机

因为《水浒传》中的"酒局"切口小，出现频率高，教学支撑力强，和文本特点高度契合，所以它成为一个非常切中要害、非常精要的选点。那么，让人非常感兴趣的是，"酒局"这个选点是怎样被发现的？我想，其中一个重要原因是它的反复出现。

从文本中找出反复出现、有教学支撑力的"点",徐老师曾多次提及。比如,在《西游记》的整本书导读教学中,他曾提到"三打白骨精"的"三打","打"是反复出现的中心事件;"三打白骨精"与"三调芭蕉扇"中的"三"是共同的故事结构;"国王们""小妖们""菩萨们的坐骑""有神通的宝贝们",这是反复出现的故事人物类型;"值得玩味的诗词歌赋"是反复出现的古典小说要素。再如,徐老师在《海底两万里》导读课中指出的尼摩艇长的"哭";在《红星照耀中国》的备课手记中提到,他发现文本中作者多次写到几个人物的"笑",这是反复出现的人物细节。

因此,选点如何形成?启示有二:一是要关注文本中"反复出现"的内容;二是"反复出现"不单指文本中反复出现的文字,还指反复出现的要素,如中心事件、人物类型、环境要素(如《水浒传》中的牢城),反复的技法与故事结构等。总之,"选点教学",关注反复出现的内容,常常会有所收获。

二、典型性、支撑力:情节选择的重要原则

关于"酒局",徐老师聚焦于七个故事片段:武松三碗不过冈、鲁智深救金氏父女、武松十字坡遇张青、吴用智取生辰纲、林冲风雪山神庙、宋江浔阳楼题反诗、李逵蓼儿洼喝毒酒。这就形成了以"酒局"为主题的"故事群",且包含了武松、鲁智深、林冲、宋江、李逵等《水浒传》中最重要的几个人物。他将其分成四个层次:武松景阳冈打虎、鲁智深救金氏父女为一层,为"酒见英雄气";武松二过十字坡、智取生辰纲为一层,为"酒聚英雄义";林冲风雪山神庙为一层,为"酒伴英雄路";李逵蓼儿洼喝毒酒为最后一层,为"酒尽英雄殁"。这是从英雄气概到英雄情谊,到英雄末路,再到英雄成空,既串联了整本书,也契合了《水浒传》全书从快意恩仇到纠葛悲情的发展变化。

徐老师在这里选取的情节很有讲究。他以主要人物的成长变化或故事发

展变化为轴，选取文本中不同阶段的典型事件。这节课中选择的典型事件非常能给人以启发。（1）代表性，如武松景阳冈打虎、鲁智深救金氏父女，能够非常鲜明地反映人物个性；（2）辐射力，能够联系前后情节，聚集更多人物，如智取生辰纲、武松二过十字坡；（3）小说中人物矛盾强烈、动人心弦之处，如风雪山神庙、李逵蓼儿洼喝毒酒，是学生非常有感触的两个情节，也是技法精妙、矛盾激烈、深刻反映社会现实的情节。这样的情节选择，才更有支撑力和张力。

三、比较阅读：选点阅读的重要活动方式

这节课的四个环节，选取了几种不同的活动形式，如话题分享、比读、续写……有趣丰富。这里重点讨论徐老师在教学时采用的比读活动。

选点阅读，必定会形成一个"故事群"。"故事群"的选择要精要，推进要有层次，切忌在一个平面上滑行。第一个板块的每一个层次，是由放到收、由铺垫到推进、由比较到归类。第一个层次，话题"你最希望跟哪个英雄一起喝酒""《水浒传》中酒量最大的人是谁"，是把分散的人物聚焦到教学内容中，这为后面连读、比较和归类鲁智深和武松的故事做铺垫。学生的思维在比较谁的酒量最大，连读比读鲁智深、武松二人，归类"酒见英雄气"，就实现了逐步成长。

第三个板块"酒伴英雄路"的设计与前面板块有异曲同工之妙。如果说前两个板块是两个"故事群"阅读，那么第三个板块对风雪山神庙中六次"酒"的比读，就是"细节群"阅读。在此处进行细节群的比读时，徐老师反弹琵琶，问"某一次不写行不行"，就进入了文本的更深层次。

因此，徐老师用丰富的比读设计给了我启发：处理"群"阅读，要做到教学内容聚焦、课堂环节递进、学生思维生长，连读、比读、归类的连用是

非常有效的活动形式。

四、别开生面，浓淡相宜：教学设计与课堂推进的精致之美

我想，这节"《水浒传》中的'酒局'"，我们欣赏的地方有很多，可以借鉴、思考的东西也很多。但是无法直接学习，却也是最需磨炼积淀的，似乎并无影踪却又无处不在的，是这节课的别开生面、亲切自然和浓淡相宜。

（一）别开生面，话题选择精巧新颖

"如果穿越到《水浒传》里，你最希望跟哪个英雄一起喝酒""酒量最大的人是谁"，这基于学生的阅读直觉和情感判断，了无痕迹地将学生带入文本情境中，又转向课堂活动的主体中。我们总说，阅读小说是经历一段你不曾经历的人生，要实现读者与文本间的对话。怎么实现？"代入"是非常有效的办法。事实上，我相信，许多听课老师很感兴趣、很叹服的一点，一定是"这个创意从何而来"。我的感觉是，有一部分来自徐老师对文本的体验，与他的生活感悟、生命体验有密不可分的关系。黄厚江老师曾提到整本书阅读要处理好"教师阅读与学生阅读"的矛盾，在这一点上，徐老师这节课的设计带给我很多触动和启发。

（二）课堂语言亲切自然

谈话风格的课堂，使得课堂氛围从容、松弛中有淡淡的喜悦。"除了喊'徐老师'，还可以喊什么呢""你们知道徐老师想跟谁一起喝酒吗""徐老师是一个美食家，最喜欢吃的菜是鱼，我在朋友圈里经常发的内容就是做的各种各样的鱼""女生喜欢跟英雄豪杰一起喝酒不容易""江阴这里也做米白酒"……有提问，有点评，有穿插，了无痕迹，亲切而熨帖，轻轻一拨，便将学生推进了文本的更深处。

（三）浓淡相宜，教学设计详略精准，课堂推进细腻智慧

"酒见英雄气""酒聚英雄义"和"酒伴英雄路"的活动程度逐渐深入、详细，尤其是在惊心动魄的"风雪山神庙"中对文本细致把握、深入挖掘，最后，在"酒尽英雄（　　）"的语用活动中，徐老师特别注意对学生发言的修改、总结与升华。在"酒尽英雄梦""酒尽英雄聚""酒尽英雄事"的回答中，课堂在学生对文本悲凉意味的体验中收束。至此，课堂给人的感动仍余味深长。节奏顿挫、处理细腻、浓淡相宜，是真正的"精致"语文。

○ 教学反思

课堂优化要舍得做减法
——《水浒传》导读课教学反思

徐　杰

之前，我们举行了一场迟到的盛典——江阴初语跨年盛典"主任的语文课"优质课展示活动。在排课时，我"以权谋私"，为自己安排了一节课:《水浒传》导读。

我是第二次上这节名著导读课，第一次上课还是在苏州中学附属苏州湾实验学校，给那里的九年级学生上课。

说实话，对那一次的课，我自己并不是特别满意，因为从课堂呈现来看，并没有达到我的心理预期。我明白，问题不是出在学生身上，课堂上出现的任何问题，我应该先在自己身上找原因。

我反复回看自己的课堂录像，反复回忆课堂上的每一个环节，反复思考教学设计优化的可能性，最后得到的结论是：要舍得做减法。

那节课我上了 55 分钟，超出了常规课堂时间 10 分钟。关于课堂用时问题，我也曾与一些名师进行过商榷。我认为有些名师的示范课，动辄 60 分钟、80 分钟，甚至还有 100 分钟的（两节课连上，连课间休息的时间都被占用了），这样的示范课，其教学研究的价值和意义是不小，但借鉴与推广的难度很大，因为我们绝大多数学校，课表课时的安排，语文课一周也就 5~6 节，有些学校还不会在一周内安排一次两节连排。在这种背景之下，教师想拖课吗？想占用别的学科课时吗？所以，我在执教示范课时，给自己定的规矩是"上 45 分钟的课"，是"争取不拖课"。

做减法，尤其是上完课之后，对原教案进行删减，这是很痛苦的，有点像"割肉"，但我必须做。

接着，我需要考虑"减"去哪些环节。其中，对于"七星聚义"的讨论环节，我删去了。虽然"七星聚义"中的"义"与活动小结中"酒聚英雄义"的"义"吻合，但为了这个"吻合"，不仅花费了四分钟的时间，还把学生绕进去了。下课后我自己再研读原著，才终于弄清楚，"七星聚义"的"星"并不是后来梁山分座次石碑上的"天罡地煞星"的"星"，我们是阅读《水浒传》，不是做研究，犯不着耗时费力，得删！

在"酒伴英雄路"这个活动环节，我原先设计的活动挺好的。宋江酒醉，"浔阳楼题反诗"，我的活动分两个步骤：（1）有感情地朗读宋江题写的诗词，然后讨论用怎样的语气来读；（2）那天宋江本来是先后去寻戴宗、张顺、李逵一起喝酒的，结果三个人都不在，所以他才一个人喝闷酒。如果那三人在场，见他题写反诗，会怎样劝慰他？请设计一段对话。

这个活动是语文的活动，也是走进名著人物的活动，从学生的参与和课堂的呈现效果来看，都是不错的。但我的考虑是，这个活动前后耗时八分钟，是不是值得？另外，这个活动在整个课堂活动主线中的地位，有没有达到与耗时相当的分量？这里只要学生能够理解"浔阳楼上一场酒，改变宋江人生走向"这一层，并且能顺势回忆一些后续的情节，导读目标就已经实现了。说到底，这有点"力气用错了地方"，哪怕这个环节很"好看"，也是要删掉的，删吧！

做完减法，我仔细一算，时间居然还有富余，在哪个环节可以适当做点"加法"呢？

我想起课堂的最后一个环节：梁山英雄的最后一顿酒。在这个环节，我让学生先快速默读"宋江与李逵喝酒"的文字片段（因为时间关系，有些学生没来得及读完，被我强行打断了），然后根据自己的阅读理解填一个字：酒尽英雄（　　　）。因为已经超时了，两个学生回答完之后，我就虚晃一枪，说我们就把这个留作课后作业吧。

虽然说这节课上了 55 分钟，但它仍然是一节不怎么完整的课。

第二天，我借班上课的那个班的语文老师小顾把学生的课后作业发给我，我看了，非常震惊。学生的优质答案有 22 个，大大超出了我备课时的预设。那一刻，我决定，哪怕把前面的环节再删掉一些，也要把这个环节在课堂上呈现出来。

多好的环节啊，犹如水慢慢烧热，到高潮，然后戛然而止。

第二次是在江阴市礼延实验学校借班上的课。这次我使用了第二稿，整节课上得很舒服，有酣畅淋漓的感觉。

如果我舍不得做减法，这个课可能就不是现在这个样子了。

课如人生，一个人 50 岁以后，也要学会做减法。

课堂优化，"做减法"其实与"做加法"是辩证的，是共生的。

四

重读型导读：学学牛吃草

17.《海底两万里》导读实录 3

背景：2018 年 11 月，无锡市新吴区名著导读专题研讨活动，应邀执教
　　　示范课。

班级：新吴实验中学初一（4）班。

课型：重读型导读。

（课前教师板书课题《海底两万里》）

师：今天我们不读整本书，因为没有那么多时间。我们来读其中的一个章节，这种读书方法叫"选段精读"。（板书：选段精读）选哪一段来读呢？那肯定是特别精彩、特别刺激、特别惊险好玩的章节。你们想要选哪一章？

生：困在冰山之下脱险的那一章。

师：那一章的题目叫作什么？

生："缺氧"。

师：你们觉得那一章写得好不好？

生：好。

师：的确，那一章的内容是整本书中最好玩、最刺激惊险的。请同学们打开书，用五分钟时间把这个章节的内容再浏览一遍。注意：要一目十行地读。开始。

（生阅读第 16 章《缺氧》五分钟；师巡视课堂，没有说任何一句话去打扰学生的阅读。）

师：（五分钟后）这一章全部读完的请举手。（生举手）请放下。没有读完

的同学要加强快速阅读的训练。我现在要考一考大家，这章的标题叫"缺氧"，你能不能重新拟一个小标题？

生：生死危机。

生：冰盖中的囚徒。

生：命悬一线。

生：千钧一发。

师：找一位女生来回答。

生：患难见真情。

（师依次板书：生死危机　冰盖中的囚徒　命悬一线　千钧一发　患难见真情）

师：这里一共有六个小标题（含原著标题），你最喜欢哪一个？

生：我喜欢"冰盖中的囚徒"。

师：为什么？

生：这个题目很生动，写出了船长和"我们"几个被困在冰盖下的样子。

师：这几个小标题都很生动啊。但有一句话这位同学说得很好："写出了船长和'我们'几个被困在冰盖下的样子。"哪个词体现出了"样子"？

生：囚徒。

师：这位同学用一句话说出了好几个信息："我们""困在""冰盖下""样子"。很好。

生：我喜欢"患难见真情"。因为当时没有氧气，可以看出他们不自私。

师：这位同学看到的是同伴之间的真情。除了同伴之间的真情外，"我"对尼摩艇长的情感有没有发生变化？

生：有。

师：尼摩艇长对"我们"的感情有没有发生变化？也有。这件事之后，他就把"我们"当朋友了。所以，"患难见真情"是涵盖了多个角度的认识，非常好。

生：我也比较喜欢"冰盖中的囚徒"。因为这一章讲的是"我们"被困在冰盖里。其他的几个标题用在别的章节中也是可以的，不能突出这一章节的内容。

师：这位同学说这些标题用在其他章节也是可以的。比如说"千钧一发"，还可以用在哪个章节？

生：跟章鱼搏斗。

师：还可以用在哪个章节？

生：跟鲨鱼搏斗，跟土著人搏斗。

师：你这个想法特别好。有些小标题的确比较宽泛，不太好。我们拟小标题的指向要集中。所以，相对来说，"冰盖中的囚徒"和"患难见真情"这两个小标题是比较好的。

师：现在，我们试着用四字短语概括本章节的内容。（出示 PPT）第一个是"被控浮冰"。下面我们来接龙，有哪些四字短语与故事情节有关？

生：氧气危机。

生：冲破冰层。

师：潜水艇一下子就"冲破冰层"了？前面还写了什么呢？

生：掘冰求生。

师：这个"掘"字用得好。"掘冰求生"肯定是在"冲破冰层"前面，前面还写了什么？

生：缺氧凿冰。

师：跟"掘冰求生"是一个意思。这样吧，给大家三分钟时间翻翻书。

（生翻书三分钟）

师：现在有补充吗？

生：冰幕逃生。

师：“冰幕逃生”跟刚才说的“冲破冰层”是一个意思，只是换了一种说法。

生：决胜南极。

师：这是在“冲破冰层”以后的内容。可以的。（提示）还有什么遗漏了？

生：喷射热水。

师：不停地排放热水。排放热水的目的是什么？

生：延缓封冻。

师：说“排放热水”可以，用“延缓封冻”也对。这个四字短语是不可以漏掉的。还有吗？

生：友情天下。

师：这不是情节。

生：大家在一起凿冰。

师：“凿冰”已经说过了。

生：对氧气的共享。

师：是啊，对氧气的共享、谦让，那才是最感人的情节。因为有氧气就意味着能活下去啊。还有，在“冲破冰层”之前有一个比较重要的情节是什么？

生：沉入海水。

师：你想说的意思我明白了，但不能用“沉”字，用哪个字比较好？

生：用“灌”。

师：他们是把海水灌到了潜水艇里，但“灌”不是目的，真正的目的是什么？

生：压碎。

师：对了，压碎冰层。因为等凿开冰的时候发现氧气不够了，人都要没命了。在这千钧一发的时刻，他们把海水灌到了潜水艇里面，这样就能增加潜水艇的重量，把下面的冰层压碎。大家看，“压碎冰层”是不是应该放在“冲破冰层"之前？现在请大家按照顺序把这些四字短语写在书上第 16 章处。

（生写四字短语）

师：有些同学写第一个时就停下来了，说明听课的时候不够专心。老师允许大家看一下旁边同学写的。

（生继续写）

师：请你读一遍。

生：被控浮冰，缺氧凿冰，推让氧气，灌水压冰，冲破冰层，决胜南极。

师：漏掉一个，再补一下。

生：被控浮冰，排放热水，掘冰求生，共享氧气，压碎冰层，冲破冰层，决胜南极。

师：有两个内容的顺序需要调整一下。先凿冰，然后在凿冰的过程中排放热水。总体上，你说得不错。下面我们继续读书。本章内容惊险刺激、惊心动魄，但作为科幻小说，还是立足用科学的方法来解决问题的。也就是说，被困在南极冰层下面的时候，尼摩艇长并不是往潜水艇中间一站，让肚脐眼上的红宝石发出光来，然后双手一推，就把冰推开了。如果小说这样写，还是不是科幻小说？

生：不是。

师：那是什么小说？

生：是玄幻小说。

师：在科幻小说中，所有的问题都是要用科学的方法来解决的。请同学们前后左右四人为一组进行讨论，给大家三分钟时间。同学们可以讨论交流，也可以自己读书。

（生讨论交流三分钟）

师：你来说。

生：在凿冰层之前，尼摩艇长让人勘测哪一面冰层最薄。

师：好。找冰层比较薄的地方凿，就容易凿透。先探测，再动手，这是科学的思维。

生：往海水里喷热水，提高水的温度，延缓结冰的速度。

师：对，这样他们就不会被封冻在冰层里面。

生：尼摩艇长先让船减轻负重，然后让大家一起把它拉到槽沟里，再给船灌满水沉下去。

师：也就是说，他们借助水的压力，把下面的冰层压碎了。

生：在没有氧气的情况下，他们想到海水里含有大量的氧气，就用强力电池把氧气分解出来，提供新鲜空气。但这没有什么用，因为二氧化碳已经布满整条船。氢氧化钾可以吸收二氧化碳，但是船上缺乏氢氧化钾，没有别的物质可以替代，所以他们只能放弃。

师：这是一个放弃的想法，它没有解决问题。但这个想法也是有科学依据的。

生：船员们凿下来的冰，因为比水轻，就浮到顶上去了。下面的冰层在变薄，上面的冰层在增厚。

师：你关注到了这样一个现象，很好。这种观察是科学观察。还有吗？

生：书上写道："我呼吸困难，躺在图书室的一张沙发上，脸色发青，嘴唇发紫，什么也看不到，什么也听不见了。我没有了时间概念。我的肌肉已经在逐渐收缩。这是缺氧的反应。"

师：这的确是缺氧的反应，但我要求大家找的是用科学的方法解决问题的内容。你来说。

生：尼摩艇长觉得挖得太慢，果断决定用高压水柱来冲开最后的冰层。

师：有没有冲开？我们要关注的是用科学的方法解决问题。

生：滚开的水被引入水泵，新的水又把蒸馏器灌满，电池发出的热力非常大，从海水中吸进的凉水，一到抽气机中就滚开了。

师：你说的就是刚才讲到的"排放热水"。同学们关注到了那么多，已经很了不起了。老师提示一下：冲出冰层的时候，潜水艇前面的冲角是直接朝上的，还是有一个倾斜的角度？

生：有角度的。

师：潜水艇先退后再冲，冲了以后再退后，这其实就是物理原理。距离越大，加速度越大，冲击力也就越大。而且有了一个角度以后，冲击力很容易把冰层冲破。同学们，这些都是我们生活中经常用到的科学知识。那么，在前面的内容中有没有写到他们用科学的方法来解决问题呢？

生：有。

师：比如，用电击退土著人的进攻，用气枪在海底狩猎等。所以，我们读科幻小说还能学到很多科学知识。在这个惊心动魄的故事中，尼摩艇长所起的作用是最大的，他是一个领袖人物。你能说说科幻小说中的领袖英雄应该具备哪些品质吗？请结合这个章节中尼摩艇长的所作所为来说。（出示PPT）

生：临危不乱。因为在被困冰下缺氧的情况下，他没有很慌乱，而是领导船员和阿龙纳斯教授等人一起冲出了冰层。

师：是的，"临危不乱"。

生：以身作则，起带头作用。在缺氧的情况下，如果尼摩艇长在水下延长工作时间，那么在艇里的人就会呼吸困难。

师：尼摩艇长的"以身作则"体现在两个方面：一是带头下去凿冰；二是跟其他人一样公平地享用不多的氧气，没有因为自己是船长就多吸一点。

生：意志坚定。他凭着巨大的精神力量，保持着镇定与冷静，在不停地思考着、策划着、行动着。如果他这个船长没有意志力，那么其他人就会失去主心骨。

师：是的，领袖人物意志要坚定，要能忍受痛苦，经历艰难的考验。

生：知识渊博。如果他没有很多科学知识，也不能逃出困境。

师：把"知识渊博"改一改。尼摩艇长能脱险，不仅靠他坚定的意志，还靠他的知识、智慧，还有勇气。

生：智勇双全。

师：继续说。

生：当机立断。尼摩艇长在很多情况下是立刻作出决定的。比如他下令把机舱的阀门打开，减轻船的重量，再灌入海水让船下沉，砸碎冰盖等。

师：这位男生的发言很有价值。当领导要具备一种很重要的品质，就是能够迅速"拍板"、决策，有句话叫"当断不断，必受其乱"。那么，尼摩艇长当机立断作出了哪些决定？

生：把水加热喷射出去。

师：还有呢？

生：打开氧气舱。

师：及时打开氧气舱供给氧气，延续大家的生命。

生：让船员去凿冰。

师：仅仅是让船员去凿冰，我觉得这个决策不是很高明。

生：先测量哪里的冰比较薄。

师：是的，面对危险的时候不慌乱，先了解情况。"当机立断"的基础是要对"机"先进行观察和分析。老师再提醒一下，尼摩艇长是不是把所有人都赶到下面去凿冰了？想想看，为什么要分批去？一起去不是人多力量大吗？

生：一批一批去，可以延长人的生命，而且效率是一样的。

师：效率应该是提高了。分批去凿冰，是为了合理分配使用氧气，提高工作效率。所以，要作出一个决定真的不容易，需要观察分析、以身作则、当机立断，这些是我们读科幻小说需要读到的东西。有一部由科幻小说改编的电影《流浪地球》，大家看过没？

生：看过了。

师：这部影片里的英雄是否具有这些品质？

生：具有。

师：是的，主人公的品质和刚才我们讲的都能一一对应起来。这就是科幻小说里领袖人物的共性。给大家一分钟的时间做笔记。

（生记录）

师：接下来，我们再来看一看，文章有些地方直接写了尼摩艇长，比如他组织船员凿冰、决定排放热水、下令压碎浮冰等。但有些地方没有直接写尼摩艇长，我们却依然能感受到这个灵魂人物的存在。请你找出一处来加以说明。

生："在冲破冰层之后，'鹦鹉螺号'以每小时40海里的速度超速行驶"，它没有直接写尼摩艇长在驾驶"鹦鹉螺号"，但我们能感受到他在驾驶。

师："鹦鹉螺号"不一定是尼摩艇长亲自驾驶。当然，超速前进的时候，他可能在驾驶员旁边。

生：尼摩艇长非常聪明，他想到用沸腾的开水延缓海水冻结。他自言自语地说："沸腾的开水。"

师："沸腾的开水"是直接写尼摩艇长在说话。他真正下命令注水排水是没有直接写的，但我们能感受到那时他应该在现场。你说得有点意思。

生：在冲破冰层的时候，他不断地在用潜水艇的冲角去冲。尼摩艇长在决策。

师：潜水艇冲击冰层的时候，退下来冲击了好几次。每冲击一次，尼摩艇长都在下命令，甚至就在驾驶室看着。大家想想看，有一个地方能不能让尼摩艇长在场？缺氧的时候教授要憋死过去了，脸色铁青。这时候，尼摩艇长会是怎样的呢？也像教授一样躺在沙发上等死吗？他在干什么？

生：有可能在开船。

师：他有可能在开船。还可能在干什么？

生：在想办法如何冲破冰层。

师：怎么想办法？他当时的状态是怎样的？

生：忍受着身体的难受在做决策。

师：我觉得这点很重要。尼摩艇长和大家一样，也在用意志抵抗着缺氧带来的痛苦，同时，他还在决策，想办法。这就是普通人和决策人的区别。教授是躺在沙发上等死，而尼摩艇长是脸色铁青，红着眼睛，紧咬着嘴唇，在驾驶室里指挥。作者为什么不把这些内容写出来？

生：反衬。

师：没有写出来的内容不能说"反衬"。大家想，如果把这些都写出来了，故事好看吗？

生：保留了一点神秘色彩。

师：这位同学说得非常好。科幻小说不能把什么都写明白。它为了使人物带有一点神秘色彩，会故意把一些内容隐藏起来。现在，尼摩艇长他们终于成功脱险了。大家想一想，脱险以后，尼摩艇长可能会在哪里？可能是什么状态？如果让你拍部电视剧或电影，要把这个场景拍出来，应该是怎样的？老师有几个场景让大家来选，好不好？

生：好。

师：（1）尼摩艇长在客厅的沙发里；（2）尼摩艇长在驾驶舱里；（3）尼摩艇长在图书室里；（4）尼摩艇长在打开舱门的甲板上。

生：甲板上。

师：好的。现在潜水艇在海面上，尼摩艇长在甲板上。电影要开拍了，场景应该怎么设计比较好？

生：尼摩艇长静静地站在甲板上，他的眼睛穿过了冰原，深深地舒了一口气，心想……

师："心想"的内容电影是拍不出来的。但有两点这位同学说得非常好：船的边上有冰原，视角从这里移过去，这叫背景。"尼摩艇长深深地舒了一口气"，这是细节。

生：周围的人都在大口吐着气，尼摩艇长站在甲板上，他只是静静地站在那儿，看着刚冲出来的冰原，没有很大的动作。

师：你运用了对比的方法。旁边的人在奔跑欢呼，而作出巨大贡献的尼摩艇长却是静静地站着，像雕塑一般。动和静的对比在这里运用得非常好。你可以做导演了。

生：海风吹过，尼摩艇长眺望着远方。

师：这个女生也能做导演。我再补充一下，海风还可把尼摩艇长的衣摆吹起来，头发吹起来。"吹起来"，给人潇洒的感觉。其实还有很多设想，但我们马上要下课了。今天的课咱们就上到这儿吧，下课！

生：老师，再见！

师：再见！

○ 评　课

语文好课的姿态
——徐杰老师执教《海底两万里》导读实录 3 评点

四川师范大学　李华平

语文课不好上，上出一堂语文好课更不容易，经常上出语文好课更是难上加难。徐杰老师是少有的"另类"——我现场听过他的一些课，观看过他的教学录像，更阅读了他的不少教学实录，就我视野所及，他的课都是好课，堂堂精品。仅这节《海底两万里》导读课，就让人获益不少。

徐杰老师的课丰富又生动，而每一个问题的设置都"随心所欲而不逾矩"，将"语文好课"的含义阐释得淋漓尽致。

一、定位清晰

定位十分重要，无论事业的发展，还是一项具体工作，或者一节课，都需要有一个准确的定位。定位准，就会方向明；方向明，才会路子正。本节课定位在"选段精读"。

整本书阅读推进不是一件容易的事，它受学生的可支配时间、阅读兴趣与阅读方法等诸多因素的制约。这个时候，教师的指导就显得特别重要。导读则是教师进行指导的重要途径。导读的方式有很多种，但一定要对学生的阅读实践产生真正的引领作用。徐杰老师的"选段精读"是一种非常好的方式。

"选"是一种智慧。整本书一般都比较长，导读容易停留在表面，常常容易出现水浇鸭背、隔靴搔痒的现象。选择精彩部分作阅读指导，能够在文本内容层面勾连全书，达到"四两拨千斤""一石激起千层浪"的效果。而选的切入点，也体现出教师的智慧。本节课，徐杰老师并不是直接抛出精彩部分让学生阅读思考，而是让学生来选。虽然教师早就知道学生会选这一部分，但让学生自己选，更尊重了学生的选择权，也可以检验学生自读是否认真。本节课，师生一起选定的部分是《缺氧》一章。本章节的内容特别精彩，特别刺激，特别惊险好玩，因此，学生兴趣浓，思考认真且积极。

"精"是一种力量。选定重点段落，只是第一步，关键还在于"精读"。徐杰老师深谙整本书阅读指导的精髓——整本书阅读绝不是完完全全的浅阅读、随意阅读，而应该是"整体把握"与"局部深入"辩证统一的阅读。深入精读的局部既是整体的重要组成部分，又是撬动整体的千斤顶。这节课，就通过精读《缺氧》一章，撬动学生对《海底两万里》整本书的阅读：一方面，检验前期阅读效果；另一方面，推动后期深入阅读。

二、思路严密

课堂教学是在线性的时间序列上进行的，教师、学生的活动都要在这个序列上逐次展开。时间序列的线性特征决定了教学思路的重要性，清晰、严密的思路可以创造出精彩的课堂，混乱、无序的思路也会导致课堂的混乱。本节课教学思路清晰，层层推进，学生在教师的带动、促进下，很好地融入整个教学过程，在名著阅读上有了新的认知和收获。

这节课的教学环节大体如下：重拟章节标题——概括章节内容——探究文体特点——分析人物形象——想象故事空白。这些教学环节，体现了从整体到局部，从情节到人物，从看到的到想到的，符合文本理解的基本规律和学生的认知规律。环节与环节的过渡自然巧妙，没有一点违和之感。

三、味道纯正

"语文好课"是"语文"的"好课"。

当前课程改革正在持续深入地推进，有一种追求综合、整合的倾向正在蔓延，"跨学科学习"成为"新宠"。这有利于学生在分科学习基础上进行统整式学习，但并不意味着分科学习就失去了其应有的价值。从2014年起，基础教育质量位居世界前列的芬兰就积极倡导以生活现象为基础进行跨学科学习，但他们并没有简单否定分科教学。我国颁布的《义务教育课程方案（2022年版）》中，跨学科学习占时10%，分科教学时间仍然高达90%。简单地说，跨学科学习要跨起来，分科教学也要具有应有的质量。

语文课程天生具有综合性，无论是与生活的衔接，还是文本的内容，都包罗万象。从实践经验与教训来看，语文课常见的问题不是缺少综合内容，而是缺少"本味"。语文课程的"本味"就是对课程标准所界定的"学习语言文字运用"这一基本任务的体现与坚守。这是语文好课的"底线"。守住了这一底线，就味道纯正，丢失了这一底线，就费力不讨好。

本节课的课程设置极为巧妙。在怪味横行的今天，没有一点怪味的课，特别让人头脑清醒，胃口大开。本节课的每一个环节，都是"语文"的，都是在语言文字运用上做文章。"重拟章节标题"是从整体上解读文本。用四字短语"概括章节内容"，既是对学生进行概括思维的训练，更有"四字短语"加持的思维纵向运动。"探究文体特点"则将科幻小说与玄幻小说进行对比，引导学生明白"在科幻小说中，所有的问题都是要用科学的方法来解决的"。这里既有对科学思维的认知，更有对语文思维的深度认知——文体不同，思维的方向有别。"分析人物形象"虽然也勾连了电影《流浪地球》，但着眼点仍是学习小说中对人物形象的塑造，从而探究"科幻小说中的领袖英雄应该具备哪些品质"。这是从一部小说跃迁到整体的科幻小说。"想象故事空白"则是对学生进行想象训练，体会小说写作的留白艺术，感受"深山藏古寺"的文学意蕴。

总之，语文好课的姿态虽然风情万种，但通体高贵，它并不轻易抛媚眼，更不会在脸上贴几个流行的概念标签。语文好课的姿态不是做出来的，它需要执教者拥有深厚的语文基本功、先进的教学理念、娴熟的教学技巧，带领学生倾情投入，体验美好，创造美好。

这节课并没有给我抛媚眼，我却被深深地吸引了。我感受到的是真正的语文好课的芳香。感谢徐杰老师！

18. 《水浒传》导读实录 3

背景：2018 年 12 月，常州市武进区名著导读专题活动，执教示范课。

班级：武进区星辰实验学校九（3）班。

课型：重读型导读。

师：《水浒传》大家读过了吗？

生：读过了。

师：是这学期读的吗？

生：是。

师：我们今天要做的，是一起重读《水浒传》第十六回"杨志押送金银担　吴用智取生辰纲"。我先来检查一下大家的预习情况。在《水浒传》中，包括在这篇课文中，有大量的方言词汇，但不影响阅读，在语境中我们可以猜出它们的意思。你能猜一猜吗？第一个："如今正是尴尬去处"，"尴尬"是什么意思？

生：是指容易出麻烦的地方。

师：请坐。如今正是容易出麻烦的地方，好。"那十一个厢禁军雨汗通流，都叹气吹嘘"，"吹嘘"是什么意思？

生：是"气喘吁吁"的意思。

师："只见对面松林里影着一个人"，"影"是什么意思？

生：是"藏着一个人"的意思。

师：有没有全部藏在里面？

生：是隐隐约约能看见这个人。

师：这位同学的语感特别好。"既是有贼，我们去休"，"去休"是什么意思？

生：我不知道。

师：（点另一位学生）你知道吗？

生：我也不知道。

师：你看，这个"也"字就用得很好。

生：是"走吧"的意思。

师：这个字是古今异义词，"去"是什么意思？

生：（齐）离开。

师："你这客官好不晓事，早是我不卖与你吃"，"早是"是什么意思？

生：幸好我没有卖给你。

师："连累我们也吃你说了几声"，"吃"是什么意思？

生：是"被或让"的意思。

师：对的。我们现在也有这样的意思。比如，他昨天吃了一顿批评，这里的"吃"就是"被或让"的意思。中国人和"吃"有非常有趣的联系。比如，写一个人向来喜欢占别人的便宜，我们就说这个人总是不吃亏；说一个人被抓进去坐监狱了，会说这个人怎么样？

生：吃牢饭。

师：对，被一个官司缠身，也可以说"吃官司"。说一个人动用了他的老本，叫什么？

生：吃老本。

师：这个很有意思，我们先不展开说了。通过预习检查，我发现咱们班同学语感很好，书也读得不错。接下来我们就来理解课文。课文的题目叫"智取生辰纲"，这个"智"字特别重要。我们来用一个固定的句式"……，原来……"说说吴用等人的"智"。徐老师举个例子：吴用等人在黄泥岗设伏，原来是考虑到这里人烟稀少，便于动手和逃匿。接下来请大家不看书，说说"智"还体现在哪些地方？你先来。

生：吴用等人懂得在白酒里面下药来夺取生辰纲，原来是他们考虑到天气炎热，杨志他们会口渴。

师：可能会买酒解渴。请坐。

生：白胜夺过吴用手里的酒，放进他的酒桶里，原来是为了下药，让他们醉倒，便于抢劫。

师：这里我觉得要说得再细一点，要增加一句"夺过他手里的瓢，把半瓢酒扣在桶里，原来是为了让杨志等人相信那桶酒里没有药"。把这个细节补充在里面，更能体现他的"智"。好，继续来，请你说。

生：白胜假意不把酒卖给杨志等人，原来是为了打消他的疑心。

师：对的。有个成语是怎么说的？

生：欲擒故纵。

师：是的。我故意不卖给你，吊你的胃口，好让你相信酒是安全的，说得好。还有吗？

（生沉默）

师：我给大家三分钟时间，你们翻翻书好不好？

（生安静地翻书）

师：请你来。

生：吴用等人……

师：我有的时候也忘词，想好了告诉我。

生：吴用等人劝说白胜将酒卖给杨志等人，是为了让杨志他们更容易中计，更相信吴用他们这个不是计谋。

师：我倒觉得更能让他相信的是当着他的面把那桶酒喝掉，是不是？来，继续。

生：白胜等人装作卖枣子的客商，推着车，原来是为了便于盗走金银珠宝。

师：这个女生特别有眼光。你们有没有看到哪个卖枣子的人是用小推车去卖的？一般都是挑着担子去卖的，对不对？为什么要用小推车去卖枣子呢？我一说你们马上就知道了，为了便于装运金银财宝。因为金银财宝很重，你看，11个厢禁军挑得气喘吁吁，如果吴用等人也挑着走，走不多远，就被抓到了。那个小车子推起来快，所以他们把枣子扔在地上，用小推车推起金银财宝就迅速地逃走了。这位女生读书非常细致，很好，继续来。

生：吴用等人在天气热的时候下手，原来是为了让杨志等人口干舌燥，让杨志他们更容易中计。

师：大家想一想，下手的时间是吴用能选择的吗？人家运送生辰纲就在这个时间，人家老丈人过生日就是六月十五，那不是吴用能选择的。

生：白胜在杨志提出酒里面有没有下蒙汗药之后拒绝卖酒给杨志，原来是考虑到白胜等人还有疑心。

师：不是白胜有疑心，是杨志有疑心，是吧？好的，大家发现了这么多的"智"，你们觉得最巧妙的"智"是哪一个？

生："下药"。

师：哪位同学能够不看书把"下药"这个细节复述一下，让我们感受一下吴用的"智"？有愿意挑战一下的吗？

生：先是白胜挑了一个酒担子上来，吴用等人假扮成卖枣子的客商，说自己觉得比较热，就去拿两个椰瓢去舀一个桶里的酒，在杨志等人面前喝完。因为他们想要占一点便宜，就又在另一个桶里面舀了一瓢酒，然后就躲，拿着椰瓢走到了松林里头，那个时候他们就把蒙汗药放在了椰瓢里。最后白胜把那个椰瓢抢过来，把椰瓢里的酒往桶里一倒。杨志等人觉得那两桶酒都是安全的，就拿钱买了剩下的已经放了药的那一桶酒。他们把酒喝下去，就晕倒在地上了。

师：讲得怎么样？有没有同学要补充？

生：我觉得她的语气还不够到位。那个卖酒的白胜应该是赶着过来，就是"你赶紧把酒还我，我要把它放到酒里面去，你不要占我便宜"，应该是有这样的小商贩的语气。

师：你关注了一个小商贩被占了便宜以后气急败坏的神气，我关注的是这位女生讲的细节。想要舀一瓢酒的是一个人还是两个人？其实原著中是两个人。注意读书要仔细。我现在给大家一分钟，你们把"下药"的部分再读一读。

（生读）

师：要感受"下药"的智慧，就要把两个小节的文字对照着看。哪两小节？一个是第 11 小节，另一个是第 14 小节。现在徐老师想问一个问题，如果押运生辰纲的不是杨志，是李逵，吴用会用什么方法劫取生辰纲？会不会这么麻烦？

生：不会。

师：吴用会怎么弄？

生：我觉得直接抢就可以。

师：直接抢就不对了，这样太莽撞了。李逵这三板斧也是很厉害的，你直接抢的话，一板斧砍过来也很麻烦。

生：我觉得如果是李逵的话，那个酒就可以直接卖。因为李逵的性子比较急，他如果口渴的话应该会直接喝。

师：如果是李逵就太容易了，就不能叫"智取"了。他们直接把蒙汗药下在酒里，看到白胜挑着担子过来，李逵说"来来来"，他一喝就倒下去了。这个故事好看不？

生：不好看。

师：为什么让杨志来押运生辰纲？我们在读这个故事的时候，一定要关注杨志有没有"智"。

生：有。

师：说说看。

生：在第2小节。一般人是趁早凉行走，日中热时便歇，等到五七日后，人变少了，行客也变少了，又走山路。杨志反其道而行之，挑不寻常的时间走，偏挑热的时候走，因为他认为那些要抢生辰纲的人会挑凉的时候走。

师：好。从出行时间的选择上看，杨志是一个老江湖。继续。

生：和他一起的一共15个人，在出行的时候全都打扮成了客商，这样在路上行走的话，不会引起其他人的注意。

师：非常好。他知道乔装打扮，以便隐藏身份，有丰富的江湖经验。

生：在押送生辰纲的所有人中，杨志是最后一个喝下酒的。当他看到所有人喝下酒之后，才把疑虑打消，这里也可以看出杨志的谨慎和他的疑虑之心。

师：对的。

生：杨志最开始自称是"洒家"，后来全部变成了"俺"，这样可以消除别人对他身份的怀疑。

师：注意一下，杨志前面说"洒家"了吗？这个我倒没注意。鲁智深说"洒家"说得比较多。这个称呼的变化不是特别鲜明。还有没有体现杨志智慧的地方？

生：杨志路过黄泥岗的时候，提醒众人说这里经常会有强盗出没，说明他对这个地方出没的人群比较熟悉。

师：他对地形和这个地方的治安情况比较熟悉。是的，常在河边走，要知道河边的状况。还有没有了？

生：在白天天热的时候，士兵们都想休息了，但是杨志没有，他考虑到如果有人来抢生辰纲的话，晚上是更好下手的时间，所以他只能在白天加紧赶路不休息。这也能体现出他的"智"。

师：不仅不休息，他还拿着藤条抽打士兵催促他们赶路，尤其是在黄泥岗这个地方。还有吗？

生：杨志在看见松树林里面有人在探头探脑的时候，他就拿了朴刀去问那个人"你为什么要看我的行头"，非常谨慎。

师：对，把"谨慎"改为"警惕"，会更妥帖一点。

生：杨志看到这一行人的时候，问他们是什么人，是从哪里来的，去干什么，他问得很清楚。这也体现了他的谨慎和警惕。

师：请坐。他盘问得很仔细。好，同学们发现了这么多杨志之"智"，可见杨志并不是一个草包，而是一个非常谨慎的、警觉的、有丰富江湖经验的领班。那么小说里为什么要花那么多的笔墨来写杨志的"智"呢？你说说看。

生：如果像李逵那样的话，很容易就抢到生辰纲，就体现不出吴用的"智"。写杨志的"智"，说明抢生辰纲是有一定难度的，更能衬托出吴用等人的"智"。

师：他的发言中有一个词特别专业，是哪个词？

生：衬托。

师：是的，衬托。也就是说，杨志越有智慧，作为他们的对立面，吴用等七人劫生辰纲就越有难度，对不对？一旦他们成功了，他们的智慧就更胜一筹。这就是衬托的手法。这样看来，对立的双方都挺有智慧的，而吴用等七人是智高一筹。但是我觉得在这个故事中，吴用等人的智慧并非很完美。正所谓"智者千虑，必有一失"，你能发现吴用这个智者的"失"吗？其实书中有很多地方能够证明这个计谋的"不完美"。比如，他们扮作贩枣子的客商来掩藏身份是可以的，但是你见过贩枣子的商人拿着朴刀吗？朴刀就是很大很长的那种砍刀。如果一个贩枣子的人拿着刀，你敢去买枣子吗？给大家五分钟时间去读原文，说一说吴用计谋中的失误。

（生读）

师：哪位同学来说说看？

生：之前说到黄泥岗有歹人，但是白胜还是唱着歌上岗卖酒，很引人注目。

师：这位同学的意思就是说，在强盗出没的地方，卖酒的人不应该唱着歌那么张扬，应该紧步快走，有道理。

生：在杨志准备要买酒的时候，那个卖酒的汉子不卖给他，而这个贩枣子的客人就把那个卖酒的汉子推到一边，把酒提了给他。从这里可以看出卖枣子的人肯定是有他自己的打算。

师：你的意思我明白了，无事献殷勤，非奸即盗，是这个意思吧？

生：杨志看到一个人隐隐约约在那边，他到那边的时候发现有七个人。这里是有强盗出没的，但他们七个人在这里应该休息了很长时间了，一点儿也不着急。

师：在强盗出没的地方，这七个人居然还把上衣脱了在那里乘凉，而且等了很久的样子，有道理。

生：我找到的是第8小节。他们七个人如果真的是卖枣子的客商，看到杨志这种带着朴刀的大汉应该是唯唯诺诺，很害怕的样子，但是他们一点儿都不怕杨志，而且还反问杨志他是谁。

师：对，这七个贩枣子的客商太过于镇定。有道理。

生：第11小节，当白胜去卖酒的时候，七个人说他们自己带瓢了，他们不一定要带瓢卖枣子。

师：这倒挺有意思的。卖枣子的人带着瓢，就好像他们知道自己准备来买酒似的。

生：我并不觉得他们很镇定就是有嫌疑，因为有句话说得好，"光脚的不怕穿鞋的"，主要是他们没啥财产，所以很镇定。我反而觉得之前杨志说这里下岗子去，有七八里没人家。那问题来了，白胜是从哪儿来的？就算他是要下岗子去卖酒，去哪儿卖？七八里远呢。

师：这位同学这么一说，我倒觉得这个地方更值得我们咀嚼。挑一桶酒跑七八里远的地去卖，这个人的脑子肯定坏了。

生：第11小节的最后。他说兜了一瓢上去吃，然后又把酒带到松林里。他如果真的很想喝酒的话，那半瓢根本就不会留下来，肯定会全部喝完了再给他，但是他拿到松林里面以后拿过来还是半瓢。

师：我听明白你的意思了，但有个细节要关注一下。他舀了半瓢没有拿走，是白胜假装又半途夺回来的，对不对？好，同学们找了这么多，现在我要提醒一下大家，要关注吴用他们最大的失误在哪里。你们想想，警匪片里去抢劫的人都是用一个丝袜把头罩起来的，防止被人认出来。你们再看看这桩抢生辰纲的案子最大的败笔在哪里；他们没有隐藏身份，尤其没有隐藏谁的身份。

生：白胜。

师：白胜是什么身份？这不叫身份了，叫面相。白胜的绰号叫什么？

生：白日鼠。

师：为什么叫白日鼠？

生：因为他的相貌像老鼠。

师：对，白胜这个人长得贼眉鼠眼，所以叫白日鼠。让这样一个外貌特征非常鲜明的人来打头阵，合适不合适？如果犯了事，接下来肯定要报案了。报官以后马上会画像抓捕犯人。画像一贴出来，大家马上就会知道是谁，而偏偏白胜这个人意志是不坚定的。他被抓进去以后，烙铁还没有烧红，就会把大家给出卖了。于是，官府马上就来抓捕晁盖等人。这是我觉得吴用计谋中最失败的地方，你们同意不同意？包括这七个人也没有去化装。晁盖当时的身份相当于一个乡里的治保科长，在当地很有名望，他就大大方方地去抢生辰纲了，而且就在离他家不远的地方。既然吴用是"智多星"，我们能不能不写吴用的这些失误，而把吴用写得完美一点呢？

生：我觉得不好。因为人无完人，如果他太完美的话，反而会让读者感觉他很假。而且，这样也为下文白胜出卖他们做铺垫。

师：有道理。鲁迅说，《三国演义》中为了表现诸葛亮的智慧，把他写得太完美了。什么都能算，他近乎是一个妖了。好，这是观点之一。有补充吗？

生：我觉得如果不写吴用的"失"，杨志就很无奈，因为人家也是要出来混的。他好不容易接了那么大一个单子，遇到一个那么完美的人，会不会感觉很绝望？那个情节还怎么写呢？

师：你的意思是杨志还不如自己直接吊死算了？这好像也是对的。对手太过于完美，没盼头，没活路。还有没有不同的观点？我来说一句吧。如果没有白胜这个失误，那么晁盖等七人劫了生辰纲，把好大一笔钱分掉后隐姓埋名，从此过上了幸福的日子。

生：然后《水浒传》终。

师：是的，这就没有然后了，对吧？也就是到第十六回，《水浒传》就结束了。现在哪位同学来给我们刚才的几个活动加一句评语？

生：推动故事情节发展，为后面的情节埋下伏笔。

师：这个男生真的很厉害。伏笔，是一个很专业的鉴赏文学作品的术语。白胜被抓以后供出了组织，然后官府去抓晁盖，宋江就去通风报信，从此宋江跟梁山好汉结下了深厚的友谊。后来，他去山上当了头领，才有了《水浒传》后面的几十回的故事。今天围绕这个"智"，我们读出了很多好玩的东西。马上要下课了，徐老师留一个问题让大家回去思考。吴用的智谋，要是把它放到其他的文学作品中去考虑，你觉得是属于中等还是下等？

下课。同学们再见。

○ 评 课

一字撬动全篇
——徐杰老师执教《水浒传》导读实录 3 评点

重庆市教育科学研究院　陈家尧

徐杰老师发来他以前执教《智取生辰纲》的课堂实录，嘱我评点。我仔细拜读了这节课堂实录，感受颇深，这是又一堂践行他"精致语文"理念的课。除此之外，以今日新课标"整本书阅读"的理念来审视，发现竟有诸多契合之处，表述如下。

一、关注"言"

新课标以"语文学习任务群"作为课程内容组织与呈现形式，设计了六个学习任务群，其中"语言文字的积累与梳理"是基础性学习任务群。基础之义，即是所有的学习任务群都需要对接这一学习任务群的要求。徐杰老师基于对语文教学本质的把握，在文学文本的阅读中也特别注重语言的积累与梳理。

作为一本元末明初的小说，《水浒传》运用了大量当时的白话，在语言上与今天的现代汉语有一定的隔膜。为此，徐杰老师课堂上的第一个环节便是从古今异义词角度，引导学生比较"尴尬、吹嘘、影、去休、早是"的古今不同含义；从古今通义词的角度引导学生理解"吃"的含义，将"吃你说了几声""吃亏""吃老本""吃官司"进行了梳理整合。徐老师不仅让学生理解了这些词语的意义，而且让学生学会了一种积累的方法，即同类发散、归类整合，体现了名师的高妙。

二、富于"味"

整节课我们感觉流畅自然、简约清爽、不枝不蔓，原因在于教师以一字——"智"统驭全课，撬动全篇。徐杰老师以此设计了三个讨论话题：吴用等人之"智"、杨志之"智"，吴用之"失"。这三个问题的创设饶有趣味，学生通过分析白胜夺酒、推车贩枣、用瓢下药等情节，体会吴用等人精心谋划的"智取"；通过分析杨志的客商打扮、行走时间、称谓变化、最后喝酒等，让学生体会其煞费苦心的"智送"；通过分析吴用等人的表情、黄泥岗的地理环境、没有隐藏身份，让学生体悟了吴用之"失"。从课堂的事实来看，学生兴味盎然地参与，师生热情高涨地互动，共同营造出浓烈的学习氛围。

除此之外，这节课还有诸多的"味"。

一是价值指向核心素养。对于《智取生辰纲》一课，许多老师在执教时只关注了吴用之"智"，而徐杰老师不仅关注其"智"，还引导学生分析其"失"，另辟蹊径。这有利于发展学生的批判性思维，培养学生的思辨能力。批判性思维是全世界都特别关注的"4C"（即批判性思维、合作、交流、创造）之一，是核心素养中的"核心"，其价值非同小可。

二是设问方式巧妙。徐老师用"……，原来……"的句式让学生说说吴用等人的"智"。你可能会说，我们许多教师都用固定句式来让学生表述，这有何特别的？确实如此，如有老师用"之爱"让学生对语文统编版教材九年级上册中的几篇诗歌的意象进行概括，但这样的句式囚禁了学生的自由表述，得不偿失。徐杰老师这个句式限制不一样，意在引导学生去发现事件背后的因果、文本背后的内在逻辑，因此这个限制不仅具有形式上的意义，而且是内容理解之必需。徐杰老师很擅长这种问题设计。如他在执教《我的叔叔于勒》时，就设计了类似的问题：（1）用一组数量短语来点明故事的相关要素，如一个家庭、一位叔叔……（2）一封（　　　）的来信、一次（　　　）的偶遇、一笔（　　　）的小费。名师看似轻描淡写的问题，但"此中有真意"，值得细细品味。

三是注重知识的生成与点拨。教学活动必须蕴含知识，没有知识的活动是无效的活动。徐杰老师很善于点拨，他基于学生的思考，启发引导学生建构生成知识。如写杨志之"智"是对吴用之"智"的衬托，写吴用之"失"是为后面的情节埋下伏笔，徐杰老师及时发现并明示学生关注衬托、伏笔的知识。当然，在分析"智送"与"智取"时，如能引导学生理解小说"明暗结合的双线结构"，则会更妙，毕竟这是课文"思考与探究"中要求掌握的"核心知识"。

三、暗含"引"

节选的片段是作为整本书中的部分而存在的，因此在这种节选课文的教学中，教师要有"整"的意识，要把学生引向整本书的阅读，激发兴趣、体悟价值、指导方法……这样才切合整本书阅读任务群的要求。

徐杰老师在执教《智取生辰纲》时，有清晰的整本书意识。他在引导学生讨论吴用之"失"，分析作者这样写的原因时，让学生意识到这"失"引发了白胜供出大家，官府抓晁盖，宋江通风报信并与梁山好汉结缘，最后上山当头领，才有了《水浒传》后面的几十回故事。吴用之"失"是为了推动情节的发展，为后面的情节埋下伏笔。依此观念，在分析杨志的"智送"时，是否可适度关联书中前几回与杨志相关的内容：作为杨家将后人，失陷花石纲、东京穷困卖刀杀泼皮、被刺配得梁中书赏识提拔护送生辰纲。有了这一背景的了解，学生就更能体悟其"智送"的苦心。

最后，还要讨论下价值引导的问题。《水浒传》作为一部小说，正如余党绪先生所说："《水浒传》的文本世界，……其价值判断的混乱，在很大程度上丧失了作为公共文化产品的应有价值……必须厘清事实、澄清是非、厘清因果，作出合乎现代文明的价值判断。"从《水浒传》的具体内容看，小说中存在着大量的践踏人性与人道的内容，而且不加掩饰，主要表现为对暴力的迷恋、对复仇的渲染、对人权尤其是女性人权的践踏等，我们必须以现代公民的视角来加以审视。本文中的"智取"，即便针对的是不义之财，但以现代法治观念来看，此种行径也属抢劫，是违法行为，需要慎思明辨。"一切历史都是当代史""一切文学都是人学"，在阅读名著时，需要用它来观照当下的人生，以此来"培根铸魂，启智增慧"，促进学生的成长，这是教育的应有之义。虽然由于课时的限制，本课未有涉及，但教师们在教学中要对此有清醒的自觉意识。

最后，徐杰老师以其精心的设计、精准的实施，成就了一堂精妙的课，值得我们细心揣摩、用心学习。